Thomas Urban

LEXIKON FÜR PUTIN-VERSTEHER

Legenden Lügen LGBT

edition.fotoTAPETA

INHALT

LEGENDEN LÜGEN LGBT

In den Duden hat es der Begriff „Putin-Versteher" noch nicht geschafft, aber in Wikipedia: Der Artikel wurde zehn Tage nach dem russischen Überfall auf die Ukraine angelegt; es handelt sich demnach um Personen, die „Wladimir Putins Sorgen, Erwartungen oder Handeln" nachvollziehen können und verteidigen. Mit deren Argumenten befasst sich dieses Lexikon, ergänzt durch den Versuch, Putins Weltbild zu beschreiben, das sich aus vielen seiner Äußerungen zusammensetzen lässt.

Über den Aufstieg eines auf einen Außenposten abgeschobenen KGB-Offiziers zum Kremlherrn sind Dutzende Bücher und Tausende Artikel publiziert. Über seine autoritäre Staatsidee von der „Vertikalen der Macht". Über die gigantischen Vermögen und das Luxusleben seiner engsten Gefolgsleute. Über seine raue Kindheit und Jugend in den Leningrader Hinterhöfen. Über seine machohaften Selbstinszenierungen. Über seine Angst vor Massenprotesten und dem Corona-Virus. Über seine Häme gegenüber der LGBT-Bewegung. Über den von ihm verehrten Philosophen Iwan Iljin, der von der Mission Russlands fabulierte und mit dem Faschismus liebäugelte. Und über all die Verbrechen, die nach Meinung seiner Gegner seinen politischen Weg begleitet haben, deren Urheberschaft aber nicht bewiesen werden konnte: die Verbindungen zur Petersburger Mafia, die Sprengung von Wohnhäusern, die den Vorwand für den Zweiten Tschetschenienkrieg abgab, die Mordanschläge auf Kritiker, abtrünnige Geheimdienstler und Politiker, prominenteste Fälle waren der prowestliche ukrainische Präsident Viktor Juschtschenko und der russische Oppositionelle Alexander Nawalny.

Dieses Lexikon enthält Artikel zur Vorgeschichte und zu Hintergründen des russisch-ukrainischen Kriegs. Wie wenig diese Vorgeschichte in das Bewusstsein wohl der meisten Deutschen gedrungen ist, belegen die zahlreichen Sondersendungen und Talkshows um den 24. Februar 2023. Denn fast überall hieß es: „Ein Jahr Krieg". Dabei dauerte er schon neun Jahre, er begann im Frühjahr 2014! Dieses Buch sucht Antworten auf Fragen, die über das tagesaktuelle Geschehen weit hinausgehen, die auch viele deutsche Kommentatoren und Talkshowteilnehmer umtreiben:

- Warum hat der Westen nicht Putins Vorschläge für die Schaffung einer Friedenszone von Lissabon bis Wladiwostok aufgegriffen?
- Warum hat Gorbatschow erst Putin gelobt, dann attackiert?
- Müssen die Deutschen den Russen dankbar sein für das „Geschenk der Einheit"?
- Warum wurden die großen russischen Schriftsteller Alexander Puschkin und Fjodor Dostojewski aus den ukrainischen Schulprogrammen gestrichen?
- Gab es in Kiew einen faschistischen Putsch?
- Warum hat die Ostpolitik Willy Brandts den Ostblock stabilisiert und nicht liberalisiert?
- Hat die Nato Russland gezielt eingekreist?
- Warum haben sich die Abkommen Minsk I und Minsk II als untauglich erwiesen?
- War die Krim „urrussische Erde"?
- Warum verehrte Wladimir Wladimirowitsch Putin früher Wladimir Lenin, nun aber Waldimir den Heiligen?
- War Gazprom wirklich immer der zuverlässige Lieferant?
- Warum hat eine deutsche Fußballmannschaft für heftigen Streit zwischen Kiew und Moskau gesorgt?
- Warum wollen die allermeisten russischsprachigen Ukrainer keine Russen sein?
- Warum wurde die berühmte Weizsäcker-Rede bei den osteuropäischen Nachbarn scharf kritisiert?
- Warum schwärmen Putin und Angela Merkel von Katharina der Großen?
- Was bedeutet das Projekt *Russki mir*?
- Warum brandmarken sich orthodoxe Bischöfe in Russland und in der Ukraine gegenseitig als „Anti-Christen"?
- Warum sieht Putin sich als Erben Peters des Großen?
- Was haben Molotow und sein Enkel mit Putin zu tun?
- Warum haben Gerhard Schröder, Angela Merkel, Frank-Walter Steinmeier die Absichten Putins so falsch eingeschätzt?
- Warum wollte der Spitzenclub Schachtar Donezk nicht in der russischen Fußballliga spielen?

- Worauf beruht der Glaube an eine „Seelenverwandtschaft" zwischen deutscher und russischer Kultur, wie es Thomas Mann vor einem Jahrhundert formulierte?
- Warum fanden Stimmen im In- und im Ausland, die vor dem russischen Imperialismus warnten, so wenig Gehör in Berlin?

Dieses Lexikon von ABC wie „Abchasien" bis Z wie „Zweiter Weltkrieg" soll helfen, all die Informationen, die Putin-Versteher in offiziellen Stellungnahmen und über soziale Netzwerke verbreiten, besser einzuordnen. Alles in allem geht es letztlich um zwei grundlegende Fragen:

- Stimmt vielleicht der oft belächelte Spruch, dass man im Kreml nur eine „Sprache der Stärke" versteht?
- Ist der Krieg in der Ukraine auch unser Krieg?

Gewidmet sei der Text allen deutschen Diplomatinnen und Diplomaten sowie Osteuropa-Korrespondentinnen und -Korrespondenten, die lange vor Putins imperialistischen Ambitionen gewarnt, aber nur ein geringes Echo im Kanzleramt und Auswärtigen Amt gefunden haben.

ABCHASIEN

Alles fing in Abchasien an: die Versuche, das russisch-sowjetische Imperium wiederherzustellen. Der Krieg um das kleine Abchasien mit seiner malerischen Küste am Schwarzen Meer, der „sowjetischen Riviera" südlich von Wladimir Putins Lieblingsort Sotschi, war nur eine Fußnote in der Berichterstattung über die epochalen Umwälzungen im Osten Europas in den Wendejahren nach 1989, und auch die Diskussionen des Kriegsjahres 2022 sparen ihn aus. Dieser Krieg begann im August 1992, wenige Monate nach dem Zerfall der UdSSR, Abchasien war bis dahin eine autonome Republik in der Sowjetrepublik Georgien. Offiziell kämpften die neu aufgestellten Streitkräfte des unabhängig gewordenen Georgiens gegen abchasische Separatisten. Doch die Wirklichkeit war anders: Der Kreml führte nicht nur Regie, sondern war auch mit eigenen Truppen entscheidende militärische Kraft.

Hintergrund des Konflikts waren historische Zwistigkeiten zwischen Abchasen und Georgiern. Letztere wollten stets das an zwei Seiten vom Kaukasus und vom Schwarzen Meer begrenzte Dreieck ihrem eigenen Herrschaftsbereich einverleiben. Doch geschluckt wurden beide Völker erst vom Osmanischen Reich, dann vom Zarenreich, dann von der Sowjetunion. Nach einem Aufstand der Landbevölkerung gegen die Kollektivierung schloss Stalin 1931 Abchasien an die Georgische Sowjetrepublik an. Bis heute wird dort der Stalinsche Terror den Georgiern angelastet, war doch nicht nur der Alleinherrscher im Kreml einer von ihnen, sondern auch sein Exekutor Lawrenti Beria. Seit der Stalinzeit wurden immer mehr Georgier und Russen an der Schwarzmeerküste angesiedelt. Auf diese Weise sank bis zum Zerfall der UdSSR der Anteil der Abchasen in dem Gebiet auf ein Fünftel.

Der militärische Konflikt mit den Georgiern, die nun mehr als die Hälfte der Einwohner Abchasiens stellten, brach im

Sommer 1992 aber nicht spontan aus, er war lange vorbereitet worden – in Moskau. Während der Perestroika unter Michail Gorbatschow formierten sich Ende der achtziger Jahre in den einzelnen Sowjetrepubliken Bewegungen, die unter Berufung auf nationale Traditionen die staatliche Unabhängigkeit anstrebten. Die Parteiführung in Moskau gab dem KGB und dem Militärgeheimdienst GRU die Anweisung, Konzepte zur Schwächung dieses antisowjetischen Separatismus zu realisieren. Ansatz war die Unterstützung nationaler Minderheiten in den von Moskau wegdriftenden Sowjetrepubliken, Ziel war es, Unruhen, sogar bewaffnete Zusammenstöße zu provozieren, um der Zentralmacht den Anlass zum Eingreifen zu geben. Im Falle Georgiens waren dies die Abchasen und die Osseten. Dokumente zu diesen Geheimoperationen wurden in den neunziger Jahren veröffentlicht.

In Georgien hatte die Demokratiebewegung des früheren Dissidenten Swiad Gamsachurdia 1990 die ersten freien Wahlen gewonnen. Doch entpuppte sich der hochgebildete Gamsachurdia, Sohn eines berühmten Schriftstellers, als engstirniger Nationalist, der einen repressiven Kurs gegen Abchasen und Osseten führte. Moskau bewaffnete daraufhin Milizen in deren Heimatregionen.

Zwar wurde Gamsachurdia im Mai 1992 gestürzt, in die bürgerkriegsähnlichen Auseinandersetzungen griff der russische Geheimdienst ein und verhalf dem früheren sowjetischen Außenminister Eduard Schewardnadse zum Einzug in den Präsidentenpalast. Doch Schewardnadse zeigte sich keineswegs als Vasall Moskaus; vielmehr versuchte er, sein Land an den Westen anzunähern. Vor allem aber hielt er die Ansprüche auf Abchasien aufrecht. Im Kreml war man wütend und statuierte an den Georgiern ein Exempel, indem man russische Truppen eingreifen ließ, allerdings nicht offen: An den Kampfflugzeugen und Panzern waren die Hoheitszeichen, die roten Sterne, übermalt worden. In gleicher Weise kamen 22 Jahre später nicht gekennzeichnete russische Kontingente, die „grünen Männchen", auf der Krim und mit schweren Waffen im Donbass zum Einsatz.

Schewardnadse selbst entging nur knapp dem Tod, als sein Flugzeug auf dem Rückweg von erfolglos verlaufenen Verhandlungen über einen Waffenstillstand in der abchasischen Hauptstadt Suchumi beschossen wurde. Die schwere militärische Niederlage führte zur Vertreibung von 300.000 Georgiern, die zuvor mit Abstand die größte Bevölkerungsgruppe in der Region gestellt hatten.

Abchasische Politiker erklärten mit Rückendeckung Moskaus ihre Region zum souveränen Staat. Überwacht von russischen Experten bauten sie eigene Verwaltungsstrukturen auf, auch blieben dort russische Besatzer stationiert, die der Kreml „Friedenstruppen" nannte und zeitweise auch mit blauen Helmen auftreten ließ. Es ist nicht bekannt, dass die westlichen Vertreter im UN-Sicherheitsrat dagegen protestiert hätten. Nach dem russisch-georgischen Krieg 2008 erkannte Moskau die Souveränität Abchasiens an, doch lediglich Venezuela, Nicaragua, Syrien und der Inselstaat Nauru folgten diesem Beispiel, offenkundig als Gegenleistung für Millionen an Entwicklungshilfe.

Nach Auffassung von UNO, OSZE und EU gehört Abchasien völkerrechtlich weiterhin zu Georgien, doch ist es dem Kreml gelungen, UN-Kontrolleure aus der Region fernzuhalten; lauter Protest aus dem Westen war nicht zu vernehmen. Wegen des ungeklärten rechtlichen Status bleiben allerdings Investitionen aus dem Ausland aus, das Gros der Bevölkerung lebt in Armut. Die besten Immobilien an der Küste haben sich reiche Russen gesichert. Faktisch ist der Küstenstreifen Urlaubsregion für Russen geworden. Abchasien steht politisch, militärisch und wirtschaftlich völlig unter Moskauer Kontrolle. Es war eine schleichende Annexion, eine massive Verletzung des Völkerrechts, vom Westen widerstandslos hingenommen.

ALEXANDER III.

Die 13 Jahre, während derer Alexander Alexandrowitsch Romanow von 1881 bis 1894 Alleinherrscher des Imperiums war, gehören im Geschichtsbild Putins zu den großartigsten Epochen Russlands. Der vorletzte der Romanows auf dem Zarenthron ist in die Geschichte eingegangen als Reaktionär, der Sozialisten und Liberale verfolgen ließ, der von parlamentarischen Institutionen nichts hielt. Es war die Reaktion auf das Attentat, dem sein Vater Alexander II. zum Opfer gefallen war. Der neue Zar ließ sich durch eine starke Leibgarde vor Kontakten zu seinen Untertanen abschirmen und gründete die schon bald sehr berüchtigte Geheimpolizei Ochrana, die die verbotenen Organisationen der Gegner der Monarchie unterwandern und zerstören sollte. Auch ließ er das Lagersystem in Sibirien in großem Maßstab ausbauen.

Überdies erließ der Zar die sogenannten Maigesetze, die die Niederlassungs- und Bewegungsfreiheit von Juden stark einschränkten. Es war eine kontraproduktive Maßnahme; gerade gebildete, junge Juden, die keinerlei Chancen zum sozialen Aufstieg sahen, schlossen sich nun revolutionären Gruppierungen im Untergrund an. 1887 entging Alexander III. nur knapp einem Attentat; zu den Verschwörern, die gehängt wurden, gehörte Alexander Uljanow, der ältere Bruder des späteren Revolutionärs Wladimir Lenin.

Gestützt auf die Russisch-Orthodoxe Kirche gab der Zar die Parole aus, dass die Russen vor allen anderen Völkerschaften seines Imperiums den Vorrang hätten. Er setzte auf einen harten Kurs der Russifizierung, der sich besonders gegen die gebildeten Schichten im russischen Teilungsgebiet Polens, im Baltikum und in der offiziell „Kleinrussland“ genannten Ukraine richtete. Die Einwohner des Kaukasus und Mittelasiens wurden ohnehin traditionell als Menschen zweiter Klasse behandelt. Als Instrument zur Festigung seiner Herrschaft im asiatischen

Teil Russlands sah der Zar die Transsibirische Eisenbahn, 1891 machte er bei Wladiwostok ganz im Osten den ersten Spatenstich.

Im November 2017 setzte Putin ein Zeichen: Er enthüllte ein vier Meter hohes Denkmal Alexanders III. Es steht vor dem Liwadia-Palast, der einstigen Sommerresidenz der Zaren, in der 1945 auf der Konferenz von Jalta die Westmächte Stalin den Osten Europas als Einflusszone zugestanden haben. Gleichzeitig unterstrich Putin damit, dass die Halbinsel Krim auf ewig russisch bleiben solle, das Zitat auf dem Sockel lautet entsprechend: „Russland hat nur zwei Verbündete: die Armee und die Kriegsmarine." Ein weiteres Alexander-Denkmal ließ Putin 2021 vor dem Schloss Gatschina bei St. Petersburg errichten, in dem die Zarenfamilie gewohnt hatte. Die deutschen Besatzer hatten es im Zweiten Weltkrieg geplündert und in Brand gesteckt; bei seinem Wiederaufbau wurden auch deutsche Kriegsgefangene eingesetzt.

ANDROPOW

Es war nur eine kleine Meldung in den internationalen Medien, als 1999 der neue Chef des Inlandsgeheimdienstes FSB, Wladimir Putin, eine Gedenktafel für Juri Andropow an der Geheimdienstzentrale Lubjanka in Moskau anbringen ließ. Putin ehrte auf diese Weise den Mann, der von 1967 bis 1982 an der Spitze des Komitees für Staatssicherheit (KGB) gestanden hatte. In diesem Amt ließ er Regimekritiker als angeblich Geisteskranke in psychiatrische Kliniken einweisen, wo systematische Erniedrigung, physische Gewalt und Psychopharmaka ihren Willen brechen sollten, ließ auch Dichter und Künstler in den Gulag schicken und war maßgeblich an der Niederschlagung des Volksaufstandes in Ungarn 1956, des Prager Frühlings 1968 sowie an der Vorbereitung der sowjetischen Invasion in Afghanistan 1979 beteiligt. Den auf Entspannung setzenden US-Präsidenten Jimmy Carter sah Andropow als Schwächling an, den Friedenspolitiker Willy Brandt als „nützlichen Idioten", weil das deutsch-sowjetische Erdgas-Röhren-Geschäft Milliarden an Devisen für die sowjetische Hochrüstung in die Kassen des Kremls spülte.

Allerdings hatte er als KGB-Chef auch begriffen, wie sehr das marode Sowjetsystem dem Westen wirtschaftlich, technologisch und auch militärisch unterlegen war. Deshalb bildete der KGB auf seine Anweisung hin Anfang der achtziger Jahre aus jungen Absolventen des Moskauer Plechanow-Instituts für Volkswirtschaft eine Arbeitsgruppe, die Konzepte zur Überwindung des jede Initiative und Innovation erstickenden Plansystems ausarbeiten sollte. Mehrere Mitglieder der Gruppe wurden an Wirtschaftsinstitute in den USA und in Westeuropa delegiert. Ziel war es, für weite Bereiche der Volkswirtschaft, vor allem die Konsumgüterindustrie, Marktmechanismen zuzulassen, doch sollte die Parteiführung dabei die Kontrolle über den Staatsapparat, den Finanzsektor und die Schlüsselindustrien behalten, so wie es den chinesischen Kommunisten mit den Reformen Dengs Xiaopings gelang. Das Projekt wurde deshalb intern „Kitajskaja doroga" genannt, chinesischer Weg. Allerdings schlugen Andropows Versuche fehl, die Arbeitsproduktion mit einer strengen Disziplinkampagne zu erhöhen. Da er den Moskauer Parteiapparat für inkompetent und korrupt hielt, holte er tatkräftige Funktionäre aus der Provinz in die Zentrale. Unter ihnen war Michail Gorbatschow, Andropow setzte dessen Aufstieg in das Politbüro durch.

Nur 15 Monate nach seiner Wahl zum Parteichef starb er 1984. Die Großstadt Rybinsk wurde zu seinen Ehren in Andropow umbenannt, unter seinem früheren Schützling Gorbatschow wurde diese Umbenennung 1989 rückgängig gemacht. Die Einwohner der Stadt waren an die Namenswechsel schon gewöhnt: 1946 war sie in Schtscherbakow umgetauft worden,

Namensgeber war der oberste Politruk der Roten Armee. Da der aber ein verbissener Stalinist war, kehrte man während der kurzen Entstalinisierungsphase 1957 zum alten Namen Rybinsk zurück.

ANTISEMITISMUS

Neben seiner Rolle als „Sammler der russischen Erde" in der Tradition der Moskauer Großfürsten sieht sich Putin offenbar auch als oberster Kämpfer gegen Antisemitismus – bei den ukrainischen und polnischen Nachbarn. Zu mehreren Gelegenheiten hat er auf die Beteiligung ukrainischer Milizen am Holocaust sowie die antisemitische Politik der polnischen Vorkriegsregierung hingewiesen. Dabei unterschlägt er allerdings, dass die russische Gesellschaft nicht weniger als die Nachbarn im Osten Europas traditionell vom Bazillus des Antisemitismus erfasst war, beginnend mit der ausgehenden Zarenzeit, als die politische Führung Pogrome zuließ und viele junge jüdische Intellektuelle sich revolutionären Bewegungen anschlossen, weil sie vielerlei Diskriminierungen ausgesetzt waren.

Als zu Beginn des Ersten Weltkriegs russische Streitkräfte die heutige Westukraine besetzten, verfügten die Militärbehörden des Zaren, dass die jüdischen Stetl und Siedlungen nicht in die allgemeine Versorgung mit Lebensmitteln einbezogen werden sollten. Es wurde die Parole ausgegeben, die Region vom „jüdischen Joch" zu befreien, 1915 brach eine Hungersnot aus.

Der zur Oktoberrevolution verklärte Putsch der russischen Kommunisten 1917 gab dem Antisemitismus eine fatale politische Dimension. Der „jüdische Bolschewik" wurde zum Feindbild nationalistischer Kreise vor allem in Osteuropa und später auch zum Kampfbegriff der Goebbelschen Propaganda. Führende Bolschewiken stammten nämlich aus jüdischen Familie, darunter Nikolai Bucharin, Karl Radek, Grigori Sinowjew und

Lew Trotzki sowie der spätere Geheimdienstchef Genrich Jagoda, der die Stalinschen Säuberungen einleitete. Doch verstanden sie sich als kämpferische Atheisten. Im jungen Sowjetrussland wurden folglich praktizierende Juden ebenso wie Christen Ziel der Gottlosen-Kampagne des Regimes: Synagogen wurden zu Kultur- oder Lagerhäusern umfunktioniert, Rabbiner waren harten Repressionen ausgesetzt. Doch stellten die „jüdischen Bolschewiken" nur eine kleine Minderheit unter den Parteimitgliedern dar; dem Regime den Stempel „jüdisch" aufzudrücken, wie es Zaristen in der russischen Emigration und die polnische Rechte der Zwischenkriegszeit im Einklang mit der katholischen Kirche taten, war also eine üble Manipulation.

Stalin ließ Schauprozesse gegen einige der prominentesten von ihnen inszenieren, die meist mit Todesurteilen endeten, unter ihnen war auch Genrich Jagoda. Dessen Verhaftung war der Beginn einer Säuberung der Geheimpolizei NKWD: Der Anteil der Funktionäre, bei denen unter der Rubrik „Nationalität" in ihren Personalpapieren „Jude" stand, sank im NKWD von knapp 40 auf vier Prozent. Das Wort war in der UdSSR eine Verwaltungskategorie zur Bezeichnung einer Nationalität, so wie Litauer, Weißrusse, Ukrainer, Georgier, Kasache; der entsprechende Eintrag in den Melderegistern erleichterte im Zweiten Weltkrieg den deutschen Besatzern und ihren einheimischen Helfern die Selektion der Juden in der Bevölkerung.

Nicht zu halten ist Putins Geschichtsversion, dass seine Landsleute im Krieg geschlossen den deutschen Invasoren Widerstand geleistet hätten – im Gegensatz zu den ukrainischen Kollaborateuren. So hat Putin wiederholt versucht, die Ukrainer als notorische Antisemiten zu diskreditieren. Etwa hätten am Massaker in der Schlucht Babi Jar am Stadtrand von Kiew, bei dem die SS-Einsatzgruppen im Spätsommer 1941 rund 33.000 Juden ermordeten, Ukrainer teilgenommen. Allerdings ist längst nachgewiesen, dass unter den Helfern der SS-Mörder auch viele ethnische Russen waren; Kiew war traditionell überwiegend russischsprachig, in den lokalen Institutionen dominierten Russen, gerade auch unter Stalin, der die ukrainische Kultur rigoros unterdrücken ließ. Im Gegensatz zu Putins Darstellung gab es auch in den von der Wehrmacht eroberten Gebieten Russlands zahlreiche Kollaborateure; die Denunziation von Juden war an der Tagesordnung.

Die aus jüdischen Familien stammenden Frontreporter und Schriftsteller Ilja Ehrenburg und Wassili Grossman haben zum Kriegsende für das „Schwarzbuch" über den Holocaust im besetzten Teil der Sowjetunion viele Berichte dazu gesammelt. Doch durfte das Buch nicht erscheinen. Beide hatten dem im Krieg gegründeten Jüdischen Antifaschistischen Komitee (JAK) angehört, dessen Aufgabe es war, in den USA für Unterstützung der Sowjetunion zu werben, vor allem mit Rüstungsgütern. Nach dem Sieg über Nazi-Deutschland wurde das JAK nicht mehr gebraucht, Stalin ließ seine Führer im Rahmen der Kampagne gegen die „wurzellosen Kosmopoliten" ermorden.

Offen antisemitische Positionen vertrat der nach dem Tod Stalins an die Spitze der Partei gelangte Nikita Chruschtschow. Unter dessen Nachfolger Leonid Breschnew waren jüdische Intellektuelle besonderem Druck ausgesetzt, viele von ihnen wurden Dissidenten, ein beträchtlicher Teil wanderte in westliche Länder oder nach Israel aus.

Nach dem Zerfall der Sowjetunion legten russische Politiker und Publizisten aus dem nationalistischen Lager auf vielfältige Weise Zeugnis davon ab, dass der traditionelle Antisemitismus auch im 21. Jahrhundert noch lebendig ist. Dazu gehören einige der vom Kreml eingesetzten Führer im besetzten Donbass: Sie verwiesen in äußerst herabsetzender Weise auf die jüdische Abstammung Kiewer Spitzenpolitiker. So sagte Alexander Borodaj über Wolodymyr Selenskyj. Dieser sei „blutsmäßig noch nicht mal Ukrainer". Borodaj ist ein früherer Duma-Abgeordneter der Kremlpartei „Einiges Russland", den Putin als Premierminister der „Volksrepublik Donezk" eingesetzt hat.

Der Verband der jüdischen Gemeinden der Ukraine gab seit dem russischen Angriff auf ihr Land 2014 vielerlei Loyalitätserklärungen für die Regierung ab, wies in einem Offenen Brief an Putin dessen Version vom faschistischen Putsch in Kiew zurück und sammelt seitdem Belege für das faschistische Denken unter dessen Gefolgsleuten.

AUSCHWITZ

Neben den traditionellen israelisch-polnischen Differenzen über das Gedenken an die Opfer von Auschwitz, der Stätte des von Deutschen begangenen Menschheitsverbrechens, ist auch eine russisch-ukrainische Kontroverse entstanden. Putin nimmt nämlich die Befreiung des KZ-Komplexes durch die Rote Armee im Januar 1945 für Russland in Anspruch. Und er war damit bislang ziemlich erfolgreich: Zum 75. Jahrestag im Januar 2020 war er einer der Hauptredner auf dem World Holocaust Forum, das in der Gedenkstätte Yad Vashem in Jerusalem stattfand. Vor vier Dutzend Staats- und Regierungschefs aus aller Welt rühmte Putin den heldenhaften Kampf des russischen Volks bei der Niederwerfung des nationalsozialistischen Regimes.

Nicht vorgesehen waren Auftritte des polnischen Staatspräsidenten Andrzej Duda sowie seines ukrainischen Amtskollegen Wolodymyr Selenskyj, ungeachtet der unstrittigen Tatsachen, dass Auschwitz nun einmal in Polen liegt und polnische Juden die größte Gruppe unter den Opfern ausmachten, dass überdies der aus mehreren Einzellagern bestehende Komplex von einer Armeegruppe namens Ukrainische Front befreit wurde, in der Soldaten aus allen Sowjetrepubliken kämpften. Sowohl Duda als auch Selenskyj blieben der Veranstaltung fern, auf der Putin kaum verhohlen Ukrainer, Litauer, Letten und Polen beschuldigte, Mittäter und Komplizen der Nationalsozialisten gewesen zu sein.

Der ukrainische Präsident, dessen Familie mehrere Opfer des Holocausts zu beklagen hat, warf Putin vor, die Geschichte der Befreiung von Auschwitz zu manipulieren. Er verwies darauf, dass nicht nur Rotarmisten aus der Ukrainischen Sowjetrepublik daran beteiligt waren, sondern dass auch viele Ukrainer dort im Krieg interniert und zu Tode gekommen waren. Zu den Auschwitz-Überlebenden gehörte der Vater des früheren Präsidenten Viktor Juschtschenko, der als kriegsgefangener Rotarmist in das Stammlager deportiert worden war. Die Vertreter Kiews bekamen in der Kontroverse Unterstützung durch zahlreiche jüdische Intellektuelle; sogar Mitarbeiter von Yad Vashem warfen Putin Geschichtsklitterung und politischen Missbrauch eines für die gesamte Menschheit wichtigen Gedenktages vor. Die israelische Tageszeitung *Haaretz* kritisierte scharf die Organisatoren der Veranstaltung, auch sie hielt Putin Geschichtsmanipulation vor.

Ein weißer Fleck in den Kontroversen sind die Monate nach der Befreiung des Lagerkomplexes: Die sowjetische Militäradministration richtete dort mehrere Durchgangslager für die Deportation nach Sibirien ein, auch unweit der Gaskammern. Interniert wurden deutsche Kriegsgefangene sowie Zivilisten aus Oberschlesien, darunter viele polnische Staatsbürger. Auch Offiziere der polnischen Untergrundarmee AK, die im Krieg gegen die deutschen Besatzer gekämpft hatten, wurden von der sowjetischen Geheimpolizei inhaftiert und deportiert, weil sie sich gegen die Sowjetisierung ihrer Heimat gestellt hatten. Auf Deutsch erschien dazu bislang ein einziger Text, verfasst von einer polnischen Gymnasiastin im Rahmen eines Jugendwettbewerbs für historische Forschung. Publiziert wurde er von der Hamburger Körber-Stiftung in einem unter dem Titel „Grenzerfahrungen" 2003 erschienenen Sammelband, für den Altbundespräsident Richard von Weizsäcker sowie der frühere polnische Außenminister Władysław Bartoszewski Grußworte verfasst haben. Aus dem Text geht hervor, dass wohl die allermeisten dieser letzten Gruppe von Auschwitz-Häftlingen nichts mit dem NS-Regime gemein hatten. Für russische Historiker ist das Thema tabu.

Das Internationale Auschwitz-Komitee nannte es Ende Februar 2022 eine „zynische und tückische Lüge“, wenn Putin den Überfall seiner Truppen auf die Ukraine mit einem angeblichen „Völkermord“ an Russen im Donbass und der angeblich dringend notwendigen „Entnazifizierung“ der Ukraine begründet. Der russische Außenminister Sergej Lawrow fabulierte sogar, die Nato strebe „die Endlösung der russischen Frage“ an. Der Europäische Jüdische Kongress reagierte „schockiert und besorgt“ auf diese Verwendung der zynischen Formel der NS-Propaganda.

BAHR

Für SPD-Chef Lars Klingbeil steht außer Frage: „Egon Bahrs Einsatz führte zur Überwindung der Teilung Deutschlands und Europas.“ Bundeskanzler Olaf Scholz sieht es genauso: „Die Entspannungspolitik hat möglich gemacht, dass der Eiserne Vorhang verschwindet, dass viele Länder Osteuropas die Demokratie gewinnen konnten und dass wir heute in der Europäischen Union vereint sind.“ Doch geht aus den bislang veröffentlichten Materialien aus Moskauer Archiven sowie den Memoiren sowjetischer Außenpolitiker und Diplomaten hervor, dass die von Bahr entworfene Ostpolitik für sie keine Rolle auf dem Weg zur deutschen Einheit und beim Zusammenbruch des Ostblocks spielte.

In den ausführlichen Darstellungen des einflussreichen Politbüromitglieds Alexander Jakowlew, der Vertrauter des Reformers Michail Gorbatschow war, ist Bahr nicht einmal erwähnt. Aus Moskauer Sicht war die Bundesregierung in Bonn kein Partner auf Augenhöhe, vielmehr war der Kreml auf das

Weiße Haus fixiert: Die sowjetische Westpolitik orientierte sich am Friedenspolitiker Jimmy Carter, der als Schwächling angesehen wurde, und an Ronald Reagan, dessen Konfrontationskurs dem Politbüro die wirtschaftliche und technologische Rückständigkeit der Sowjetunion aufzeigte. Der von Spitzenpolitikern der SPD beschriebene Effekt der Bonner Ostpolitik als entscheidender Faktor beim Zusammenbruch des Sowjetblocks ist also nicht mehr als eine Legende.

Bedeutend aber war Bahrs Ansatz für die innerdeutschen Beziehungen. In einer Rede vor der Evangelischen Akademie in Tutzing prägte er 1963, zwei Jahre nach dem Bau der Berliner Mauer, die Formel „Wandel durch Annäherung". Statt Differenzen zu betonen und somit zu vertiefen, solle zusammen mit Vertretern Ostberlins und Moskaus ausgelotet werden, auf welchen Feldern es gemeinsame Interessen gebe und Kompromisse möglich seien. Der 1973 in Kraft getretene Grundlagenvertrag zwischen der Bundesrepublik Deutschland und der DDR brachte große Erleichterungen bei der Familienzusammenführung und bei Besuchsreisen.

Doch bald schon zeigte sich, dass die Führung in Ost-Berlin keineswegs an einer Lockerung des innenpolitischen Regimes interessiert war, entgegen den Hoffnungen Bahrs liberalisierte sich die DDR nicht. Überdies verlor er das Ziel der deutschen Einheit, das er zunächst noch propagiert hatte, völlig aus den Augen. Stattdessen verfocht er den Standpunkt, dass die deutsche Teilung die Voraussetzung für Sicherheit in Europa sei, Entspannung sei nur möglich, wenn die Interessen Moskaus akzeptiert würden, somit auch das Fortbestehen des Ostblocks einschließlich der DDR. Aus diesem Grunde warf er der polnischen Demokratiebewegung um die Gewerkschaft Solidarność vor, den Frieden in Europa aufs Spiel zu setzen, da eine Destabilisierung der Volksrepublik Polen das Gleichgewicht der Militärblöcke gefährden würde. Als die Solidarność im Herbst 1981 durch Streiks das korrupte Parteiregime herausforderte, erklärte Bahr, die Sowjetunion habe „selbstverständlich" das Recht, in Polen für Ordnung zu sorgen.

Nach der Verhängung des Kriegsrechts über Polen im Dezember 1981, das mit einem Verbot der Solidarność einherging, erklärte Bahr, dass der Eiserne Vorhang durch Europa während der 37 Jahre seit dem Kriegsende 1945 den Frieden garantiert habe; er sagte voraus, dass die Teilung Europas auch mindestens die nächsten 37 Jahre bestehen werde, also mindestens bis 2019. In der polnischen Untergrundpresse wurde ihm vorgeworfen, er verlange, dass die Polen sich mit ihrem repressiven Regime abzufinden hätten, obwohl sie erst durch deutsche Schuld, nämlich die Entfesselung des Zweiten Weltkriegs, in diese fatale Lage gekommen seien.

Überdies irrte sich Bahr fundamental mit seiner Prognose, die Berliner Mauer fiel bekanntermaßen schon sieben Jahre später, am 9. November 1989. Es war nicht sein letzter großer Irrtum. Nur fünf Tage nach dem Fall der Mauer erklärte er, die Forderung nach der deutschen Wiedervereinigung sei eine „Lebenslüge" und „politische Umweltverschmutzung". Die Bundesrepublik müsse die DDR, deren völkerrechtliche Anerkennung er schon lange gefordert hatte, nun finanziell massiv unterstützen, damit diese sich reformieren könne. Die Deutschen der DDR wollten sich nach seinen Worten „ihren Staat nicht wegnehmen lassen".

Zwar bezeichnete Bahr es später als Fehler der SPD, die Bürgerrechtler in der DDR und anderen Ostblockländern ignoriert zu haben, doch hielt er an der Legende fest, dass die von ihm skizzierte Ostpolitik zur Wiedervereinigung geführt habe – und fand mit diesem Selbstlob Beifall bei den SPD-Granden Oskar Lafontaine und Gerhard Schröder, die sich vor 1989 auch seinen Spruch von der „Lebenslüge" zu eigen gemacht und sich gegen eine deutsche Wiedervereinigung ausgesprochen hatten. Auch Frank-Walter Steinmeier gehörte damals zu den SPD-Leuten, die mit der deutschen Einheit nichts im Sinne hatten.

Bahr wird bis in die Gegenwart in seiner Partei als Visionär und Wegbereiter der deutschen Einheit gefeiert, obwohl er zuletzt heftig dagegen polemisiert und überdies in all seinen Prognosen über die Entwicklungen im Osten Europas falsch gelegen hat. Dass er Putins rabiates Vorgehen in Tschetschenien als notwendig verteidigte, sah man ihm nach. Auch gestand er dem Kreml die ehemaligen Sowjetrepubliken, die einst Kolonien Moskaus waren, als Sicherheitszone zu, sprach ihnen also das Recht ab, ihren außenpolitischen Kurs selbst zu bestimmen.

Im Frühjahr 2014 appellierte er an die Staaten des Westens, um des Friedens willen den Anschluss der Krim an Russland hinzunehmen, und sprach sich gegen Sanktionen aus. Wenige Monate vor seinem Tod gehörte er Ende 2014 zu den Unterzeichnern eines Aufrufs unter dem Motto „Wieder Krieg in Europa? Nicht in unserem Namen!" Allerdings hatte der Aufruf einen wesentlichen Schwachpunkt: Als er formuliert wurde, herrschte in Europa längst Krieg; russische Raketenwerfer, schwere Artillerie und Panzer legten ganze Ortschaften in der Ostukraine in Schutt und Asche, die Zahl der Toten ging in die Tausende. Spektakulärster Fall dabei war der Abschuss einer Passagiermaschine mit 298 Personen an Bord. Auch sind Hunderttausende aus ihrer Heimatregion geflohen. Ganz offenkundig waren die wohlmeinenden Unterzeichner des Aufrufs realitätsblind, unter ihnen der angebliche Realpolitiker Egon Bahr.

BALTIKUM

In Tallinn, Riga und Vilnius verstand man es als Drohung: Putin erklärte 2020, die „Eingliederung" der drei baltischen Republiken in die Sowjetunion 1940 habe im Einklang mit dem Völkerrecht gestanden. Es war eine weitere Geschichtslüge, denn es hatte sich um eine brutale Annexion nach gefälschten

Referenden gehandelt. Tausende Esten, Letten und Litauer, vor allem aus der Bildungsschicht, wurden von der Geheimpolizei NKWD verhaftet und nach Sibirien deportiert, zahlreiche Politiker wurden ermordet. Immobilien und Sparguthaben wurden enteignet, alle Vereine und Gesellschaften verboten, die meisten Kirchen geschlossen. Ein Großteil der frei gewordenen Immobilien übernahmen Angehörige des sowjetischen Repressionsapparats, meist ethnische Russen, die sich wie Eroberer aufführten.

Erst das innenpolitische Tauwetter während der Perestroika schuf die Bedingungen, diese nationalen Traumata anzusprechen. Zum 50. Jahrestag der Unterzeichnung des deutsch-sowjetischen Angriffspaktes durch die Außenminister Ribbentrop und Molotow unter den Augen Stalins im Kreml bildeten am 23. August 1989 rund 600.000 Einwohner der drei baltischen Sowjetrepubliken eine Menschenkette, die von der Nordküste Estlands bis zur Südgrenze Litauens reichte. Sie forderten die Wiederherstellung der Souveränität ihrer Länder. Als Kremlchef Michail Gorbatschow im Januar 1990 die litauische Hauptstadt Vilnius besuchte, um dort für seine Reformen zu werben, und dabei die Zugehörigkeit des Baltikums zur UdSSR bekräftigte, erlebte er eine böse Überraschung: Mehr als 300.000 Menschen protestierten gegen die sowjetischen Besatzer. Gorbatschow ließ daraufhin den Litauern das Gas abdrehen.

Genau ein Jahr später schickte der Kreml die Gruppe Alpha, eine militärische Spezialtruppe des KGB, nach Vilnius, wo demokratische Gruppierungen mittlerweile die ersten halbfreien Wahlen gewonnen hatten. Sie sollte das Parlament und das Fernsehzentrum besetzen. Doch die Litauer hatten dort Barrikaden aufgebaut, Tausende bildeten einen Ring um die bedrohten Gebäude. Alpha schoss zwar in die Menge, auch überrollten Panzer mehrere Demonstranten, musste dann aber den Rückzug antreten. Bilanz: 14 Tote, annähernd 1000 Verletzte. Auch in der lettischen Hauptstadt Riga scheiterte Alpha beim Versuch, das Parlament zu besetzen, dort fanden bei den Kämpfen sechs Menschen den Tod.

Sowohl in Vilnius als auch in Riga hatten sich in jenen Tagen moskautreue Komitees aus kommunistischen Funktionären und hohen Militärs gebildet, die sich selbst zur provisorischen Regierung ausriefen und die demokratisch gewählte Führung für abgesetzt erklärten. Die meisten waren ethnische Russen. Doch da die Gruppe Alpha zwar Leichen hinterließ, aber weder Regierungs- noch Parlamentsgebäude besetzen konnte, setzten sich die meisten dieser Altkommunisten nach Russland ab. In zwei Landkreisen im Südteil Litauens riefen kommunistische Funktionäre der dort siedelnden polnischen Minderheit, animiert vom KGB, die Polnische Sozialistische Sowjetrepublik aus – und wurden nach wenigen Tagen von der litauischen Polizei verhaftet.

Nach dem gescheiterten Putsch gegen Gorbatschow im Augst 1991 erklärten die Parlamente der drei Baltenrepubliken ihre Unabhängigkeit. Im Westen war man darüber überhaupt nicht erbaut: US-Präsident George Bush senior, der französische Präsident François Mitterrand und Bundeskanzler Helmut Kohl sahen darin eine Schwächung Gorbatschows, sie hofften immer noch, er könne sein Reformprogramm und weitere Abrüstungsverträge durchsetzen. Kohl fürchtete, dass der historische Konflikt zwischen Litauen und Polen wieder aufbrechen würde – die Polen hatten 1920 den Südteil Litauens mitsamt der Hauptstadt Vilnius annektiert, das damals eine Vielvölkerstadt gewesen war.

Gegen den tödlichen Einsatz der Gruppe Alpha im Januar 1991 hatten die westlichen Staatenführer nicht protestiert, Kohl sagte gar beschwichtigend zu Gorbatschow laut den Akten des Auswärtigen Amtes, nachdem dieser von „unvermeidlichen Härtemaßnahmen“ geredet hatte: „In der Politik muss jeder auch Umwege einschlagen – wichtig ist nur, dass man das Ziel nicht aus den Augen verliert.“ Bush wurde im Kongress in Washington für seine passive Haltung scharf kritisiert: Die USA hatten nämlich nie die Annexion des Baltikums durch die UdSSR 1940 anerkannt.

Bushs Nachfolger Bill Clinton änderte den Kurs des Weißen Hauses: Die USA unterstützten fortan gemeinsam mit den skandinavischen Staaten den Aufbau demokratischer und marktwirtschaftlicher Strukturen im Baltikum. Politisch mindestens genauso wichtig war der Einsatz Kohls, der dabei nach einigem Zögern mitzog: Er konnte in persönlichen Gesprächen Boris Jelzin, der seit Juni 1991 russischer Präsident war, davon überzeugen, dass eine Mitgliedschaft der drei baltischen Republiken in den westlichen Strukturen die Interessen Moskaus in keiner Weise bedrohe. Sein Außenminister Klaus Kinkel, der von den Bonner Journalisten zu Unrecht unterschätzt wurde, brachte in mühsamer Kleinarbeit die wichtigsten Parteiführer der Esten, Letten und Litauer dazu, antirussische Vorhaben in der Kulturpolitik und vor allem beim Staatsbürgerrecht zu streichen. In Estland und Lettland machten damals Russen jeweils ein knappes Drittel der Einwohner aus.

Die überwältigende Mehrheit der dort lebenden ethnischen Russen nahm letztlich den Gang der Dinge hin. Dazu trug in nicht geringem Maße die Rubelkrise von 1998 bei, in der Millionen in Russland wegen der galoppierenden Inflation zum zweiten Mal nach der Perestroika ihre Ersparnisse verloren, während in Estland, Lettland und Litauen die Durchschnittslöhne kräftig stiegen. Die Zugehörigkeit des Baltikums zur EU lag auch im Interesse der russischen Oligarchen: Einige von ihnen ließen dort von Strohmännern Banken gründen und bekamen auf diese Weise Zugang zum internationalen Finanzsystem.

Während viele der im Baltikum lebenden Russen der älteren Generation noch der Sowjetunion nachtrauern, wissen die mittlere und die jüngere Generation ihren Status als Staatsbürger von EU-Staaten mit sich dynamisch entwickelnden Volkswirtschaften, mit Rechtssicherheit und Reisefreiheit sehr zu schätzen. Ihre Bezugspunkte in Europa sind nicht mehr Moskau oder St. Petersburg, sondern London, Berlin, Stockholm und Helsinki. Nach einer Umfrage zur russischsprachigen Bevölkerung Lettlands von Ende 2022 fühlte sich nur noch jeder Zweite eng mit Russland verbunden, nur jeder Fünfte äußerte Sympathien für Putin, vor allem Ältere aus den unteren Bildungsschichten. Zwei Drittel verurteilten den Überfall auf die Ukraine, nicht einmal 15 Prozent glaubten der Kremlpropaganda von der begrenzten, aber notwendigen „Spezialmilitäroperation".

BANDERA

Für Putins Propagandisten liegen die Dinge einfach: In vielen Städten in der Ukraine, vor allem im Westen des Landes, wurden Bandera-Denkmäler errichtet. Dies sei der Beleg, dass in der Ukraine weiterhin Faschismus grassiert. Auch in der deutschen Debatte ist dieser Vorwurf immer wieder zu hören; den medienbekannten ukrainischen Botschafter in Berlin, Andrij Melnyk, hat seine Verteidigung des Nationalisten Stepan Bandera (1909 – 1959) den Job gekostet.

In der Tat war der deutsche Blick auf das Los der Ukraine im Zweiten Weltkrieg bislang auf Bandera fokussiert. Dieser wurde zum Symbol für die Kollaboration mit dem NS-Regime – doch war die Realität weitaus komplexer. Vor dem Krieg war Bandera im damaligen Südostpolen, in dem Ukrainer die Mehrheit der Bevölkerung ausmachten, einer der Führer der verbotenen Organisation Ukrainischer Nationalisten (OUN). Wegen Beteiligung an einem Mordanschlag auf den polnischen Innenminister, der verantwortlich für die unkluge harte Repression der ukrainischen Bevölkerung war, bekam er eine lebenslängliche

Haftstrafe. Mit dem Einmarsch der Wehrmacht in Polen 1939 wurde Bandera aus dem Gefängnis entlassen.

Unmittelbar nach dem deutschen Überfall auf die Sowjetunion kam es Ende Juni 1941 in Lemberg (ukrainisch: Lwiw) zu einem Judenpogrom; den Opfern war Kollaboration mit den sowjetischen Besatzern vorgeworfen worden, was aber nur für einen Bruchteil von ihnen zugetroffen haben dürfte. Bandera war zwar erklärter Antisemit, aber zu dem Zeitpunkt war er nicht in der Stadt, sondern im besetzten Krakau; ob er zu den Drahtziehern des Pogroms gehörte, blieb ungeklärt. Wenige Tage später rief er die Unabhängigkeit der Ukraine aus. Damit aber ging er den deutschen Besatzern zu weit: Er wurde verhaftet und kam ins KZ Sachsenhausen, in eine Abteilung für prominente ausländische Politiker, denen schwere Repressionen erspart blieben. Doch zwei seiner Brüder fanden in Auschwitz den Tod.

Zwar beteiligten sich Angehörige ukrainischer Milizen am Holocaust, doch die OUN distanzierte sich von der faschistischen Ideologie. Ab 1943 bekämpfte ihr militärischer Flügel, die Ukrainische Aufständigen-Armee (UPA), die Wehrmacht und Waffen-SS, zusätzlich aber auch die polnische Untergrundarmee AK und die vorrückende Rote Armee. Es war ein grausamer Kampf der vier Kriegsparteien jeder gegen jeden mit Zehntausenden von Toten. Die SS erschoss gefangengenommene UPA-Leute. Doch Bandera kam im Sommer 1944 frei, er hatte der Gestapo angeboten, dafür zu sorgen, dass die UPA sich an der Seite der Deutschen der Roten Armee entgegenstemmt. Doch dazu war es zu spät, die Deutschen mussten sich völlig vom Territorium der Sowjetunion bis an die Weichsel zurückziehen. Bandera erlebte das Kriegsende in Westdeutschland, 1959 wurde er vom KGB in München ermordet.

In den Augen vieler Ukrainer war er als Kämpfer für die Unabhängigkeit seines Heimatlandes Opfer zweier totalitärer Diktaturen. Ihm werde die Verantwortung für Verbrechen zugeschrieben, an denen er nicht beteiligt gewesen sein konnte, weil er im KZ war. Ukrainische Kommentatoren irritiert es, dass in der deutschen Debatte der Name Bandera das Gedenken an die Opfer des Besatzungsterrors nahezu völlig in den Schatten stellt: Wohl rund drei Millionen Ukrainer kamen im Krieg zu Tode, mehrere Hunderttausend mussten Zwangsarbeit im Reichsgebiet leisten. Den Deutschen wird vorgeworfen, dass die Verweise auf Bandera die von Wehrmacht und der SS an Ukrainern begangenen Verbrechen relativieren, gar bagatellisieren sollten. Historiker sprechen von einem „Ungleichgewicht der Erinnerung“ auf deutscher Seite.

Im russischsprachigen Osten und Süden des Landes galt Bandera allerdings stets als NS-Kollaborateur. Für die Bewohner der Ostukraine und des jüdisch geprägten Odessa waren sowjetische Partisanen und Rotarmisten Helden, die für ihre Freiheit gekämpft haben. Obwohl sein Name also die Ukrainer stark polarisierte, erklärte ihn Präsident Viktor Juschtschenko 2010 posthum zum „Helden der Ukraine“. Klug war die Entscheidung nicht, denn Bandera ist weder für die russischsprachigen Ukrainer noch die internationale Gemeinschaft als Vorbild akzeptabel. Und dem Propagandaapparat Putins hatte der prowestliche Juschtschenko damit ungewollt ein großes Geschenk gemacht. Doch dass heutige Anhänger Banderas die Politik Kiews dominieren, ist eine Lüge der Moskauer Medien: Bei den jüngsten Parlamentswahlen in der Ukraine sind rechtsextreme Parteien nicht über zwei Prozent der Stimmen hinausgekommen.

BRANDT

Zweifellos gehört Willy Brandt zu den großen Kanzlern Deutschlands, auch wenn er gerade einmal viereinhalb Jahre lang an der Spitze der Bundesregierung stand. Als NS-Gegner verkörperte er die Ernsthaftigkeit der deutschen Vergangenheitsbewältigung und trug so nicht wenig zum Ansehen der Bundesrepublik im Ausland bei, nicht nur im Westen, sondern auch bei den vom Regime drangsalierten kritischen Intellektuellen im Ostblock. In der DDR wurde er weit über die Dissidentenkreise hinaus als Hoffnungsträger wahrgenommen. Das belegten etwa die „Willy, Willy"-Rufe, als er mit dem DDR-Ministerpräsidenten Willi Stoph 1970 in Erfurt zusammentraf. Die SED-Führung verstand sehr gut, dass Brandt und nicht Stoph gemeint war.

Mit seinem Warschauer Kniefall im Dezember 1970 bat Brandt um Vergebung für die im besetzten Polen begangenen Verbrechen. Die polnische Führung sah durch den Warschauer Vertrag die umstrittene Oder-Neiße-Grenze anerkannt, auch die alten Westmächte und der Vatikan taten dies. Für Brandt war der Vertrag eine unvermeidliche Kehrtwende – noch ein Jahrzehnt zuvor hatte er zu den früheren deutschen Ostgebieten erklärt: „Verzicht ist Verrat!" Die oppositionellen Christdemokraten attackierten ihn nach der Reise nach Warschau: Die Grenze an Oder und Neiße sei von Stalin erzwungen worden, überdies verzerre die kommunistische Führung Polens die historische Wahrheit und verletze Menschenrechte. Doch längst gehört diese Kontroverse der Vergangenheit an, heute ist unumstritten, dass die Anerkennung des Verlusts der deutschen Ostgebiete durch Brandt politisch richtig war.

Allerdings sieht man im heutigen Polen auch sehr deutlich die Kehrseite der Ostpolitik, für die Brandt mit dem Friedensnobelpreis ausgezeichnet wurde: Er hoffte darauf, mit seinem Kurs des Dialogs die Regime im Sowjetblock zu innen- wie außenpolitischer Entspannung zu bewegen. Deshalb vermied er Kontakte zu Regimegegnern, die die kommunistischen Führer verärgern könnten, darunter zur Solidarność, die in seinen Augen von der katholischen Kirche beherrscht wurde – eine kuriose Fehleinschätzung, denn das politische Programm der

Solidarność formulierten vor allem kirchenferne Intellektuelle. General Wojciech Jaruzelski, der starke Mann an der Weichsel, der versucht hatte, die Demokratiebewegung mit dem Kriegsrecht zu zerschlagen, nahm überaus befriedigt zur Kenntnis, dass Brandt es 1985 bei einem Besuch in Warschau ablehnte, Lech Wałęsa zu treffen, den ebenfalls mit dem Friedensnobelpreis ausgezeichneten Vorsitzenden der in den Untergrund gedrängten Solidarność.

In gleicher Weise wird Brandt nicht nur in Warschau, sondern auch in Paris, London und sogar Washington angekreidet, dass das von seinem Kabinett vorangetriebene westdeutsch-sowjetische Erdgas-Röhren-Geschäft der erste Schritt war, Stromversorgung und Industrie Mitteleuropas von russischen Rohstoffen abhängig zu machen, überdies dem Kreml einen ständig wachsenden Devisenzufluss zu verschaffen, den dieser zur Hochrüstung seiner Streitkräfte nutzte. Somit ist die Formel der Ostpolitik „Wandel durch Annäherung“ nicht aufgegangen. Sie hat vielmehr den Sowjetblock nicht nur stabilisiert, sondern den Kreml auch zu seinen militärpolitischen Abenteuern in Äthiopien, Angola, Mosambik und Afghanistan ermuntert.

Es ist also eine Legende, dass die Ostpolitik entscheidend zum Ende des Ostblocks und somit auch zur deutschen Einheit beigetragen hat. Diese hatte Brandt selbst, wie sein ostpolitischer Vormann Egon Bahr, längst abgeschrieben. So erklärte der SPD-Vorsitzende 1988, die Zweiteilung Deutschlands sei „eine späte Wiedergutmachung dafür, dass und wie von deutschem Boden Krieg ausgegangen war“. Allerdings konnte er nicht erklären, warum die Ostdeutschen, die DDR-Bürger geworden waren, dafür einen höheren Preis zu zahlen hatten als die Westdeutschen. Es war in seinen noch im September 1989 erschienenen Memoiren, dass Brandt schrieb, das Gerede von der Wiedervereinigung sei eine „Lebenslüge“. Doch die Bilder vom 9. November 1989, als die Berliner Mauer fiel, brachten ihn zu einer weiteren politischen Kehrtwende, er sagte den berühmt gewordenen Satz: „Nun wächst zusammen, was zusammengehört."

Im Moskauer Politbüro bewertete man die Ostpolitik Brandts als nützlich für die Sowjetunion, da sie dazu beitrug, die Parteidiktaturen im Ostblock zu festigen. Positiv waren ihre Effekte vor allem für die Deutschen in beiden Staaten, da die Kontakte von bislang getrennten Familienmitgliedern erleichtert wurden; auch förderte sie den bereits zaghaft begonnenen Dialog zwischen westdeutschen und polnischen Intellektuellen. Doch der „Sozialismus mit menschlichem Antlitz" hat sich nicht entwickelt, vielmehr hat sich parallel zur außenpolitischen Entspannung das innenpolitische Regime in allen Ostblockstaaten verhärtet. Auch sah Brandt nicht, dass die Sowjetunion konsequent eine imperialistische Außenpolitik betrieb.

So wichtig und auch mutig Brandts Ansatz war, so falsch ist die Legende, die in der SPD aus seiner Ostpolitik gestrickt wurde: Die – leider faktenwidrige – Version, Brandt und Bahr hätten Moskau zu nachhaltigen Kompromissen bewegt, führte zur Überzeugung von „Brandts Enkeln" um Gerhard Schröder und Frank-Walter Steinmeier, dass Dialogbereitschaft und Rohstoffgeschäfte reichen, den Kreml zu einer konstruktiven Nachbarschaftspolitik zu veranlassen. Der Dialog Brandts mit Moskau, Warschau, Ost-Berlin war ein groß angelegter Versuch, die Dinge zum Besseren zu wenden. Gelungen ist dies gegenüber dem Kreml aber nur in sehr begrenztem Ausmaß.

BUDAPESTER MEMORANDUM

Nach dem Zerfall der UdSSR sah sich die internationale Gemeinschaft neben Russland als Rechtsnachfolger der Sowjetunion mit drei neuen Atommächten konfrontiert: Ukraine, Belarus und Kasachstan. Denn auf deren Territorien waren zu Sowjetzeiten Flughäfen der strategischen Luftflotte sowie Bunker für Atomraketen gebaut worden. In den westlichen Hauptstädten hatte man mittlerweile gute Arbeitsbeziehungen zum russischen Präsidenten Boris Jelzin aufgebaut, doch die Verhältnisse in den anderen ehemaligen Sowjetrepubliken waren nicht überschaubar. Dem Weißen Haus unter Bill Clinton und der britischen Regierung unter John Major gelang es unter Berufung auf ihren Status als ständige Mitglieder des UN-Sicherheitsrats, 1994 die Führungen in Minsk, Kiew und Alma-Ata zu einem Abkommen zu bewegen, das nach dem Unterzeichnungsort Budapester Memorandum genannt wurde: Die Ukraine, Belarus und Kasachstan überließen Moskau die auf ihren Territorien stationierten Atomwaffen, von denen der allergrößte Teil verschrottet werden sollte. Im Gegenzug verpflichteten sich die Russen, die Souveränität sowie die Unversehrtheit der Grenzen der neuen Staaten zu respektieren und keinen wirtschaftlichen Druck auf sie auszuüben. Auch sicherte die russische Regierung ausdrücklich zu, dass **„keine ihrer Waffen jemals gegen die Ukraine eingesetzt werden wird“**. Als Garantiemächte unterzeichneten die USA und Großbritannien das Abkommen, China und Frankreich gaben zusätzlich Garantieerklärungen ab.

Nach seinem Machtanritt im Jahr 2000 gab Putin sehr rasch zu verstehen, dass er das Budapester Memorandum ignoriert. Immer stärker wurde der wirtschaftspolitische Druck auf Kiew, um das Pipelinenetz auf ukrainischem Boden unter russische Kontrolle zu bringen, mehrmals wurde den Ukrainern der Gashahn zugedreht. Doch Kiew widerstand den Pressionen, die sich sogar noch verstärkten, nachdem 2003 beide Regierungen in einem weiteren Vertrag die Unversehrtheit der Grenzen bekräftigt hatten.

Nach der Annexion der Krim und dem russischen Einmarsch im Donbass im Frühjahr 2014 erklärten Sprecher des Kremls, dass das Budapester Memorandum und der Grenzvertrag keineswegs von Russland verletzt worden seien. Denn die

Sezession der Krim sei Folge einer Entscheidung der Einwohner, nämlich eines Referendums, und im Donbass hätten einheimische Separatisten den Volkswillen zum Ausdruck gebracht, indem sie in einem regional begrenzten Bürgerkrieg über die Truppen Kiews gesiegt und dann die Unabhängigkeit ihrer Heimatregionen ausgerufen hätten. Es waren weitere große Lügen des Kremls.

Doch obwohl die USA eine der Garantiemächte für die Ukraine waren, beteiligte sich US-Präsident Barack Obama nicht an den Bemühungen, den Konflikt einzudämmen, obwohl gerade die Briten als Mitunterzeichner des Budapester Memorandums in den Kulissen darauf drangen – ein Fall beispiellosen außenpolitischen Versagens Obamas, von der deutschen Politik und Presse weitgehend kommentarlos hingenommen. Zu dem von Putin entfachten Krieg fiel ihm die arrogante, dumme Bemerkung ein, Russland sei eine „Regionalmacht, die einige ihrer Nachbarn bedroht". Das Verhalten Moskaus sei das Resultat „nicht von Stärke, sondern von Schwäche", für die USA gebe es weitaus schlimmere Bedrohungen. Putin wollte offenkundig das Gegenteil beweisen: Er ließ noch mehr Truppen unter falscher Flagge in den Donbass einmarschieren und noch stärker als bisher in den syrischen Bürgerkrieg eingreifen.

In der politischen Elite Londons sah man es über die Parteigrenzen hinweg offenbar als eine Frage der Ehre an, die von Putin angegriffenen und von Obama im Stich gelassenen Ukrainer zu unterstützen: Britische Instrukteure engagierten sich bei der Umstrukturierung und vor allem der taktischen Ausbildung der Streitkräfte Kiews und gewannen dafür auch Kanada, wo die mehrere Millionen Menschen zählende größte ukrainische Exilgemeinde lebt. Mit einiger Verzögerung beteiligten sich auch die USA, noch während der Präsidentschaft von Donald Trump. Die Früchte des Engagements der Briten und der Nordamerikaner, das von der internationalen Presse nicht bemerkt wurde, zeigten sich nach der Eskalation des Kriegs 2022, bei der sich die Ukrainer der russischen Invasionsarmee taktisch haushoch überlegen zeigten.

DONBASS

Als Anfang Februar 2022 erst der französische Präsident Emmanuel Macron, dann Bundeskanzler Olaf Scholz versuchte, Putin von seinen bösen Absichten gegenüber der Ukraine abzubringen, verwies dieser auf den „Genozid am russischen Volk" im noch unter der Kontrolle Kiews stehenden Teil des Donbass. Doch internationalen Menschenrechtsorganisationen war von einer Repression der dortigen Bevölkerung nichts bekannt, geschweige denn von einem Völkermord. Man kann nur spekulieren, ob Putin selbst diese Version glaubte, ob er also vom eigenen Propagandaapparat in die Irre geführt worden war. Jedenfalls wiederholte er bei vielen Gelegenheiten die Parole, dass der Donbass urrussische Erde sei und die dort lebenden russischsprachigen Staatsbürger der Ukraine eigentlich seine Landsleute seien und deshalb von ihm beschützt werden müssten.

Donbass – der Name ist die Kurzform von *Donez-Bassejn* (Donez-Becken), er bezieht sich auf die Niederung am Unterlauf des gleichnamigen Flusses. Seit der zweiten Hälfte des 19. Jahrhunderts entstanden dort immer mehr Kohlebergwerke und Eisenhütten. Immer mehr Menschen strömten aus den ländlichen Regionen in den Industriebezirk um die rasch expandierende Stadt Jusowka, das heutige Donezk; Namensgeber war damals der Brite John Hughes (ausgesprochen: *Jus*), der 1869 dort ein Hüttenwerk mitsamt Arbeitersiedlung hatte bauen lassen. 1924 wurde die Stadt zu Ehren des Sekretärs des Zentralkomitees der Kommunistischen Partei Russlands (Bolschewiken), wie sein Titel offiziell lautete, in Stalino umbenannt.

Nach der Machtergreifung der Bolschewiken hatte der neue Regierungschef Lenin durchgesetzt, dass die unter Moskauer Kontrolle gebliebenen Territorien des untergegangenen Zarenreichs entsprechend der ethnischen Zusammensetzung der Bevölkerung in Sowjetrepubliken mit einem gewissen Grad an Autonomie gegenüber Moskau aufgespalten werden. Für Lenin war klar, dass das Donbass zur Ukrainischen Sozialistischen Republik gehören sollte, da dies den Mehrheitsverhältnissen in der Bevölkerung entsprach. 1926 legten die Behörden Zahlen vor: 64 Prozent waren Ukrainer, 26 Prozent Russen, drei Prozent Griechen, zwei Prozent Deutsche.

Ein Propagandafilm von 1930 zeigt eine Massenkundgebung, auf der Industriearbeiter des Donbass die Erfüllung des Fünfjahresplans geloben. Die allermeisten der Spruchbänder und Plakate sind auf Ukrainisch verfasst. Doch schon Ende der 30er Jahre überwog bei öffentlichen Veranstaltungen das Russische in der Region, Folge der Politik Stalins, die auf die Unterdrückung der ukrainischen Kultur abzielte. Auch unter den Nachfolgern Stalins an der Parteispitze wurde die ukrainische Sprache im Donbass marginalisiert. Doch die Auslöschung der ukrainischen Identität gelang den Parteipropagandisten nicht.

Beim Referendum über die Unabhängigkeit der Ukraine 1991 stimmten bei einer Rekordteilnahme 83 Prozent der Wähler in den Bezirken Donezk und Luhansk mit „Ja". Bei der Volkszählung 2001 gaben drei Viertel der Einwohner der beiden Bezirke Russisch als Muttersprache an, aber nur ein gutes Viertel der dortigen Gesamtbevölkerung bezeichnete sich als Russen. Bei sämtlichen Wahlen ebenso wie bei Meinungsumfragen in den Jahren vor Ausbruch des russisch-ukrainischen Kriegs 2014 kamen die Befürworter eines Anschlusses an Russland nie über 15 Prozent der Stimmen hinaus. Zwar trauerte besonders die ältere Generation der Sowjetzeit nach, als ein Kult um Industriearbeiter getrieben wurde und diese vielerlei

Privilegien genossen. Doch mindestens so stark waren stets die Aversionen gegen die „arroganten Moskowiter".

Die russischsprachigen Regionalsender, die sich größtenteils in den Händen einheimischer Oligarchen befanden, strahlten auf die Ukraine zugeschnittene Programme aus. Sie trugen ihren Teil zur Verfestigung einer nationalukrainischen Erzählung bei; dazu gehörten Serien sowie Spielfilme über tapfere Kosaken, die sich den Zaren im fernen Moskau oder St. Petersburg widersetzten. Allerdings empörte es wohl die überwältigende Mehrheit der russischsprachigen Einwohner der Region, dass die seit 2005 in Kiew regierenden prowestlichen Reformer unter Viktor Juschtschenko die Ukrainisierung des öffentlichen Lebens und des Bildungssystems vorantrieben. Regionalpolitiker verwiesen auf die Mehrsprachigkeit Belgiens und der Schweiz als Modell, konnten sich damit aber nicht in Kiew durchsetzen.

Die neuen Besitzer der veralteten Industrieanlagen im Donbass waren auf Subventionen aus Kiew angewiesen. Gleichzeitig war die Zentralregierung zu schwach, um die Oligarchen der Region zu korrekten Steuerzahlungen zu zwingen. Die führenden Köpfe des Donbass-Netzwerkes aus Politikern, Konzernherren und örtlichen Mafiosi sahen daher ein schwaches Kiew eindeutig als kleineres Übel gegenüber einem starken Moskau an. So dachte nicht nur die regionale Elite, sondern auch die Mehrheit der Bevölkerung, wie sämtliche Wahlergebnisse belegen.

Wohl wollten die Menschen im Donbass gute Beziehungen zu den russischen Nachbarn pflegen. In den ersten beiden Jahrzehnten der unabhängigen Ukraine zeigten alle Umfragen, dass man sich zwar nicht von den Russen kontrollieren lassen wollte, sie aber dennoch als Freunde galten, denen man sich eng verbunden fühlte. Doch mit dem Jahr 2014 wurden diese Freunde, mit denen man die Muttersprache gemeinsam hatte, zu mörderischen Feinden.

Kurz nach der Annexion der Krim im März 2014 blockierten bewaffnete Gruppen Verwaltungsgebäude und Verkehrsknotenpunkten in den überwiegend russischsprachigen Regionen im Osten der Ukraine.

Die neue Regierung in Kiew erklärte, es handle sich um Aktionen der russischen Geheimdienste; Moskau sprach dagegen von prorussischen Freiheitskämpfern, die die Repression durch Kiew beenden wollten. Es war eine weitere Lüge, wie sich in einigen Städten sehr deutlich zeigte: Die angeblich Einheimischen waren nämlich nicht ortskundig, in der Millionenstadt Charkiw, nordwestlich des Donbass gelegen, stürmten sie das Opernhaus, das sie für das Rathaus hielten. Die Polizei konnte sie rasch vertreiben.

Die Saga von den „prorussischen Separatisten", die ihre Heimatregion an Russland anschließen wollen, ist eines der erfolgreichsten Versatzstücke der Kremlpropaganda. Denn der Begriff bekräftigt die Version vom „ukrainischen Bürgerkrieg", in dem die angeblich von Kiew unterdrückten ethnischen Russen letztlich obsiegten und die Volksrepubliken Donezk und Luhansk ausriefen, also das Selbstbestimmungsrecht der Völker wahrnahmen. Moskau war demnach nie unmittelbar an dem Konflikt beteiligt. Dabei haben russische Staatsbürger nahezu alle Schlüsselpositionen in Verwaltung, Repressionsapparat und Militär der „Volksrepubliken" besetzt. Die internationale Presse übernahm unkritisch den Begriff „prorussische Separatisten". Die politischen Folgen sind offensichtlich: Berliner Politiker und Kommentatoren sprachen oder schrieben nicht vom „russisch-ukrainischen Krieg" um den Donbass, sondern verharmlosend von der „Ukraine-Krise", so als sei dies eine interne Angelegenheit der Führung in Kiew, die gefälligst ihr grundlegendes Problem mit der unzufriedenen russischen Minderheit im Lande lösen solle.

Im Donbass setzten die „Separatisten" schwere Waffen ein: Kampfhubschrauber, Panzer, Haubitzen, sogar Raketenwerfer.

Angeblich stammten sie aus ukrainischen Kasernen, eine weitere Lüge, die rasch widerlegt werden konnte: Denn darunter waren Waffensysteme, über die nur die russische, aber nicht die ukrainische Armee verfügt hatte. Die Regierung in Kiew legte schon im Sommer 2014 eine erste Dokumentation vor, nach der reguläre russische Verbände unter falscher Flagge in der Region im Einsatz war. Die – vom Kreml drangsalierten – Komitees der Soldatenmütter, entstanden während des Ersten Tschetschenienkriegs 1994, konnten nachweisen, dass mindestens 15.000 russische Soldaten Teile des Donbass besetzten. Bei den heftigen Kämpfen handelte es sich also nicht um einen „ukrainischen Bürger- und Bruderkrieg", wie es fast alle russischen Medien und auch manche deutschen Kommentatoren behaupteten, sondern um einen russischen Eroberungskrieg. Ganze Ortschaften versanken in Schutt und Asche, die Zahl der Toten ging in die Tausende, auch sind Hunderttausende aus ihrer Heimatregion geflohen.

Der Bundesregierung lagen genaue Informationen über die eingesetzten russischen Verbände vor, doch vermied sie es, dies öffentlich anzusprechen, obwohl Moskauer Politiker frank und frei den Einsatz eigener Truppen zugegeben hatten. Diese hätten Urlaub genommen, um in den Verbänden der „Volksrepubliken" Donezk und Luhansk für die Freiheit ihrer Landsleute zu kämpfen. Allerdings verbietet das russische Wehrpflichtgesetz Einsätze für fremde Streitkräfte, auch müssen sich Soldaten Auslandsreisen genehmigen lassen.

Die Führer der sogenannten Separatisten fanden unter den Einheimischen nur wenige Freiwillige für die von ihnen aufgestellte „Volkswehr". Der Söldnerführer Igor Girkin, der es im russischen Militärgeheimdienst GRU bis zum Oberst gebracht hatte, klagte im Sommer 2014: „Kaum 1000 Leute haben sich im ganzen Donbass gefunden, um für ihre Freiheit zu kämpfen." Zu dem Zeitpunkt stammte kein einziger der Führer der „Separatisten" aus der Region, vielmehr handelte es sich durchweg um Importe aus Russland, oft mit Militär- oder Geheimdiensthintergrund. Erst im Spätsommer übernahmen russischsprachige Staatsbürger der Ukraine führende Ämter in den neuen „Volkrepubliken“ Donezk und Luhansk.

Girkin war am Abschuss einer Passagiermaschine beteiligt, die mit 298 Personen an Bord auf dem Weg von Amsterdam nach Kuala Lumpur, der Hauptstadt von Malysia, war; für ihn wurde ein internationaler Haftbefehl ausgestellt. Eine Kommission aus internationalen Experten konnte belegen, dass das Flugzeug von einer Luftabwehrrakete getroffen worden war, die eine russische Einheit von ukrainischem Territorium abgeschossen hatte. Aus abgehörten Gesprächen geht hervor, dass dabei die Befehlskette nach Russland reichte; angeblich hat Putin persönlich grünes Licht für den Transport des Raketensystems in die Kampfzone gegeben.

Der russische Rechtsradikale Girkin beschuldigte 2017 den Kreml, den wirtschaftlichen Niedergang der neuen Volksrepubliken zu dulden. Die von Moskau entsandten neuen Verwaltungschefs seien „Banditen“ und plünderten die Region aus. Seine Aussagen deckten sich mit Berichten des Hohen Kommissars der UNO für Menschenrechte und von Amnesty International, nach denen in der Kriegsregion russische Milizen eine Terrorherrschaft errichtet haben, in der Entführungen, Erpressungen, Folterungen und Hinrichtungen an der Tagesordnung sind.

Seit dem Frühjahr 2022 wurden Tausende einheimische Männer in die Streitkämpfe der „Volksrepubliken“ eingezogen und an vorderster Front gegen ihre ukrainischen Landsleute eingesetzt. Unter ihnen ist die Todesrate besonders hoch. Als sich in der Region die Nachricht vom bevorstehenden Anschluss an die Russische Föderation verbreitete, kam es zu einer weiteren Fluchtwelle. Denn nach Moskauer Lesart waren nun die Einwohner des Donbass russische Staatsbürger, die Verweigerung des Kriegsdienstes gilt als schwere Straftat, die mit mehrjähriger Lagerhaft geahndet wird. Vor allem junge Menschen mit Hochschulbildung haben den Donbass verlassen.

Der einer Terrorherrschaft ausgesetzte und vom wirtschaftlichen Niedergang gezeichnete Donbass gilt weithin als abschreckendes Beispiel der russischen Nachbarschaftspolitik. Seit dem Einmarsch russischer Verbände 2014 sind keine ausländischen Investitionen mehr dorthin geflossen; wegen des unsicheren völkerrechtlichen Status wollen nicht einmal die dem Kreml nahestehenden Oligarchen dort investieren. Mehr als 150.000 Kinder wurden nach offiziellen Angaben Moskaus in „Aufnahmezentren für Flüchtlinge" in Russland gebracht und zur Adoption freigegeben. Es handelt sich um einen weiteren schwerwiegenden Verstoß gegen das Völkerrecht, mit ihm begründete der Internationale Strafgerichtshof in Den Haag im März 2023 die Haftbefehle für Putin und Maria Lwowa-Belowa, die Kommissarin für Kinderrechte des Kremls.

Doch hatte die Entwicklung im Donbass einen nicht geringen Anteil daran, dass die Gegensätze zwischen der ukrainisch- und der russischsprachigen Bevölkerung der Ukraine heutzutage kaum noch eine Rolle spielen: Bei sämtlichen Wahlen seit 2014 gab es nicht mehr die Trennlinien zwischen proeuropäischer West- und Zentralukraine einerseits und den sowjetnostalgischen, russischsprachigen Regionen im Osten und Süden andererseits.

DOSTOJEWSKI

Aus den Lehrplänen des ukrainischen Bildungsministeriums für den Literaturunterricht wurden zum Schuljahr 2022/23 die Werke Fjodor Dostojewskis (1821 – 1881) gestrichen. Die Begründung lautete, er habe das Zarentum verherrlicht und sich sehr hochmütig über die nichtrussischen Völker des Imperiums ausgelassen, vor allem über die Ukrainer, die er „Kleinrussen“ nannte und als primitives Bauernvolk beschrieb. Auch sei sein Antisemitismus entschieden abzulehnen.

Als junger Schriftsteller hatte Dostojewski sich in Kreisen bewegt, die einen atheistischen Sozialismus propagierten. Er wurde wegen dieser Kontakte zur Verbannung nach Sibirien verurteilt, während der er von seinen früheren Überzeugungen Abstand nahm. Er schrieb nun von der Mission der russischen Nation und pries den Zar in einer Ode als „Sonne“. Heftig attackierte er auch die Polen, die sich im 19. Jahrhundert wiederholt gegen die russischen Besatzer erhoben hatten. Sie wollten nicht erkennen, dass die Russen ihre slawischen Brüder seien und ihnen die wahre Freiheit gebracht hätten. Es sei das Slawentum, das Europa vor dem Untergang retten werde. Russland sei als führende Macht unter allen slawischen Völkern die Bastion der geistigen Zivilisation sowie des wahren Christentums gegen den verderbten Westen, der die Wissenschaft vergötze und auch zunehmend sozialistischen Ideen nachhänge. Die katholische Kirche habe es in ihrer Schwäche nicht vermocht, diese Entwicklungen aufzuhalten. Sie habe somit Verrat an der Lehre Christi begangen, die nur die russisch-orthodoxe Kirche entschlossen verteidige.

Für deutsche Schriftsteller und Literaturkritiker verkörperte Dostojewski die „russische Seele“, Anfang des 20. Jahrhunderts wurde er im deutschsprachigen Raum Kultautor. Thomas Mann sah ihn als „Herrscher über die europäische Jugend“. Diese „deutsch-russische Seelenverwandtschaft“ wurde allerdings in den Nachbarländern überaus kritisch, sogar beunruhigt zur Kenntnis genommen, ebenso wie heute die Empfehlung Putins: „Dostojewski sollte moralische Autorität für die Russen sein.“

Diese angebliche Seelenverwandtschaft illustrierten auch Angela Merkel und Putin, als sie 2006 in Dresden ein Dostojewski-Denkmal einweihten. Der Schriftsteller hatte anderthalb Jahre in der Elbmetropole gelebt und dort an seinem

Roman „Die Dämonen“ gearbeitet. Putin, der dort fünf Jahre verbracht hatte, zitierte 2022 in einer Rede zur Rechtfertigung des Kriegs gegen die Ukraine aus den „Dämonen“. Das Zitat besagt sinngemäß, dass „schrankenlose Freiheit“ zu „schrankenloser Despotie“ führe. Der Kremlchef meinte damit den dekadenten, prinzipienlosen Westen.

EURASISCHE UNION

Schon wenige Monate nach seinem Amtsantritt traf sich Putin im Oktober 2000 mit den Staatschefs von Belarus, Kasachstan, Kirgisien und Tadschikistan zur Gründung der Eurasischen Wirtschaftsgemeinschaft. Die neue Organisation, die der Kreml zunächst als Zollunion deklarierte, sah er ganz offensichtlich als Instrument, die anderen ehemaligen Sowjetrepubliken wieder unter Kontrolle zu bekommen, an erster Stelle die Ukraine. Denn ohne die Ukraine würde Russland nie wieder Supermacht werden. Der Staatenbund sollte nicht nur Moskau mehr Gewicht gegenüber dem Westen geben, er war auch als Anti-EU gedacht, nämlich als Gegengewicht zum Modell einer toleranten, liberalen Demokratie westlichen Typs, was man in Brüssel, Paris und Berlin erst sehr spät merkte.

Schon allein der Name der Wirtschaftsgemeinschaft ist Programm: Er bezieht sich auf eine ideologische Strömung, die Russland wegen seiner eng mit Nord- und Mittelasien verquickten Geschichte als einen eigenen kulturellen Raum beschreibt. Dieser unterscheide sich sowohl von den großen Nationen Europas als auch denen Asiens erheblich, deshalb könne Russland weder zum einen noch zum anderen gehören. Die Thesen des „Eurasiertums“ wurden in den zwanziger Jahren von russischen Intellektuellen formuliert, die vor den Bolschewiken nach Berlin, Prag und Sofia geflohen waren. Das sowjetische Regime hatte in ihren Augen das ursprüngliche, kraftvolle russische Wesen verstümmelt, diese Kraft sei erwachsen aus der Auflehnung der Russen gegen das sogenannte Tatarenjoch, nämlich deren Herrschaft über die russischen Fürstentümer, die nach der Zerstörung der Kiewer Rus 1223 noch mehr als zwei Jahrhunderte währte. Laut den Denkschriften der Eurasier, die vor 100 Jahren in russischen Exilverlagen in Berlin erschienen, beeinflussten sich die Russen und ihre asiatischen Nachbarn aber auch gegenseitig positiv, die russische Gesellschaft sei das Ergebnis einer gelungenen Verschmelzung der ostslawischen Acker- und Waldbauern mit den asiatischen Reitern aus der Steppe. So hätten auch die Russen gelernt, große Räume zu erobern und zu beherrschen.

Überdies habe dieses Gegeneinander und Miteinander zu einer Widerstandsfähigkeit des Volks geführt, die keiner europäischen Nation zu eigen sei. Der Westen habe nämlich die imperiale Tradition des Alten Roms ebenso vergessen wie die Kampfmoral und Härte der Germanen, er sei verweichlicht und habe keine Zukunft. Dass manche Intellektuelle in Kiew nach dem Untergang des Zarenreichs die Annäherung der Ukraine an den Westen proklamierten, sei ein „historischer Irrtum" – die Ukrainer als orthodoxes Volk gehörten zu Moskau. Auch die Juden als Vorläufer der Christen hätten sich der orthodoxen Kirche unterzuordnen, gleichzeitig würde der Moskauer Patriarch sie auch beschützen.

Im künftigen postsowjetischen Russland solle Harmonie zwischen orthodoxer und islamischer Kultur herrschen. Bevorzugter Nachbar werde China sein, dass sich von der Unterjochung durch den Westen lösen und wieder erstarken werde. Der Marktwirtschaft nach westeuropäischem Modell sagten die Eurasier den Kampf an, der Staat müsse vielmehr die Planung der Wirtschaft in die Hand nehmen. Es waren Versatzstücke einer Gesellschaftstheorie, wie sie auch den Faschismus kennzeichnen.

Dieselben Elemente finden sich im Programm der „Eurasischen Partei", die Anfang des 21. Jahrhunderts vom Philosophen Alexander Dugin gegründet wurde. Dugin definiert Eurasien allerdings anders als die „Eurasier" vor 100 Jahren: Beschrieben diese einen Bund der orthodoxen Länder Europas mit den asiatischen Völkerschaften des Zarenreichs, so reicht laut Dugin Eurasien von den europäischen Küsten des Atlantiks bis zur Beringstraße. Westeuropa sei von den USA faktisch besetzt und kulturell korrumpiert, das starke Russland, das wieder das gesamte Territorium der ehemaligen Sowjetunion beherrschen werde, müsse die Westeuropäer von der amerikanischen Besatzung befreien. Auch Putin gab jüngst solche Ansichten zum Besten.

Dugin wird von russischen Menschenrechtlern als übler Kriegshetzer gebrandmarkt, seine Tochter, die ihm darin kaum nachstand, wurde 2022 Opfer einer unter seinem Luxusgeländewagen platzierten Autobombe. Manche westlichen Medien bezeichneten ihn als Stichwortgeber Putins. Doch dafür spricht wenig, denn der Kremlchef vertritt ein ethnonationales Konzept und ist daher offenbar wenig daran interessiert, die Millionen der einst vom Zarenreich kolonisierten Völker Asiens wieder zu russischen Staatsbürgern zu machen. Wohl möchte er sie aus der Distanz kontrollieren, über die Einbindung in wirtschafts- und militärpolitische Strukturen.

Dieses Ziel sollte die Umwandlung der Eurasischen Wirtschaftsgemeinschaft zur Eurasischen Union in greifbare Nähe rücken, eine offenkundige Kopie des westlichen Vorbildes: Die EWG hatte sich zur EU weiterentwickelt. Doch während die westliche Staatengemeinschaft zum großen Magneten wurde, konnte der Kreml die Nachbarn wenig für die Abtretung staatlicher Kompetenzen an das eurasische Führungsgremium begeistern, weil dies die Möglichkeiten Moskaus, in die anderen ehemaligen Sowjetrepubliken hineinzuregieren, erheblich erweitert hätte. So rief Putin nur Befremden hervor, als er die Sowjetunion als globale Ordnungsmacht pries und deren Auflösung als „größte geostrategische Katastrophe des 20. Jahrhunderts“ beklagte.

Lediglich Armenien ist zu den Gründerstaaten der Eurasischen Gemeinschaft gestoßen, nicht aber Aserbeidschan, Turkmenistan und Usbekistan, die über die Ausbeutung ihrer reichen Rohstoffvorkommen selbst entscheiden möchten und deshalb an einem gemeinsamen Strom-, Öl- und Gasmarkt, wie er Putin vorschwebt, kein Interesse haben. Im Kaukasus und in Mittelasien ist das Misstrauen gegenüber Russland traditionell enorm, in das kulturelle Gedächtnis hat sich nicht nur die rigorose Kolonisierung dieser Regionen während der Zarenherrschaft eingegraben, sondern auch die falschen Parolen von der sozialistischen Völkerfreundschaft der Sowjetära. Sogar Gorbatschow hatte diese Legende in seinem wohl von Ghostwritern verfassten Wälzer „Perestroika“ wiederholt, der bei den Westdeutschen zum Bestseller wurde. Er behauptete darin faktenwidrig, die UdSSR sei der erste Staat auf dem Globus, in dem nationale Gegensätze überwunden seien.

In Wirklichkeit hatten während der Perestroika KGB und GRU vom Kreml die Anweisung erhalten, die Demokratiebewegungen in den Teilrepubliken, die die Loslösung von Moskau anstrebten, zu spalten und zu zersetzen. Ansatz war die Unterstützung nationaler Minderheiten in den von Moskau wegdriftenden Sowjetrepubliken, Ziel war es, Unruhen, sogar bewaffnete Zusammenstöße zu provozieren, um der Zentralmacht den Anlass zum Eingreifen zu geben. Im Falle Georgiens waren dies die Abchasen und die Osseten, in Moldawien die Gagausen, ein christlich-orthodoxes Turkvolk, sowie die ethnischen Russen, in Aserbeidschan die armenische und in Armenien die aserbeidschanische Minderheit, in Litauen wurde die polnische Minderheit gegen Vilnius aufgewiegelt, in Lettland, Estland und vor allem in der Ukraine wurden ebenfalls die ethnischen Russen in Stellung gebracht. Unvergessen blieb auch, dass unter Gorbatschow versucht wurde, die nationalen Demokratiebewegungen in Riga, Vilnius, Tiflis und Baku zu zerschlagen, der Einsatz der Sondertruppen des KGB kostete Dutzende Menschen das Leben.

Aufgrund dieser belasteten Nachbarschaftsgeschichte sind die Führungen sämtlicher ehemaliger Sowjetrepubliken darauf bedacht, ihre Unabhängigkeit von Moskau nicht nur entschlossen zu verteidigen, sondern den russischen Einfluss immer weiter zurückzudrängen. Hinzu kommt die kollektive Erfahrung der Menschen aus den islamisch geprägten Regionen im Kaukasus und in Mittelasien, von denen Hunderttausende als schlecht bezahlte Gastarbeiter vorübergehend nach Russland gegangen sind: Sie sind dort traditionell rassistischen Übergriffen ausgesetzt, nicht nur durch nationalistische Hooligans, sondern oft auch durch die Polizei, die sie eigentlich schützen müsste.

Anders war die Entwicklung nur im wirtschaftsschwachen *Armenien*, das im Konflikt mit Aserbeidschan um Nagorny Karabach auf den russischen Schutz angewiesen ist. Die Kaukasusregion war traditionell von christlichen Armeniern bewohnt, doch wurde sie vor 100 Jahren von der Führung in Moskau an die islamisch geprägte Teilrepublik Aserbeidschan angeschlossen. Unmittelbar nach der Auflösung der Sowjetunion führten die beiden unabhängig gewordenen Kaukasusstaaten einen Krieg um die abgelegene Bergregion, beide Seiten begingen dabei Gräueltaten. Nach Berichten der russischen Presse, die damals nicht mehr der Zensur unterlag, hatte in der Endphase der Perestroika der sowjetische Militärgeheimdienst GRU den Konflikt durch Waffenlieferungen an beide Seiten weiter angefacht. Das Ziel sei es gewesen, einen Abnutzungskrieg zu provozieren, in den Moskau letztlich als Ordnungsmacht eingreifen würde. Doch dies misslang, Armenien besetzte Nagorny Karabach. Erst 1994 gelang es der OSZE, einen Waffenstillstand auszuhandeln. Russische Soldaten wurden in der Region stationiert, um die Einhaltung des Abkommens zu überwachen.

Trotz der Anwesenheit des russischen Kontingents brach der eingefrorene Konflikt 2020 erneut mit schockierender Heftigkeit aus: Aserbeidschan griff Nagorny Karabach an, bei den Kämpfen gab es Hunderte von Toten. Die Regierung in Eriwan verlangte ein Eingreifen der von Moskau initiierten Organisation des Vertrags über kollektive Sicherheit (OVKS), der auch die anderen Mitglieder der Eurasischen Wirtschaftsunion angehören. Doch Putin ignorierte zunächst diese Bitten. Erst nachdem die Azeris zwei Drittel der umstrittenen Region erobert hatten, konnte Moskau einen Waffenstillstand erreichen. Der Kreml argumentierte, dass Nagorny Karabach völkerrechtlich ja nicht Territorium Armeniens sei, der Beistandspakt der OVKS also nicht greife.

Putin hatte offenkundig zwei Gründe für sein spätes Eingreifen: Zum einen wollte er den armenischen Premier Nikol Paschinjan dafür bestrafen, dass dieser nach dem Vorbild anderer ehemaliger Sowjetrepubliken auch die Kontakte zur Europäischen Union ausbauen wollte. Zum anderen wollte er auch verhindern, dass Aserbeidschan sich noch mehr als bisher dem Nato-Land Türkei zuwendet.

Jedoch hielt der 2020 von Moskau ausgehandelte Waffenstillstand nicht lange. Die Probleme der russischen Invasionstruppen in der Ukraine animierten offenkundig die Führung in Baku, im Herbst 2022 ihre Streitkräfte erneut losschlagen zu lassen: Dieses Mal griffen sie nicht nur den weiter unter armenischer Kontrolle stehenden Teil Nagorny Karabachs an, sondern auch das armenische Kernland. Nach offiziellen Angaben fielen bei den Gefechten mehr als 200 armenische sowie rund 80 aserbaidschanische Soldaten.

Doch wieder versagte Moskau dem Bündnispartner im Rahmen der OVKS den Beistand. Die in der umstrittenen Region stationierten russischen Truppen griffen auch nicht ein, als Aserbeidschan die einzige Landverbindung zwischen Armenien und Nagorny Karach blockierte, somit die Versorgung der Exklave mit Lebensmitteln und Brennstoff unterband. Beim OVKS-Gipfel in Eriwan im Dezember 2022 bekam Putin deshalb öffentlich Kontra vom Gastgeber Paschinjan. Dieser weigerte sich, das Abschlussdokument über die künftige Zusammenarbeit zu unterzeichnen, da seinem Land vertragswidrig die Unterstützung gegen Aserbeidschan verweigert worden sei. Putin war offenkundig so verärgert darüber, dass ihm der Kugelschreiber aus der Hand fiel. Beim Gruppenfoto rückte Paschinjan demonstrativ einen Meter von ihm ab.

Baku hatte die Gunst der Stunde genutzt, um Armenien anzugreifen. Wegen der westlichen Sanktionen ist Russland nämlich auf die Unterstützung *Aserbeidschans* angewiesen. Gazprom und Lukoil sind an der aserbeidschanischen Rohstoffindustrie beteiligt, deren Infrastruktur wird nun für den Export russischen Erdgases und Erdöls genutzt. Doch damit ist Baku keineswegs zum Verbündeten Moskaus im Krieg gegen die Ukraine geworden. Vielmehr liefert das Kaukasusland Hilfsgüter an das angegriffene Land, und Fahrzeuge der ukrainischen Rettungsdienste dürfen an Tankstellen des aserbeidschanischen Konzerns Socar umsonst tanken.

Wie die armenische, so geht auch die kirgisische Führung immer mehr auf Distanz zu Putin. Denn die von Moskau dominierte OVKS hatte auch nicht die Eskalation des seit langem schwelenden Konflikts zwischen den beiden Mitgliedern *Kirgisien* und Tadschikistan wegen eines umstrittenen Grenzabschnitts verhindern können; dabei waren im September 2022 ebenfalls mehrere Dutzend Soldaten gefallen. Die bewaffneten Konflikte zeugen somit vom Autoritätsverfall Putins im postsowjetischen Raum wegen des Vernichtungskriegs in der Ukraine, die seinem Werben und seinem Druck, ebenfalls dem Eurasien-Projekt beizutreten, widerstanden hatte.

Auch die Führung von *Usbekistan*, das weder der OVKS noch der Eurasischen Wirtschaftsunion angehört, begegnete

Putin nicht mit der früher üblichen Hochachtung: Als der Kremlchef zum offiziellen Besuch in der Hauptstadt Taschkent eintraf, begrüßte ihn nur der protokollarisch unter ihm stehende Regierungschef. Doch als der chinesische Präsident Xi kam, empfing ihn der Staatschef mit großem militärischen Zeremoniell. Im Juli 2022 unterzeichnete die usbekische Regierung überdies einen Vertrag über die verstärkte Zusammenarbeit mit der EU, auch wurden die Handelsbeziehungen zu den USA ausgebaut.

Noch entschiedener hat sich der kasachische Präsident Qassym-Schomart Toqajew von Putin distanziert. Noch im Januar 2022 hatte ihm der Kremlchef aus höchster Not geholfen: Die Proteste gegen die drastische Erhöhung der Preise für Autogas, das in *Kasachstan* wichtiger Treibstoff für die privaten PKW ist, weiteten sich aus zu Massenkundgebungen gegen politische Repression und Korruption. Ein OVKS-Kontingent unter russischer Führung unterstützte die kasachischen Sicherheitskräfte, die Proteste niederzuschlagen. Doch das Angebot des Kremls, die russischen Einheiten in Kasachstan zu lassen, bis die Lage sich vollkommen beruhigt hat, lehnte Toqajew ab.

In der Hauptstadt Astana ist aufmerksam registriert worden, dass russische Politiker immer wieder forderten, den Nordwesten des Landes mit seiner Mehrheit aus ethnischen Russen unter den Schutz Moskaus zu stellen. Kasachische Politiker verhehlen nicht, was der Hauptgrund für die Verlegung des Regierungssitzes von Almaty in das 1200 Kilometer weiter nördlich gelegene Astana war: Auf diese Weise solle die überwiegend russisch besiedelte Region besser kontrolliert werden. Putin selbst hatte das Misstrauen der Kasachen geschürt, als er erklärte, dass die ehemalige Sowjetrepublik über keinerlei staatliche Tradition verfüge. Ähnliche Argumente hatte der Kreml zur Rechtfertigung des Angriffs auf die Ukraine angeführt. Noch mehr hat Putin die Führung in Astana verärgert, als er den Export von kasachischem Erdöl über den russischen Hafen Noworossijsk reduzieren ließ; er wollte auf diese Weise Kasachstan zwingen, sich dem gemeinsamen Energie- und Rohstoffmarkt anzuschließen, woran Toqajew aber offenkundig wenig interessiert ist.

Der kasachische Präsident scheute sich nicht, in beispielloser Weise Putin live vor dem Fernsehpublikum zu brüskieren: Beide ließen sich am Rande des Petersburger Wirtschaftsforums gemeinsam interviewen. Auf die Frage, wann Astana die beiden Volksrepubliken Donezk und Luhansk anerkennen werde, gab der sichtlich überraschte Toqajew scharf zurück, dass sein Land völkerrechtlich anerkannte Grenzen respektiere und keinerlei separatistische Gebilde als Staat anerkennen werde. Putin konnte seinen Ärger nicht verbergen. Dabei beließ es der Kasache aber nicht: Als Tausende von jungen Russen wegen der angekündigten Mobilmachung Russland überstürzt verließen, teilte ein Sprecher seiner Regierung mit, dass diese wie Gäste behandelt und beherbergt würden. Auch schickte Astana Medikamente und andere Hilfsgüter in die Ukraine.

Offiziell nicht bestätigt wurde die Information, dass Toqajew die Verleihung des russischen Alexander-Newski-Ordens abgelehnt hatte. Das Heer des Moskauer Fürsten Alexander Newski hatte im 13. Jahrhundert eine Schlacht gegen den Deutschen Orden gewonnen. Wie bereits Stalin im Zweiten Weltkrieg so beschwört auch Putin dieses Ereignis immer wieder, wenn er seine Landsleute vor den angeblichen Invasionsplänen des Westens warnt. Wie auch die Führer der anderen ehemaligen Sowjetrepubliken hat Toqajew begriffen, dass Putin sich wegen des Kriegs in der Ukraine selbst geschwächt hat. Diese Schwächephase nutzen die Chinesen, sie schließen immer mehr Verträge über wirtschaftliche Zusammenarbeit in der Region. Kein geringerer als der chinesische Präsident Xi sicherte Toqajew zu, China werde den Kasachen bei der Verteidigung ihrer Unabhängigkeit und territorialen Integrität zur Seite stehen – es war eine Spitze gegen den Kreml.

Keine der fünf ehemaligen Sowjetrepubliken in Mittelasien unterstützt Putin in seinem Krieg gegen die Ukraine. Vielmehr versuchen alle, vom rohstoffarmen Tadschikistan abgesehen, sich weiter von Moskau abzusetzen. Gleichzeitig bauen die Kasachen und ihre Nachbarn die Kontakte zur Türkei, zur EU und den USA aus. Toqajew hat angeboten, mehr Erdöl an Kunden aus der EU zu verkaufen. Die Außen- und Verkehrsminister Kasachstans, Aserbeidschans und der Türkei haben Verhandlungen über eine Transportroute aufgenommen, die Russland umgeht. Allerdings möchten sich die ehemaligen Sowjetrepubliken in Mittelasien auch nicht von China abhängig machen. Sehr aufmerksam wird in den Hauptstädten registriert, dass das chinesische Regime die moslemischen Uiguren massiv unterdrückt.

Auch scheiterten Putins Versuche, das Russische als Lingua Franca im postsowjetischen Raum zu zementieren: Zum großen Ärger des Kremls führte Kasachstan, wie bereits zuvor Aserbeidschan, Turkmenistan und Usbekistan, wieder das lateinische Alphabet ein, das unter Stalin dem kyrillischen hatte weichen müssen. In Kirgisien bekamen die nach Russen benannten Straßen neue Namen, die russischen Ortsnamen wurden ersetzt, die Staatsduma in Moskau protestierte vergeblich dagegen.

Im Kreml begreift man nicht, dass der theatralisch herausgestellte russische Nationalstolz bei den Nachbarn durchweg negative Emotionen weckt. Zudem ist Russland, das unter Putin seine Wirtschaft nur bruchstückhaft modernisiert hat, kein Modell, sondern ein abschreckendes Beispiel. So spricht sehr viel dafür, dass die Eurasische Union, gedacht als Vorstufe zur Neuauflage des russischen Imperiums, als weiteres gescheitertes Großprojekt Putins in die Geschichte eingehen wird.

FASCHISMUS

Putin rechtfertigt den Krieg gegen die Ukraine mit der Gefahr, die von der in Kiew regierenden „faschistischen Junta" ausgehe. Diese habe 2014 in einem Putsch die Macht ergriffen, wodurch sich die russische Regierung veranlasst gesehen habe, sich schützend vor die von Kiew drangsalierte Bevölkerung der Krim und des Donbass zu stellen. In der Wahlkampagne vor dem Referendum über den Anschluss der Krim an Russland wurde vor „ukrainischen Faschisten" gewarnt, die die Brunnen und Wasserspeicher vergiften wollten.

In Kreisen der deutschen Linken, die sich traditionell dem „antifaschistischen Kampf" verschrieben hat, fand diese Version ein starkes Echo. Man übersah dabei geflissentlich, dass der Verband der jüdischen Gemeinden in der Ukraine Putin der Lüge bezichtigte: Es habe zu keinem Zeitpunkt einen „faschistischen Putsch", eine „faschistische Junta" in Kiew oder einen „faschistischen Marsch" auf die Krim gegeben. Bei der Präsidenten- sowie der Parlamentswahl 2019 erreichten rechtsextreme Kandidaten lediglich zwei Prozent der Stimmen.

Dagegen belegen Erklärungen von Führern im Donbass, dass faschistisches und antisemitisches Gedankengut bei ihnen verbreitet ist. So wurde immer wieder in äußerst herabsetzender Weise auf die jüdische Abstammung ukrainischer Spitzenpolitiker hingewiesen. In einer Erklärung war sogar von den „jüdischen Faschisten" die Rede. Drei nahe Verwandte der Eltern Selenskyjs wurden Opfer des Holocausts, sein Großvater wurde als Rotarmist für den „Kampf gegen das faschistische Deutschland" mit einem Orden ausgezeichnet. Selenskyj stellte zu den Ergüssen Putins die rhetorische Frage: „Wie kann ich denn ein Faschist sein?"

Es ist eigentlich ein bewährtes Muster der Propaganda seit der Stalinzeit: Gegner der Politik Moskaus werden als Faschisten diskreditiert. Das galt ebenso für den aus einer jüdischen

Familie stammenden und auf Befehl Stalins ermordeten Revolutionär Trotzki wie für die polnische Exilregierung in London, die Auskunft über den Verbleib ihrer im Wald von Katyn ermordeten Offiziere verlangt hatte. Bereits nach dem 1939 geschlossenen Molotow-Ribbentrop-Pakt hatte der Kreml die Polen als „Faschisten" geschmäht und gleichzeitig Nazi-Deutschland als verlässlichen Partner und Verbündeten gelobt. Die 1961 errichtete Berliner Mauer wurde als „antifaschistischer Schutzwall" gerühmt, der Einmarsch von Truppen des Warschauer Paktes in die Tschechoslowakei als Einsatz zum Schutz des „sozialistischen Brudervolks" vor den „westdeutschen faschistischen Kriegstreibern" gerechtfertigt.

Putin knüpft an diese Rhetorik der Stalinzeit an und versucht so den Eindruck zu erwecken, er wolle mit dem Krieg gegen die Ukrainer, die ja nach seinen Worten willfährige Verbündete Hitlers gewesen waren, den Sieg über das Dritte Reich vollenden. International renommierte Historiker gaben dagegen längst der Diktatur Putins das Etikett „faschistisch": ein extrem hierarchisches, auf einen Führer zugeschnittenes System, Führer- und Gewaltkult, Verletzung des eigenen und des internationalen Rechtssystems, zunehmend militarisierte Gesellschaft, Gleichschaltung von Justiz und Medien, Verschwörungsmythen, vorgeschriebene Sprachmuster. Selbst die früheren Fotos, die Putin im Urlaub mit nacktem Oberkörper zeigen, werden nun so interpretiert: Es war der Faschistenführer Mussolini, der sich als erster Politiker so ablichten ließ.

Dazu passt, dass Putin sich immer wieder auf den russischen Philosophen Iwan Iljin (1883 – 1954) beruft, der ein Bewunderer Mussolinis war und den „neuen Geist" des Nationalsozialismus lobte, der „kraftvoll diktatorisch" zupacke. Grundsätzlich sei die dekadente westliche Kultur dem Untergang geweiht, doch so lange Hitler und Mussolini an der Macht seien, bekomme sie eine „Gnadenfrist". Die nationalsozialistische Rassenideologie lehnte er allerdings ab. Iljin sah die Stärke des künftigen Russlands im orthodoxen Christentum sowie einem Führer, dem sich das Volk unterordne. Nach Meinung von Kremlkennern erkennt sich Putin in dieser Voraussage wieder. Er ließ die Gebeine Iljins, der im Schweizer Exil gestorben war, nach Moskau überführen und auf dem Friedhof des Donskoi-Klosters beisetzen, unweit von den Massengräbern mit prominenten Opfern der Stalinschen Säuberungen.

GAZPROM

Sehr genau hat Putin studiert, wie der Verlust der Kontrolle über den Rohstoffexport Anteil am Zerfall des Sowjetimperiums hatte: In den achtziger Jahren waren Moskau die Deviseneinnahmen weggebrochen, weil die USA und Saudi-Arabien durch eine massive Erhöhung der Ölproduktion für einen Verfall der Weltmarktpreise gesorgt hatten. Wie sehr ihn das Thema umtreibt, belegt seine vermutlich nicht vom ihm selbst verfasste Doktorarbeit, deren zentrales Kapitel aus der russischen Übersetzung einer amerikanischen Studie plagiiert wurde: „Strategische Planung bei der Nutzung der Rohstoffbasis einer Region in Zeiten der Entstehung von Marktmechanismen (St. Petersburg und Leningrader Gebiet)". Passagen des Textes haben westliche Experten als Anleitung für die politische Erpressung von Nachbarstaaten gelesen, die von russischen Rohstoffen abhängig sind.

Im Auswärtigen Amt in Berlin hielt man diese Interpretation für abwegig, man erklärte, dass die russischen Konzerne immer zuverlässig ihre Verträge erfüllt hätten. Doch die Fakten waren andere: Bereits Michail Gorbatschow hatte, allerdings vergeblich, versucht, die Litauer mit einem Lieferstopp für Erdgas von ihrem Unabhängigkeitskurs abzubringen. Boris Jelzin brachte dagegen die Armenier, die sich zunächst nach Westen orientierten, nach einem eiskalten Winter wieder auf Linie und versuchte dasselbe, indes ohne Erfolg, bei den Georgiern.

Die geostrategische Bedeutung des Gasexports erkannte die sowjetische Führung schon in den Jahren nach dem Zweiten Weltkrieg: Kein geringerer als Stalins Geheimdienstchef Lawrenti Beria ließ Pläne entwerfen, wie die Industrie der anderen Ostblockstaaten von russischen Rohstoffen abhängig gemacht werden kann. So wie er die Entwicklung der sowjetischen Atombombe überwachte, übernahm er persönlich die Aufsicht über den Bau der ersten Pipeline aus Sibirien, bei dem auch deutsche Kriegsgefangene zum Einsatz kamen.

Zwei Jahre nach dem Tod Stalins reiste 1955 im Zeichen des vorsichtig einsetzenden politischen Tauwetters erstmals ein Spitzenpolitiker aus einem Nato-Staat nach Moskau: Bundeskanzler Konrad Adenauer. Er erreichte bei Parteichef Nikita Chruschtschow nicht nur die Rückkehr der letzten deutschen Kriegsgefangenen, sondern verschaffte der westdeutschen Wirtschaft ein gigantisches Abkommen: westdeutsche Röhren und Präzisionstechnik gegen russische Rohstoffe.

In den fünfziger Jahren erkannten die Moskauer Wirtschaftsplaner, dass ihre Industrie nicht in der Lage war, Pipelineröhren und Pumpstationen zu bauen, die dem hohen Druck und den riesigen Temperaturschwankungen standhalten würden. Zwar lieferte Krupp noch unter Adenauer die ersten Röhren, während der Kubakrise setzten die Amerikaner indes einen Stopp dieser Kooperation durch. Doch Ende der sechziger Jahre hatte Washington keine Einwände mehr, das Erdgas-Röhren-Geschäft wurde das wichtigste Ost-West-Projekt. Es galt als Eckstein der Entspannungspolitik der sozialliberalen Koalition erst unter Willy Brandt, dann Helmut Schmidt.

Einwände von Experten für Sicherheitspolitik, dass der Kreml einen beträchtlichen Teil der Deviseneinnahmen zur Finanzierung der Hochrüstung der Sowjetarmee nutzte, fanden in Bonn nur ein schwaches Echo. Da im Gegenzug sich die

Nato-Staaten veranlasst sahen, ihre Verteidigungsetats aufzustocken, kamen das sibirische Erdgas und Erdöl die westdeutschen Unternehmer und Steuerzahler also wesentlich teurer als von den Politikern propagiert. Doch in Bonn setzte man auf die Parole „Wandel durch Handel“ und verwies auch auf die instabilen Verhältnisse in den Förderländern des Nahen Ostens. Die Ölkrise von 1973, Folge einer Drosselung der Produktion in den arabischen Ländern, um Westeuropa von einer proisraelischen Politik abzubringen, schien ihnen Recht zu geben.

Das sowjetische Ministerium für Erdöl- und Gaswirtschaft wurde unter Gorbatschow während der Perestroika 1989 zu einem Wirtschaftsunternehmen mit dem Namen Gazprom umgewandelt – die Abkürzung steht für den russischen Begriff *gasowaja promyschlennost* (Gasindustrie). Der bisherige Fachminister Viktor Tschernomyrdin wurde Vorstandsvorsitzender und gehörte bald, wie viele andere der früheren „roten Direktoren“, zu den reichsten Russen.

Ein knappes Jahr nach dem Zerfall der Sowjetunion machte Boris Jelzin, der neue starke Mann im Kreml, Tschernomyrdin im Dezember 1992 zum Regierungschef, ein weiterer Beleg für die enorme Bedeutung der Gasindustrie als politischer Faktor. In diesem Amt stellte Tschernomyrdin rasch klar, dass er die unabhängig gewordenen bisherigen Sowjetrepubliken, die man in Moskau „nahes Ausland“ nannte, weiterhin wirtschaftspolitisch kontrollieren wollte.

Schon bald nach seinem Einzug in den Kreml im Jahr 2000 setzte Putin durch, dass der Staat wieder die vollständige Kontrolle über den Rohstoffsektor übernahm. Am Oligarchen Michail Chodorkowski, der ein großes Aktienpaket des Erdölkonzerns Jukos an amerikanische Marktkonkurrenten verkaufen wollte, ließ er ein weiteres Exempel statuieren: Er wurde enteignet und mit einer fadenscheinigen Begründung zu zehn Jahren Gulag verurteilt. Viktor Tschernomyrdin, ein politisches Schwergewicht, wurde 2001 als Botschafter nach Kiew entsandt, zweifelsohne um die ukrainische Rohstoffindustrie zu überwachen – und bekam von den Kiewer Medien den inoffiziellen Titel „Gouverneur“, so wie es zu Zarenzeiten war.

Nach der Orangen Revolution in der Ukraine 2004 versuchte Putin, die neue Führung in Kiew um Viktor Juschtschenko und Julia Timoschenko mit Hilfe von Gazprom unter Druck zu setzen. Das Unternehmen unterbrach wiederholt die Befüllung der über ukrainisches Territorium führenden Pipelines, zur Begründung wurde angeführt, dass die Ukrainer illegal Gas abzapften. Allerdings konnten westliche Experten dafür keine Belege finden. Die Geschichte vom ukrainischen „Gasklau“ war offenkundig Teil einer Kampagne, die Kiew im Westen in Misskredit bringen sollte – und sie war sehr erfolgreich, denn sie wurde von vielen deutschen Medien unkritisch wiederholt. 80 Prozent des nach Europa exportierten sibirischen Erdgases wurde damals über ukrainisches Territorium nach Westen gepumpt, die Gebühren für die Durchleitung brachten Kiew Milliarden an Devisen ein, auf die das Staatsbudget dringend angewiesen war.

Dass der Kreml dies unterlaufen wollte, hatte der damalige Gazpromchef Rem Wjachirew schon kurz nach dem Amtsantritt Putins in bemerkenswerter Offenheit erklärt: „Wir werden eine Pipeline zur Umgehung der Ukraine bauen.“ Einen Verbündeten zur Realisierung dieses Plans fand Putin in Bundeskanzler Gerhard Schröder. Dieser setzte sich massiv für den Bau der Ostseepipeline mit dem kuriosen deutsch-englischen Namen Nord Stream ein und fand dafür Beifall nicht nur in der deutschen Industrie, sondern auch in seiner eigenen Partei. In der SPD sah man darin ein Friedensprojekt, das an die Ostpolitik der Ära Brandt/Bahr anknüpft.

Schröder setzte wenige Tage nach seiner Niederlage bei der Bundestagswahl 2005 eine Kreditgarantie der Bundesregierung für Nord Stream durch, obendrein wurde er kurz nach der Übergabe des Kanzleramts an seine Nachfolgerin Angela Merkel Vorsitzender des Aktionärsausschusses, einer Art Aufsichtsrat.

In der Ukraine ergab sich ein weiterer Nebeneffekt, der offenkundig von Putin beabsichtigt war: Gazprom hob wiederholt die Preise an, insgesamt verdreifachten sie sich innerhalb weniger Jahre. Die enormen Preissteigerungen lösten Unzufriedenheit in der Bevölkerung aus, sie waren einer der Gründe, warum die Kiewer Reformer um Juschtschenko nach wenigen Jahren abgewählt wurden.

In derselben Zeit machte Putin sich auch den belarussischen Alleinherrscher Aleksandr Lukaschenko mit Hilfe von Gazprom untertan, nachdem dieser vorsichtig versucht hatte, sich außenpolitisch mehr Freiraum gegenüber Moskau zu verschaffen. Es war also offenkundig, dass der Kreml Gazprom weiterhin als politische Waffe einsetzte, doch in Berlin hielt man sich an die Legende, die Russen seien stets zuverlässige Lieferanten von Erdgas und Erdöl gewesen. In Wirklichkeit hing die Vertragstreue davon ab, ob die Politik der Abnehmerländer dem Kreml gefiel oder missfiel.

Nicht mehr als eine Legende war ebenfalls die oft wiederholte Behauptung, die Deutschen hätten als bevorzugte Handelspartner große Preisnachlässe von Gazprom bekommen. In Wirklichkeit war für sie russisches Gas teurer als für zwei Drittel der anderen Abnehmer in Europa, die Moskauer Gasmanager kalkulierten schlicht und einfach mit den finanziellen Möglichkeiten der Kunden. Die Maßnahmen von Gazprom gegen die Ukraine ergänzte eine Kampagne in der Bundesrepublik für das „saubere Erdgas". Über Umwege flossen Gelder auch an Umweltschutzorganisationen, die die Abschaltung der Atomkraftwerke und das Ende der Kohleverfeuerung forderten. Überdies wurde das durch Fracking, nämlich den Einsatz von Chemikalien, gewonnene Schiefergas aus den USA als „schmutziges Gas" diskreditiert.

Die deutsch-russische Kooperation beim Bau von Nord Stream hatte erhebliche Auswirkungen auf die Klimabilanz in Mitteleuropa: Da die Polen Schröder für korrupt sowie seinen zum Bundesaußenminister aufgestiegenen früheren Adlatus Steinmeier für naiv hielten und Moskauer Zusagen nicht trauten, setzten sie noch mehr als bisher auf Kohleverstromung. Auch begannen die Planungen für das erste polnische Atomkraftwerk. Die Ukraine steigerte ebenfalls ihre Kohleförderung in den Jahren vor dem 2014 ausgebrochenen Krieg um den Donbass und modernisierte ihre AKW, die heute Ziel der russischen Invasoren geworden sind.

Die deutschen Befürworter der umstrittenen Pipeline durch die Ostsee ignorierten völlig die Berichte über die enormen ökologischen Zerstörungen in den sibirischen Fördergebieten, in denen Unmengen an schädlichen Gasen ungefiltert in die Luft gelangen, wenn Rückstände abgefackelt werden, und Methan aus undichten Industrieanlagen entweicht. Ausgespart blieb in der deutschen Debatte auch, dass die russischen Stromerzeuger vor allem auf Kohle setzen, weil das Erdgas Devisen für Putins Hochrüstung erbringen muss: Kohle macht deutlich mehr als zwei Drittel im russischen Energiemix aus, kein russisches Kohlekraftwerk verfügt über Filter, die den EU-Normen entsprächen. Während in Deutschland das hochmoderne Steinkohlekraftwerk Datteln nicht ans Netz gehen durfte, beschloss die Regierung in Moskau, die Kohleförderung in den kommenden zwei Jahrzehnten um 50 Prozent zu steigern.

Der russische Dienst für Hydrometeorologie sieht durchaus Vorteile in der Erderwärmung, zu der Kohlekraftwerke beitragen: Der Klimawechsel erleichtere die Förderung von Erdgas und Erdöl in den arktischen Regionen. Putin malte sogar das Bild von neuen Hafenstädten im Norden, weil die Meerespassage entlang der Küste Sibiriens fast das ganze Jahr schiffbar sein werde und die Route von Europa nach Ostasien sich so erheblich verkürze. Die vom Geheimdienst Putins bedrängten Umweltschützer warfen den Deutschen vor, wegen ihrer eigenen kommerziellen Interessen im Rohstoffsektor von Moskau den Druck zu nehmen, die regenerative Stromerzeugung zu fördern.

Erneuerbare Energien machen im russischen Energiemix weniger als 0,2 Prozent aus. Die ökologische Gesamtbilanz des deutsch-russischen Erdgasgeschäfts ist also verheerend negativ.

Auch hat es den Frieden in Europa nicht sicherer gemacht. Vergeblich hatte schon das Weiße Haus unter Obama gewarnt: Putin finanziere nun, wie früher die Sowjetunion, mit den Einnahmen aus dem Rohstoffexport die Hochrüstung seiner Streitkräfte. In der Bundesrepublik fand Umfragen zufolge allerdings das Argument breite Zustimmung, dass die Amerikaner eine Kampagne gegen das russische Erdgas führten, weil sie ihr eigenes Fracking-Gas nach Europa verkaufen wollten.

So vergrößerte sich unter Schröder und Merkel in drastischem Ausmaß die Abhängigkeit Deutschlands von fossilen Energieträgern aus Russland. Betrug ihr Anteil beim industriellen und privaten Verbrauch Anfang der achtziger Jahre lediglich 7,5 Prozent, so waren es 2021 bei Erdöl 55 und bei Erdgas 34 Prozent. Der Ost-Ausschuss der Deutschen Wirtschaft wartete dazu mit der bizarren Botschaft auf, dass Deutschland keineswegs noch mehr von Russland abhängig werde, vielmehr sei es genau umgekehrt: Moskau mache sich abhängiger von den Kunden, deshalb seien alle Warnungen vor politischen Risiken Unsinn. Das Bundeswirtschaftsministerium unter dem SPD-Vorsitzenden Sigmar Gabriel sah auch im Verkauf von Gasspeichern an Gazprom kein Problem, von einem Teil der deutschen Medien bekam auch er das Etikett „Putin-Versteher“.

Wie schon vor ihm Angela Merkel, so behauptete auch der neue Bundeskanzler Olaf Scholz noch im Dezember 2021, Nord Stream sei ein rein „privatwirtschaftliches Vorhaben“, in das sich die Politik nicht einmischen solle. Dabei hatte Putin wenige Monate zuvor seine Absichten keineswegs verhehlt: Er erklärte, dass Gazprom in Zukunft die Pipelines auf ukrainischem Territorium nur befüllen werde, falls Kiew zusichere, die Einnahmen aus den Transitgebühren nicht für die Landesverteidigung auszugeben. Der ukrainische Präsident Selenskyj sah

Putins Äußerung als Drohung an, in der Großen Koalition in Berlin aber überging man seine Warnungen.

Politiker nicht nur aus den osteuropäischen EU-Staaten, sondern auch aus Skandinavien und Großbritannien meinen, dass der russische Angriff auf die Ukraine eine logische Folge der Schwächung Kiews durch Nord Stream sei. Die Berliner Verfechter der Ostseepipeline werden somit für den Krieg mitverantwortlich gemacht. Erst der russische Überfall auf die Ukraine am 24. Februar 2022 hat der deutschen Elite in Politik und Wirtschaft schlagartig klargemacht, dass Gazprom nicht ein normaler Rohstoffkonzern ist, der den Gesetzen des Marktes gehorcht, sondern eine politische Waffe des Kremls.

GEORGIEN

Nach einer Phase heftiger innerer Unruhen war der frühere sowjetische Außenminister Eduard Schewardnadse 1992 in den georgischen Präsidentenpalast in Tiflis eingezogen, offenkundig unterstützt vom russischen Geheimdienst. In Berlin war man hocherfreut, hatte Schewardnadse doch nicht unwesentlich dazu beigetragen, Gorbatschow zur Aufgabe seines Widerstandes gegen die deutsche Wiedervereinigung zu bringen. Doch zeigte er sich als miserabler Demokrat: Er versuchte, Presse und Justiz unter seine Kontrolle zu bringen, politische Gegner wurden mit oft fadenscheinigen Begründungen zu Haftstrafen verurteilt, während sich sein Familienclan bei der Privatisierung von Staatsunternehmen hemmungslos bereicherte.

Allerdings erfüllte Schewardnadse auch nicht die Hoffnungen des Kremls, Georgien politisch wieder enger an Russland anzubinden, vielmehr betrieb er eine Schaukelpolitik zwischen Ost und West. Moskau reagierte mit der Erhöhung der Rohstoffpreise. Da die von Schewardnadse eingesetzten Regierungen auch Wirtschaftsreformen verschleppten, herrschte in

Georgien Dauerkrise. Die sozialen Spannungen entluden sich 2003 in Massendemonstrationen, die sich zur „Rosenrevolution" auswuchsen und zum Regimewechsel führten. Zur großen Überraschung seiner Landsleute hatte Schewardnadse dabei keinen Widerstand geleistet. Westliche Spitzendiplomaten, vor allem aus den USA, hatten ihm vor Augen geführt, dass von Unruhen, die das ganze Land destabilisieren könnten, nur Moskau profitieren würde. Die Russen kontrollierten bereits die beiden georgischen Provinzen Abchasien und Südossetien, ganz offensichtlich waren sie an einer Lösung für diese beiden eingefrorenen Konflikte nicht interessiert.

Der junge, neue Präsident Micheil Saakaschwili, der in den USA Jura studiert und in einer Anwaltskanzlei gearbeitet hatte, verkündete, dass Georgien den Beitritt zur Nato anstrebe, und lud die US-Army zu gemeinsamen Manövern ein. Die amerikanischen Kontingente wurden in Tiflis begeistert von einer großen Menge begrüßt. Doch in Berlin und Paris blickte man skeptisch auf den großsprecherisch auftretenden Saakaschwili. Angela Merkel und Nicolas Sarkozy lehnten Verhandlungen über einen Nato-Beitritt Georgiens ab, sie wollten Putin nicht reizen – und stellten sich damit gegen US-Präsident George W. Bush und die osteuropäischen EU-Staaten, allen voran Polen.

Putin ließ 2006 einen Plan zum Angriff auf das Land im Transkaukasus zu entwerfen, wie später ein pensionierter russischer General zugab. Zwei Jahre später sah er angesichts des offenkundigen Streits unter den größten Nato-Ländern seine Chance, Georgien zu destabilisieren: Vom Territorium Süd-Ossetiens wurden nun immer häufiger georgische Dörfer beschossen. Die Aktionen waren offenkundig als Provokation für Saakaschwili gedacht – und dieser ließ sich tatsächlich provozieren: Er ließ seine Armee gegen das völkerrechtlich zwar zu seinem Staatsgebiet gehörende, aber faktisch von Moskau kontrollierte Süd-Ossetien losschlagen, ohne zu ahnen, dass bestens präparierte russische Einheiten genau darauf warteten.

Die Georgier erlitten eine weitere demütigende Niederlage, die Russen rückten auf Tiflis vor und hinterließen auf ihrem Vormarsch eine Spur der Verwüstung. Die russische Luftwaffe bombardierte fünfzehn georgische Städte und versenkte an der Schwarzmeerküste auch eine georgische Fregatte, die zuvor zum Bestand der Bundesmarine gehört hatte, obwohl dort überhaupt keine Kampfhandlungen stattfanden. Die russische Invasion war ein offener Bruch des zuvor von der EU ausgehandelten und von Moskau akzeptierten Plans zur Lösung des Problems, der auch den Rückzug der russischen Truppen aus den beiden besetzten Regionen Abchasien und Süd-Ossetien vorsah.

Bis heute ist im Westen umstritten, wer Putin zu der Intervention in Georgien ermuntert hat: Bush, weil er einen Nato-Beitritt Georgiens befürwortete, oder aber die Blockade dieser Ambitionen Saakaschwilis durch Merkel und Sarkozy. Immerhin gelang es diesen beiden, Putin zum Abbruch des Marschs seiner Truppen auf Tiflis zu bewegen. Für Putin erwies sich der militärische Erfolg allerdings als Pyrrhus-Sieg: Die allermeisten Georgier, denen traditionell an einem guten Verhältnis zu den Russen gelegen war, sehen heute in ihnen Feinde.

Die deutschen Außenpolitiker waren von dem russisch-georgischen Krieg völlig überrascht worden. Einen Plan B für diesen Fall hatte Steinmeier nicht ausarbeiten lassen, obwohl Osteuropaexperten unter den deutschen Diplomaten genau dies dringend empfohlen hatten. Die Bundesregierung bekräftigte stattdessen wenige Woche nach Beendigung der Kämpfe ihr Konzept der „Modernisierungspartnerschaft“ mit Russland. Auch setzte sie sich trotz des völkerrechtswidrigen Angriffs auf Georgien dafür ein, dass Russland weiterhin Mitglied der G-8 bleiben konnte, der Gruppe der Industriestaaten, zu der sich ursprünglich sechs westliche Länder und Japan zusammengeschlossen hatten.

Nach dem kurzen Krieg im Kaukasus wurde im Kreml sehr genau registriert, dass Berlin und Paris sehr schnell wieder zur politischen Tagesordnung übergingen. Putin sah sich so in der Überzeugung bestärkt, dass seine militärischen Interventionen straffrei bleiben. In den mit Waffengewalt von Georgien abgespaltenen Regionen Abchasien und Südossetien sind zwar Regierungen von Moskaus Gnaden installiert, doch wegen des ungeklärten völkerrechtlichen Status investieren dort nicht einmal russische Unternehmen.

Saakaschwili wurde 2012 abgewählt, die Macht übernahm ein Parteienblock mit dem Namen „Georgischer Traum", gegründet hatte ihn der Milliardär Bidsina Iwanischwili, der seinen Reichtum Geschäften mit Russland zu verdanken hat. Schrittweise wurden demokratische Freiheiten eingeschränkt. Die Regierungsmehrheit im Parlament verabschiedete im März 2023 ein Gesetz, nach dem sich gesellschaftliche Organisationen, deren Budget zu mehr als einem Fünftel aus dem Ausland finanziert wird, als „ausländische Agenten" registrieren lassen müssen, und löste damit Massenkundgebungen gegen das „Putinsche Gesetz" aus. Viele der Demonstranten schwenkten das Sternenbanner der Europäischen Union. Das Parlament nahm schließlich das zuvor bereits aus Brüssel scharf kritisierte Projekt zurück. Doch bekam Georgien im Gegensatz zur Ukraine und Moldawien kein Angebot, Verhandlungen über einen EU-Beitritt aufzunehmen. Iwanischwili wurde vorgeworfen, das sogar in der Verfassung festgeschriebene politische Ziel eines Beitritts Georgiens zu EU und Nato sabotieren zu wollen.

Mehr als 100.000 Russen, vor allem junge Männer, setzten sich 2022 nach Georgien ab. In der Folge verdoppelten sich die Mietpreise im Zentrum von Tiflis. Auch fürchten georgische Politiker, dass sich unter den Ankömmlingen Saboteure befinden, die für innenpolitische Unruhen sorgen und im Falle einer militärischen Konfrontation die georgische Infrastruktur lahmlegen sollen.

GORBATSCHOW

Größer könnte der Kontrast kaum sein: In Westdeutschland gehörte Michail Gorbatschow zu den beliebtesten Politikern, bei der überwältigenden Mehrheit seiner russischen Landsleute aber war er verhasst. Beim einzigen Mal, als er sich einem demokratischen Votum stellte, bei der Präsidentschaftswahl 1996, entfielen auf ihn gerade einmal 0,5 Prozent der Stimmen. Die Wähler lasteten ihm den Zerfall der Sowjetunion, den Verlust des Status als Supermacht, das Ende der Herrschaft über Osteuropa und das Wirtschaftschaos an, das einen beträchtlichen Teil der Gesellschaft in Armut stürzte. Doch bei den Westdeutschen galt er als Visionär, der Mauern eingerissen und Raketen verschrottet, somit den Weltfrieden sicherer gemacht und deshalb zu Recht den Friedensnobelpreis erhalten habe. Die Deutschen waren ihm vor allem dankbar für das „Geschenk der deutschen Einheit“. Dabei beruht sowohl sein negatives Bild bei den Russen als auch das strahlende bei den meisten Deutschen auf Legenden: In Wirklichkeit hatte Gorbatschow nie die Absicht, die Sowjetunion aufzulösen, und sehr lange hat er sich gegen die deutsche Wiedervereinigung gestemmt. Letztlich war er ein Getriebener und hatte keinen entscheidenden Einfluss auf die Entwicklungen, die er allerdings zum Teil selbst eingeleitet hatte.

Namentlich bei den westlichen Nachbarn wurde viel über den Ursprung der Gorbimanie unter den Westdeutschen gerätselt, viele von ihnen projizierten ihre Sehnsüchte nach Frieden in der Welt auf ihn. In der Tat hatte er erkannt, dass die Sowjetunion der Konfrontation der Blöcke auf die Dauer wirtschaftlich nicht gewachsen war. Seine Berater machten ihm klar, dass die Wirtschaftsleistung zu gering und die Arbeitsproduktivität der Werktätigen zu niedrig war, um im „Wettkampf der Systeme“, den seine Vorgänger im Kreml noch ausgerufen hatten, bestehen zu können. Allerdings brauchte er fast zwei

Jahre an der Parteispitze, um zu verstehen, dass das Riesenreich grundlegend reformiert werden müsse. Denn zunächst versuchte er es mit den Rezepten seines politischen Mentors, des KGB-Chefs Juri Andropow: Disziplinierung und Kontrolle der Werktätigen. Vor allem das größte Volksübel, die Trunksucht, wollte Gorbatschow bekämpfen. Doch während in den traditionellen Weinanbaugebieten am Schwarzen Meer vier Fünftel der Rebstöcke zerstört wurden, blühte die Schwarzbrennerei auf.

Für den neuen Kurs standen die Vokabeln *Perestroika* (Umbau) und *Glasnost* (sinngemäß: die Dinge aussprechen, vom altkirchenslawischen *glas* – Stimme). Im Zeichen von Glasnost durften die Medien Schlamperei in Wirtschaft sowie Verwaltung anprangern sowie erstmals über den Terror der Stalinzeit berichten, doch die nach wie vor bestehende Zensur blockierte jegliche Kritik am Machtmonopol der kommunistischen Partei. Gorbatschows Berater empfahlen, zumindest bei der Produktion von Lebensmitteln und Konsumgütern Privatbetriebe zuzulassen. Doch die Reformen versandeten in der Bürokratie. Um der Krise Herr zu werden, ließ die Regierung Geld drucken, die Folge war eine galoppierende Inflation, bei der Millionen verarmten.

Angesichts der miserablen Lage warben deutsche Gorbi-Verehrer in Politik, Kirchen und Medien für Spendenaktionen und Hilfstransporte. Doch erwiesen sie damit Gorbatschow einen Bärendienst: Seine Gegner im Parteiapparat konnten ihm nun vorwerfen, das Land so weit heruntergewirtschaftet zu haben, dass die Russen Almosenempfänger geworden seien. Die gut gemeinte Hilfsaktion schadete ihm also nicht wenig. Ohnehin waren immer mehr Russen von ihm enttäuscht, weil nicht erkennbar war, wohin er das Land führte. Ein Großteil der deutschen Medien aber beschrieb ihn als ein Art Volkstribun. In Wirklichkeit war er das Gegenteil davon, er sprach hölzern und ohne Esprit. Er war kein Intellektueller, sein Russisch war simpel, sein starker südrussischer Akzent wurde von den Moskowitern bespöttelt.

Doch die allermeisten Deutschen wussten davon nichts, der „gute Gorbi" blieb ihr Held, auch als er Ende 1991 den Kreml für seinen damals noch tatkräftig wirkenden Nachfolger Boris Jelzin räumen musste. Er wurde gefeiert als „Vater der deutschen Einheit", nachdem die Ostpolitik Willy Brandts und Egon Bahrs angeblich die Weichen dafür gestellt hatte. Allerdings ergibt sich aus den bislang publizierten Materialien des Moskauer Politbüros und aus den Memoiren von Gorbatschow-Beratern ein gänzlich anderes Bild: Ursachen für sein Entgegenkommen bei der Abrüstung und vor allem bei der sogenannten Deutschen Frage waren der militärpolitische und wirtschaftspolitische Druck des Weißen Hauses unter Ronald Reagan sowie die Abnabelung der Regierungen in Warschau und Budapest von Moskau.

Der Generalstab in Moskau fürchtete die Realisierung der von Reagan angekündigten utopischen Rüstungsprojekte, weil die sowjetische Industrie technologisch nicht mithalten konnte. Die Probleme des Kremls verschärfte noch die Absprache zwischen den USA und Saudi-Arabien, den Weltmarkt mit billigem Erdöl zu überschwemmen, beide wollten die Sowjetunion zwingen, ihre Truppen aus Afghanistan abzuziehen. Somit brachen die Preise ein, der Staatshaushalt der Sowjetunion, der sich zu einem beträchtlichen Teil aus dem Rohstoffexport finanzierte, geriet in eine Schieflage. Der einzige Ausweg aus dieser Notlage war für Gorbatschow die Abkehr vom Kurs der außenpolitischen Konfrontation. Die Beendigung des kalten Krieges war also keineswegs seine Entscheidung aus freien Stücken, sondern wurde von Washington mit Säbelrasseln und finanzieller Erpressung erzwungen – eine deprimierende Erkenntnis, denn es war das Ergebnis nicht eines politischen Dialogs, sondern einer Politik der Stärke.

Gorbatschow erkannte, dass die Sowjetunion sich aus der

Dritten Welt zurückziehen musste und auch die Satellitenstaaten nicht länger halten konnte. Vor allem die Volksrepublik Polen war zum großen Problem für ihn geworden: Der kommunistischen Führung war es nicht gelungen, die Gewerkschaft Solidarność zu zerschlagen, die Papst Johannes Paul II. hinter sich wusste. Die polnische Demokratiebewegung erzwang 1989 die ersten teilweise freien Wahlen, sie führten zur Wahl des katholischen Publizisten Tadeusz Mazowiecki zum Premierminister. Seine Regierung machte Polen zum großen Loch im Eisernen Vorhang, denn sie lieferte DDR-Flüchtlinge nicht an Ost-Berlin aus, sondern beherbergte sie. Dasselbe machten die Reformkommunisten in Budapest, die den Stacheldraht an der Grenze nach Österreich abbauen ließen und sich auf diese Weise faktisch aus dem Ostblock verabschiedeten. In Moskau war man alles andere als erfreut über die Entwicklungen, konnte sie aber nicht mehr aufhalten, weil man auf Wirtschaftshilfe, vor allem Technologie-Import aus dem Westen, angewiesen war.

Die schwere Wirtschaftskrise gab auch den Demokratiebewegungen in den Teilrepubliken der UdSSR Auftrieb. Sie gaben die Parole aus, dass Moskau nicht in der Lage sei, für allgemeinen Wohlstand zu sorgen. Doch hier zeigte sich Gorbatschow als großrussischer Imperialist, ein Thema, das in Deutschland weitgehend verdrängt wurde: Sondereinheiten des KGB schlugen rücksichtslos in Riga, Vilnius, Tiflis, Baku und anderswo zu, auch, nachdem Gorbatschow den Friedensnobelpreis bekommen hatte. Es gab Dutzende von Toten.

Nach dem Fall der Berliner Mauer setzte Gorbatschow zunächst auf François Mitterrand in Paris, Margaret Thatcher in London und Giulio Andreotti in Rom, die sich zusammenschlossen, um die deutsche Wiedervereinigung zu verhindern. Auch hoffte man in Moskau, dass die SPD die ersten freien und gleichzeitig letzten Volkskammerwahlen in der DDR am 18. März 1990 gewinnen würde. Führende SPD-Politiker lehnten nämlich die Wiedervereinigung ab, darunter der Ministerpräsident des Saarlandes Oskar Lafontaine und der niedersächsische Oppositionsführer Gerhard Schröder sowie als ihr Stichwortgeber Egon Bahr, der Architekt der Ostpolitik. Doch die Wahl ging anders aus als vom Kreml erhofft: Die neugewählten Abgeordneten stimmten mit überwältigender Mehrheit für die deutsche Einheit. Gorbatschow hatte keine andere Wahl, als dieses Ergebnis zu akzeptieren.

Dass die Russen den Deutschen die Einheit aus traditioneller Verbundenheit „geschenkt" haben, ist also nicht mehr als eine Legende, allerdings mit Langzeitwirkung. Denn sie bestärkte auch viele deutsche Politiker in der Überzeugung, dass man dank der Sonderbeziehung zu Moskau alle Probleme im Osten Europas lösen könne – eine gefährlich naive Illusion, wie der russische Angriff auf die Ukraine zeigte. Dabei setzte Gorbatschow einen unrühmlichen Akzent: Er lobte 2014 Putin für die Annexion der Krim, die ein massiver Bruch des Völkerrechts war.

Doch bald kam er zu anderen Einsichten. Er wurde Teilhaber der *Nowaja Gaseta*, deren Redaktion 2021 mit dem Friedensnobelpreis ausgezeichnet wurde und die bis zu ihrer Schließung wenige Wochen später die einzige oppositionelle Zeitung in Moskau war. Zunehmend schaute er kritisch auf Putin, er warf ihm die „Imitation von Demokratie" vor und ermahnte ihn, nicht auf militärische Gewalt zu setzen. Gorbatschow starb ein halbes Jahr nach dem russischen Überfall auf die Ukraine, Putin fand keine Zeit, zu seiner Beisetzung zu kommen. Von den sechseinhalb Jahren des letzten sowjetischen Generalsekretärs bleibt, dass er zwar viele gute Absichten hatte, aber seine Pläne zu zögerlich umsetzte. Letztlich traf auch auf ihn selbst der ihm zugeschriebene Satz zu, den er aber nie so gesagt hat: „Wer zu spät kommt, den bestraft das Leben."

HOLODOMOR

Der *Holodomor* (wörtlich: Hungertod) nimmt einen zentralen Platz im kollektiven Gedächtnis der Ukrainer ein. Der Begriff, bei dem der Anklang an *Holocaust* bewusst hingenommen wird, bezieht sich auf die große Hungersnot, die Anfang der dreißiger Jahre mehrere Millionen Menschen das Leben kostete. Sie war Folge der auf Befehl Stalins rabiat durchgesetzten Kollektivierung der Landwirtschaft, propagiert wurde sie als Teil des großen Klassenkampfes: Die Kulaken, wozu alle Bauern mit eigenem Land zählten, müssten als Ausbeuter enteignet werden. Gerade in der Ukraine, früher die Kornkammer des Zarenreichs, leistete die Landbevölkerung erheblichen Widerstand.

Stalin gab der militärisch organisierten Geheimpolizei GPU den Befehl, diesen Widerstand gewaltsam zu brechen. Saatgut wurde ebenso wie Vieh requiriert, um die darbende Stadtbevölkerung zu versorgen. Somit war den Menschen die Lebensgrundlage entzogen, ihre Lage verschlimmerte sich, weil Stalin die ukrainischen Hungergebiete absperren ließ. Auch nutzte er die Gelegenheit, die nationalbewusste intellektuelle Elite in der Ukraine blutig verfolgen zu lassen, ein Großteil der ukrainischen Kommunisten fiel ebenfalls dieser ethnisch motivierten Auslöschungspolitik zum Opfer. Gleichzeitig exportierte der Kreml Getreide, die Devisen wurden für den forcierten Aufbau der Schwerindustrie benötigt.

Unter Historikern ist umstritten, ob der Kulturkampf Stalins gegen die Ukrainer von Anfang an beabsichtigt war oder ob er eher die tragische Folge des Widerstands gegen die Kollektivierung war. Aus heutiger Moskauer Sicht handelte es sich lediglich um ein unglücklich verlaufenes Großprojekt, von dem ja auch die südlichen Regionen Russlands und ein Teil Kasachstans betroffen waren, nicht aber um den breit angelegten Versuch, das Nationalbewusstsein der Ukrainer zu brechen. Auch

Russen und Kasachen seien also Opfer dieses Großexperiments Stalins geworden. Nach den Worten Putins aber leugnet die vom Westen korrumpierte Führung in Kiew diese „gemeinsame Tragödie“, um einen Keil zwischen die Russen und Ukrainer als Brudervölker zu treiben.

Diese Sicht der Dinge wird indes am Dnjepr empört zurückgewiesen, in Politikerreden und Schulbüchern ist vom „Genozid am ukrainischen Volk“ die Rede – und die Täter werden in Moskau ausgemacht. Der Deutsche Bundestag und das Europaparlament haben 2022 jeweils mit überwältigender Mehrheit Resolutionen verabschiedet, die den Holodomor als Völkermord einstufen. Zur Begründung wurde angeführt, dass mit der Hungersnot die systematische Verfolgung der ukrainischen Kulturschaffenden und die Ermordung vieler von ihnen einhergegangen seien.

IMPERIUM

Auf den lateinischen Namen Caesar gehen sowohl der deutsche Herrschertitel „Kaiser“ als auch der russische „Zar“ zurück. Als Peter I., später „der Große“ genannt, das Reich bis zur Ostsee ausdehnte, nahm er 1721 den Titel „Imperator“ an. Bis dahin hatte es nur einen Träger dieses Titels in Europa gegeben, den in Wien residierenden Kaiser des Heiligen Römischen Reichs deutscher Nation aus dem Hause Habsburg. Nun trat Russland mit dem Imperator Peter in die Weltpolitik ein, keineswegs nur in Europa, denn in seiner Regierungszeit drangen seine Truppen bis zur Beringstraße vor, die Völker Sibiriens wurden systematisch kolonisiert.

Wie die anderen Kolonialmächte, so dehnte auch Russland im 19. Jahrhundert seinen Herrschaftsbereich beträchtlich aus. In Europa annektierten die Zaren den größten Teil Polens mit der Hauptstadt Warschau, im Kaukasus das alte Königreich

Georgien. Es folgte die Befreiung des christlichen Armeniens aus der Herrschaft der Osmanen, doch wurde es ebenfalls an Russland angegliedert, ebenso wie das islamische Aserbeidschan. Mitte des 19. Jahrhunderts, nachdem die Armeen des Zaren das orientalisch geprägte Mittelasien mit den einst bedeutenden Zentren Buchara und Samarkand erobert hatten, erreichte das russische Imperium seine größte Ausdehnung. Es umfasste damals auch Alaska, das aber 1867 für 7,2 Millionen Dollar an die USA verkauft wurde.

Das Verhalten des russischen Militärs und der Behörden gegenüber den Ureinwohnern Sibiriens sowie den Muslimen im Kaukasus und in Mittelasien war von Kolonialherrenmentalität und brutaler Härte geprägt. Die einheimischen Eliten in den islamisch geprägten Regionen wurden dezimiert, die Menschen vielfältig diskriminiert, ihre Kultur unterdrückt, Aufstiegschancen in Russland hatten sie nicht. Doch heute lernen die russischen Schüler im Geschichtsunterricht, dass die Zaren ihre muslimischen Untertanen großherzig vor den Türken und Persern geschützt hätten.

Die Völker Sibiriens galten gar als minderwertig. Die russischen Eroberer behandelten die Burjaten, Jakuten und anderen Völker nicht anders als Briten, Franzosen und Amerikaner die Irokesen, Komantschen oder Sioux: Ein Großteil von ihnen überlebte nicht die Begegnung mit den „weißen Herren“ aus Europa. Im heutigen Russland ist dieses Kapitel der Geschichte weitgehend unbekannt, in den Schulbüchern steht stattdessen, dass erst die Russen sie zivilisiert hätten.

Die Gewaltpolitik der Zaren gegenüber ihren Untertanen im Kaukasus, in Sibirien und Mittelasien endete mit der Machtergreifung der Bolschewiken, doch gleichberechtigt mit den Russen waren sie nur theoretisch, nicht aber im realen Leben. In der Sowjetära wurden zwar die Parolen von der Völkerfreundschaft in der UdSSR ausgegeben, auch waren die Ersten Sekretäre der regionalen Parteiorganisationen meistens Einheimische. Doch die eigentlichen Entscheidungsträger waren fast immer ihre Vertreter, durchweg Russen, ebenso wie Russen seit der Liquidierung der jüdischstämmigen Kader während der Großen Säuberungen in den Jahren 1936 bis 1938 die allermeisten Schlüsselpositionen in den Geheimdiensten einnahmen. Der Georgier Stalin ließ in der Siegesfeier nach dem Zweiten Weltkrieg das „große russische Volk" hochleben. Ihm wurde dies auch als Zynismus ausgelegt, denn er hatte ja während der Großen Säuberungen auch Hunderttausende Russen ermorden lassen. Jedenfalls entsprach sein Trinkspruch dem Selbstbild der Russen, allen andern Völkern der Sowjetunion überlegen zu sein. Auch die Satellitenstaaten im Ostblock behandelte der Kreml wie Kolonien und ließ sie wirtschaftlich ausbeuten. Die Moskauer Propaganda aber verkündete, dass die sowjetischen Werktätigen die „befreiten" Länder miternähren müssten.

Abgesehen von den beiden Ukrainern Nikita Chruschtschow, der acht Jahre lang der starke Mann in Moskau war, und dem heute längst vergessene Witali Fedortschuk, der sieben Monate lang an der Spitze des KGB gestanden hatte, waren nach dem Tod Stalins alle sowjetischen Partei- und Regierungschefs, alle Verteidigungsminister, Generalstabschefs und KGB-Chefs Russen. Alle zeigten sich als großrussische Imperialisten. Das russische Trio Leonid Breschnew, Andrej Kossygin und Juri Andropow an der Spitze von Partei, Ministerrat und KGB versuchte sogar, das Herrschaftsgebiet auf Afrika auszudehnen: Äthiopien, Angola, Mosambik, wo sich sowjetrussische Militärinstrukteure und Geheimdienstler, die offiziell den Sozialismus in diesen Ländern aufbauen sollten, wie Kolonialherren aufführten. Jedenfalls wird es in diesen Ländern heute so dargestellt.

Während der Perestroika publizierten reformorientierte Zeitungen erstmals vorsichtig formulierte Artikel über den russischen Imperialismus und Rassismus. Doch eine breite gesellschaftliche Debatte verhinderte die nach wie vor bestehende Zensur. Parteichef Gorbatschow selbst gab Anweisungen, dieses explosive Thema zu unterdrücken. Er ließ die nationalen Demokratiebewegungen in Baku und Tiflis niederschlagen.

Auch im postsowjetischen Russland entwickelte sich keine breite Debatte über den russischen Kolonialismus. Stattdessen berichteten Menschenrechtler von zunehmenden Übergriffen auf Menschen aus dem Kaukasus und Mittelasien, die in Russland lebten, auch schikaniert die Polizei oft diese Personengruppen. Zu den Opfern von Überfällen gehören auch immer wieder Studenten aus der Dritten Welt, es gab Anschläge auf ihre Wohnheime.

Zweifellos rief der Verlust des Imperiums bei wohl der überwältigenden Mehrheit der Russen Trauer oder gar Wut hervor, Politiker gaben revisionistische Parolen aus, es entstanden Parteien, die Revanche forderten. Es gab nicht einmal ansatzweise den Versuch einer Aufarbeitung durch die Politik. Die russischen Behörden verweigerten die Zusammenarbeit mit den Ermittlern der neuen Staaten, die Mordaktionen des KGB gegen Aktivisten der jeweiligen nationalen Bewegungen aufklären wollten.

Der imperiale Phantomschmerz treibt auch Putin um. Er beklagte den Zerfall der Sowjetunion als „größte geopolitische Katastrophe". Schon zu Beginn seiner Präsidentschaft lobte er die Moskauer Großfürsten des Mittelalters als „Sammler der russischen Erde", was im Westen kaum beachtet wurde. Er möchte die „besten Seiten" der beiden untergegangenen russischen Imperien, des Zarenreichs und der Sowjetunion, miteinander verschmelzen. Deshalb tragen die russischen Offiziere auf ihren Uniformen den Doppeladler der Zaren und den roten Stern, der auch Kennzeichen der russischen Luftwaffe und Kriegsmarine geblieben ist. Die negativen Seiten der Geschichte werden gründlich verdrängt: So feierte die Moskauer Elite die Heiligsprechung des von den Bolschewiken ermordeten letzten

Zaren, der Russland in den Ruin und den Krieg geführt hat, während sein Schreibtischmörder Lenin weiter in seinem Mausoleum wenige Schritte von der Basiliuskathedrale entfernt ruht.

Doch entwickelten sämtliche ehemaligen Sowjetrepubliken große nationale Erzählungen, in denen die Russen vor allem als arrogante Kolonisatoren und rassistische Unterdrücker auftreten. Sehr schnell nach der Auflösung der UdSSR hatten die Behörden der neuen Staaten begonnen, Druck auf die dort teilweise seit Generationen lebenden Russen auszuüben. Besonders groß war der Druck in den islamisch geprägten Republiken Mittelasiens und in Aserbeidschan. Dort setzte ein Exodus der Russen ein, vergleichbar dem der Franzosen aus Algerien in den sechziger und der Portugiesen aus Angola und Mosambik in den siebziger Jahren. In Paris und in Lissabon wurden damals die Politiker abgelöst, die zuvor einen besonders schmutzigen Krieg gegen die Unabhängigkeitsbewegungen in ihren afrikanischen Kolonien geführt hatten, eine breite gesellschaftliche Debatte setzte in beiden Ländern über diese düsteren Kapitel ihrer Geschichte ein. Doch nichts dergleichen geschah in Russland.

Auch die orthodoxe Kirche rechtfertigt den russischen Imperialismus und trägt somit ihren Teil dazu bei, eine kritische Auseinandersetzung mit dem russischen Kolonialismus zu blockieren. Doch genau deshalb haben die ehemals zum Zarenreich und dann zur Sowjetunion gehörenden Völker in Mittelasien, im Kaukasus und auch im Baltikum große Vorbehalte gegenüber Russland, was in Moskau überwiegend mit blankem Unverständnis aufgenommen wird.

Putin lässt sich als Herrscher mit imperialem Prunk inszenieren. Wie dies bereits die sowjetischen Generalsekretäre getan hatten, ließ er wieder bei Paraden Kampfpanzer und Raketen über den Roten Platz fahren. Stolz verkündete er, die neue Hyperschallrakete sei von keinem Gegner aufzuhalten.

Auch ließ er Russland wieder nach Übersee ausgreifen, er schickte größere russische Kontingente nach Syrien, nach Mali und Venezuela, obwohl sogar russische Wirtschaftsexperten ihn davor warnten, die Fehler Breschnews zu wiederholen, dessen militärische und koloniale Abenteuer in der Dritten Welt die sowjetische Wirtschaft überfordert hatten.

Putins imperiale Ambitionen spiegelt das stetige Anwachsen des Rüstungshaushalts wider, dessen Ausgaben vor allem aus dem Export von Erdgas und Erdöl gedeckt wurden. Nominell ist er zwar viel kleiner als der US-amerikanische, doch täuschen diese Zahlen: In den USA, in der Privatunternehmen Rüstungsprojekte realisieren, schlagen sehr hohe Personalkosten zu Buche, während solche Projekte in Russland mit seinen niedrigen Löhnen in staatlicher Hand sind. In Wirklichkeit ist, wie zu Sowjetzeiten, der Anteil der Militärausgaben an der gesamten Wirtschaftsleistung um ein Vielfaches höher als in den USA. Dabei wissen Putin und sein Generalstab sehr genau, dass kein Nachbarstaat die Absicht hat, Russland anzugreifen. Auch ein möglicher Angriff der Nato war nie Thema der in Moskau herausgegebenen Fachliteratur über Sicherheitspolitik, deren Autoren sehr oft hohe Militärs sind.

Dass nun Putin und auch sein Außenminister Lawrow von einem Präventivschlag sprachen, der einem Angriff von ukrainischem Territorium zuvorkommen sollte, ist nichts anderes als eine weitere Lüge, ebenso wie die Version, Russland müsse die Ukraine befreien, in der die Kolonisierung durch den Westen bereits im Gange sei. Der Versuch, den Kreml als Sachwalter der ehemaligen Kolonien der europäischen Mächte darzustellen, ist allerdings gescheitert: Der UN-Resolution, die den russischen Angriff auf die Ukraine vom Februar 2022 verurteilte, stimmten 143 von 193 Staaten zu, nur vier – Belarus, Nicaragua, Nordkorea, Syrien – schlugen sich auf die Seite Moskaus.

Westliche Politiker und Publizisten, die der Nato Mitschuld an Putins Vernichtungskrieg gegen die Ukraine geben, übersehen, dass Russland keine legitimen Sicherheitsinteressen haben kann, die über den Schutz der eigenen Landesgrenzen hinausgehen. Wer von „Russlands Sicherheitsbedürfnis" etwa gegenüber der Ukraine oder dem Baltikum raunt, die militärisch zu einem Eroberungskrieg überhaupt nicht fähig wären, rechtfertigt nur den russischen Imperialismus und Kolonialismus.

Dass die Kolonialherrenmentalität nach wie vor die politische Elite Moskaus prägt, beweist auch der Krieg gegen die Ukraine, in dem an vorderster Front vor allem Soldaten aus den nicht russischen Völkern zum Einsatz kommen: Dagestaner, Osseten und Tschetschenen aus dem Nordkaukasus, Burjaten und Jakuten aus Sibirien, deren Heimatregionen die ärmsten in ganz Russland sind. Diese Armut mag der Grund für die Plünderungen in der Ukraine gerade durch solche Fronteinheiten sein, denen auch die Verbrechen von Butscha und Irpien zugeschrieben werden. Ihre Todesrate ist um ein Vielfaches höher als die der ethnischen Russen, so wie es schon im Zweiten Weltkrieg war. Kernstück in der imperialen Vision Putins aber blieb die Ukraine. Deshalb reagierte er allergisch auf die „Farbrevolutionen" erst in Georgien 2003, dann in der Ukraine 2004. Denn die Forderungen nach Demokratisierung des Staates bedeuteten ja eine Hinwendung zum Westen. Darin konnte Putin an der Spitze eines autoritären Regimes nicht interessiert sein, wenn Georgien und die Ukraine mit diesem Kurs Erfolg hätten, wäre der Funke vermutlich auf Russland übergesprungen. Umgekehrt hat Putin nicht begriffen, dass Russland für die Nachbarn kein attraktives, sondern ein abschreckendes Modell ist.

JANUKOWITSCH

Die politischen Verwerfungen in der Ukraine, die 2014 die Annexion der Krim sowie den russischen Einmarsch in den Donbass begünstigten, sind untrennbar mit dem Namen Viktor Janukowitschs verbunden. Für Schlagzeilen der Weltpresse sorgte er erstmals im Herbst 2004, als die Präsidentschaftswahlen zu seinen Gunsten gefälscht worden waren. Er galt damals als Mann des Donezker Oligarchen- und Mafiaclans – und war deshalb für die große Mehrheit der Wähler in der Zentral- und Westukraine nicht akzeptabel. Die Proteste gegen ihn führten zur Orangen Revolution, die eine Wiederholung der Wahlen erzwang.

Janukowitsch verlor und ging in die Opposition, siegte dann aber bei den nächsten Präsidentschaftswahlen 2010, weil die prowestlichen Reformer sich untereinander heillos zerstritten hatten und überdies auch der Wirtschaftskrise nicht Herr geworden waren, die der Kreml vor allem über Gazprom kräftig angeheizt hatte. Wegen der offenkundigen Unterstützung durch Putin bezeichneten die meisten westlichen Medien Janukowitsch als prorussisch, doch stimmte dieses Etikett nicht: Zunächst als Premierminister und später als Präsident hatte er zwar versucht, die Zusammenarbeit mit Moskau zu normalisieren, doch bei der Privatisierung von Industriebetrieben ließ seine Regierung russische Konzerne nicht zum Zuge kommen. Vielmehr versuchte sie, die eigenen Oligarchen mit westlichen Investoren zusammenzubringen; denn sie waren auf technologische Hilfe angewiesen und suchten überdies neue Absatzmärkte, die sie von Russland unabhängig machen sollten.

Bereits in den Tagen der Orangen Revolution hatte Janukowitsch mit einem donnernden Auftritt für Klarheit gesorgt: Im Sportpalast der Industriestadt Sewerodonezk im Donbass hatten sich mehrere Dutzend Regionalpolitiker versammelt, um die Abspaltung von Kiew zu verkünden, Tausende Sympathisanten jubelten ihnen zu. Auf der Bühne saß auch der Moskauer Oberbürgermeister Juri Luschkow, Verfechter einer Wiedergeburt des russischen Imperiums. Janukowitsch, damals Ministerpräsident, traf mit einstündiger Verspätung zu der Kundgebung ein, hocherregt rief er aus: „Es darf keine Abspaltung geben, ich werde gegen jeden Separatismus kämpfen! Ich stehe für die Einheit der Ukraine ein!“ Auf der Bühne fiel ein Stuhl krachend um, Luschkow suchte wütend das Weite.

Unmittelbar nach seinem Wahlsieg 2010, den er nach Meinung der prowestlichen Opposition ebenfalls massiven Fälschungen zu verdanken hatte, schickte er sich an, unter Bruch der Verfassung die Kompetenzen des Präsidenten zu erweitern. Die Opposition war dagegen machtlos, weil sein Stab durch Druck auf Widerspenstige, darunter die Festnahme von Familienmitgliedern, die Mehrheit der Verfassungsrichter auf seine Seite gebracht hatte.

Janukowitsch strebte offenkundig ein autoritäres Präsidialsystem nach dem Vorbild Putins an. Für internationales Aufsehen sorgte die Verhaftung der früheren Regierungschefin Julia Timoschenko wegen ihrer Unterschrift unter einen angeblich für Kiew nachteiligen Vertrag über die Lieferung russischen Erdgases. Es war eine absurde Anklage, denn das ukrainische Strafrecht sieht keine persönliche Haftung von Politikern für die Folgen von angeblich nachteiligen Abkommen vor. Angesichts der internationalen Proteste verwies Janukowitsch auf die angebliche Unabhängigkeit der ukrainischen Justiz.

Außenpolitisch versuchte er einen Schaukelkurs zwischen West und Ost. Zum Ärger Moskaus wuchs der Handel der Ukraine mit den EU-Ländern stetig, während die Bedeutung Russlands im Warenaustausch deutlich abnahm. Auch ließ Janukowitsch Verhandlungen über eine EU-Assoziierung führen, von der sich die hinter ihm stehenden Oligarchen einen Investitionsschub aus dem Westen erhofften. Daraufhin ließ Putin die Einfuhr ukrainischer Waren nach Russland blockieren, um Kiew unter Druck zu setzen, Gazprom drohte zusätzlich wieder einmal mit der Unterbrechung der Gaslieferungen, die russische Presse malte das Bild von frierenden Ukrainern in ihren unbeheizten Wohnungen. Aus Moskau reiste sogar Patriarch Kyrill an, um Janukowitsch auf Kurs zu bringen und für die russisch-ukrainische Allianz zu erwärmen, konnte ihn aber nicht umstimmen.

Um den Weg für die Unterzeichnung des Assoziierungsabkommens im November 2013 in der litauischen Hauptstadt Vilnius freizumachen, strich die EU-Kommission nach langem Zögern die Causa Timoschenko von der Problemliste. Wenige Tage vor dem Termin aber schockierte Janukowitsch nicht nur die EU-Politiker, sondern wohl auch das Gros seiner Landsleute: Die Verhandlungen mit Brüssel hätten doch nicht ein günstiges Ergebnis für die Ukraine erbracht, er nehme nun Gespräche über den Beitritt seines Landes zur von Putin propagierten Eurasischen Wirtschaftsgemeinschaft auf, obwohl dies das Parlament in Kiew zuvor abgelehnt hatte. Putin hatte ihm in letzter Minute einen Kredit über 15 Milliarden Dollar sowie einen Rabatt von 25 Prozent auf russisches Erdgas angeboten. Die EU hatte dagegen weitere Finanzhilfe von einschneidenden Strukturreformen, vor allem dem Aufbau einer unabhängigen Justiz, abhängig gemacht. Es war eine schwere Niederlage für Brüssel, aber auch für Berlin.

Die Ankündigung Janukowitschs löste neun Jahre nach der Orangen Revolution eine neue Welle von Massenprotesten aus, die in den blutigen Auseinandersetzungen um den Euromaidan gipfelten. Diese endeten im Februar 2014 mit der kopflosen Flucht Janukowitschs nach Russland, angeblich wurde sein Leben bedroht. Vermutlich wurde er das Opfer von Falschinformationen der Russen, die ihn dazu bewegen sollten, sich unter ihren Schutz zu stellen. Später wurde bekannt, dass in den Tagen zuvor lastwagenweise die Einrichtung aus seiner palastähnlichen Residenz bei Kiew abtransportiert worden war. Seine Landsleute erfuhren, dass er sich hemmungslos auf ihre Kosten bereichert hatte, er hatte auf dem Gelände der aus Steuermitteln finanzierten Residenz sogar einen Privatzoo anlegen lassen.

Überraschend protestierte Janukowitsch wenige Wochen nach seiner Flucht aus seinem russischen Exil gegen die Annexion der Krim sowie die Versuche Moskaus, den Donbass von der Ukraine abzuspalten. Er wurde unmittelbar danach von jeglichem Kontakt zur Presse und zu ukrainischen Politikern abgeschnitten. Nach dem russischen Überfall auf die Ukraine forderte er allerdings Selenskyj zur Aufgabe auf. Kiewer Medien berichteten, Putin habe vorgehabt, nach einem schnellen Sieg Janukowitsch wieder als „legitimen Präsidenten" einzusetzen.

JELZIN

Boris Jelzin hatte 1991 als Hoffnungsträger der Demokratiebewegungen im Osten Europas die Bühne der Weltpolitik betreten und war ein knappes Jahrzehnt später als menschliches Wrack abgetreten. Seine große Stunde war im August 1991 gekommen, zwei Monate nach seiner Wahl zum ersten Präsidenten der Russischen Föderation: Auf einem Panzer stehend rief er seine Landsleute zum passiven Widerstand gegen die Putschisten aus KGB, Armee- und KP-Führung auf. Es wurde sein Sieg und gleichzeitig die Demütigung für den sowjetischen Präsidenten Michail Gorbatschow, der selbst zuvor die Putschisten in ihre Ämter gebracht hatte.

Drei Jahre zuvor hatte Gorbatschow Jelzin aus der Parteiführung gedrängt, nachdem dieser einen konsequenteren Reformkurs gefordert hatte. Jelzin sprach sich für freie Wahlen sowie für Volksabstimmungen über die Zugehörigkeit der einzelnen Sowjetrepubliken zur UdSSR aus, was Gorbatschow strikt ablehnte. Als die KGB-Sondereinheit Alpha im Januar 1991 versuchte, das litauische Parlament einzunehmen, wollte Jelzin in Vilnius eine Solidaritätserklärung verlesen. Doch da Flug- und Zugverbindungen aus Moskau gekappt waren, flog er nach Tallinn und faxte von dort seine Rede nach Vilnius.

Im Jahr zuvor hatte er bereits die Energieblockade Litauens scharf kritisiert. Ebenso hatte er das von Moskau angeordnete brutale Vorgehen von Militär und Ordnungskräften gegen Kundgebungen der Demokratiebewegungen in Baku und Tiflis, bei denen es jeweils Dutzende von Toten gegeben hatte, scharf verurteilt. Jelzin sagte damals an die Adresse der Sezessionisten in den einzelnen Sowjetrepubliken: „Nehmt euch so viel Unabhängigkeit, wie ihr könnt!"

Gemeinsam mit den Parlamentspräsidenten von Belarus und der Ukraine vollzog er im Dezember 1991 die Auflösung der UdSSR. Gorbatschow, der nun ein Präsident ohne Land und Volk geworden war, musste den Kreml für ihn räumen. Entgegen seiner bisherigen Parolen ließ Jelzin, einmal an die Spitze der Machtpyramide gelangt, allerdings keine Zweifel daran, dass er die ehemaligen Sowjetrepubliken, nun „Nahes Ausland" genannt, weiterhin an Moskau binden wollte; er sah diese Länder als russische Einflusszone an.

Unter Politologen und Historikern ist umstritten, ob Jelzin 1992 den Einsatz nicht gekennzeichneter russischer Einheiten in den Konflikten im Kaukasus genehmigt hatte oder ob es eine Eigenmächtigkeit der Militärführung war. Bekanntermaßen ein Gewohnheitstrinker war er damals bereits gesundheitlich stark angeschlagen. Nach russischen Presseberichten hatte er sich bei der verunglückten Landung eines Kleinflugzeugs mehrere Rückenwirbel angebrochen; um die permanenten Schmerzen zu dämpfen, bekam er demnach unter anderem hohe Dosen Cortison. Von dem fatalen Gemisch aus Alkohol und Medikamenten zeugte sein immer stärker aufgedunsenes Gesicht; innerhalb kürzester Zeit veränderte sich sein Erscheinungsbild völlig. Sein Temperament erlosch, auch büßte er seine Schlagfertigkeit und seinen rustikalen Witz ein. Seine öffentlichen Auftritte musste er stark einschränken. Die Führung des Landes entglitt ihm.

Im September 1993 wählten ihn die Abgeordneten des Obersten Sowjets als Präsident ab. Jelzin erklärte die Abstimmung für irrelevant und berief sich dabei auf seine Legitimierung durch freie Wahlen. Dieser Verfassungskonflikt gipfelte Anfang Oktober 1993 im Kampf um das Parlamentsgebäude, das Weiße Haus am Moskwa-Ufer. Jelzin, damals bereits schwer alkoholkrank, ließ sich zu einer Gewaltlösung überreden, obwohl man den Konflikt hätte gewaltfrei lösen können; es hätte wohl gereicht, dem Gebäude Strom und Wasser zu sperren. Doch stattdessen schossen Panzer das Weiße Haus in Brand.

Irrtümlicherweise schrieben fast alle westlichen Korrespondenten von einem Machtkampf zwischen demokratischen Reformern und rückwärtsgewandten Nationalkommunisten. In Wirklichkeit hat ihn eine dritte Kraft gewonnen: die *Silowiki* (*sila* – Kraft, Stärke), die Männer an der Spitze der Armee, der Geheimdienste und des militärindustriellen Komplexes. Durch den Einsatz der Panzer und Spezialeinheiten hat sich Jelzin von ihnen abhängig gemacht, sie verlangten eine Belohnung: Immer mehr *Silowiki* verdrängten die Reformer von den Schlüsselpositionen im Staatsapparat. Diese taten sich 1996 mit den Oligarchen, die die wichtigsten Fernsehsender und Zeitungen besaßen, zusammen, um die Wiederwahl des bereits vom körperlichen und psychischen Verfall gekennzeichneten Kremlchefs durch eine breite Medienkampagne zu sichern.

Zum Jahreswechsel 1999/2000 verkündete Jelzin in einer lallend vom Blatt abgelesenen Erklärung seinen Rücktritt vom Präsidentenamt zugunsten Putins. Den Berichten mehrerer Moskauer Zeitungen zufolge, die damals noch keiner Zensur unterlagen, hatte Putin zugesagt, seine Hand schützend über nächste Angehörige Jelzins zu halten, denen die Verwicklung in Korruptionsaffären vorgeworfen wurde, unter ihnen die Tochter Jelzins.

Die Herrschaft Jelzins in den neunziger Jahren gilt im Rückblick als Zeit des Chaos, in der Millionen verarmten und die Behörden einer immensen Kriminalitätswelle zunächst machtlos gegenüberstanden, während eine kleine Gruppe früherer Funktionäre aus dem KGB, der Kommunistischen Partei und deren

Jugendorganisation Komsomol sich bei der überstürzten Privatisierung, teilweise mit kriminellen Methoden, hemmungslos bereicherte. Für die Krisengewinnler entstand der Begriff „neue Russen", die reichsten und mächtigsten unter ihnen bildeten die Klasse der sogenannten Oligarchen.

JOHANNES PAUL II.

Für die meisten Deutschen ist der Name Johannes Pauls II. mit einer rigiden Sexualmoral verbunden, die Wesenszüge der menschlichen Natur ignoriert und deshalb in der Gesellschaft, sogar unter den Katholiken, wenig Akzeptanz findet. Sein kompromissloses Beharren auf dem Zölibat vertiefte die Gräben zu den anderen großen christlichen Kirchen, es stürzte auch zahllose Priester in existenzielle Gewissenskonflikte. Auch wollte er lange nicht sehen, dass die Haltung der Kirche sexuelle Übergriffe vieler Geistlicher begünstigte, deren Opfer vor allem Kinder und Jugendliche wurden. Letztlich trug sein Verdikt gegen Empfängnisverhütung zur Bevölkerungsexplosion in Lateinamerika bei. Zweifellos sind auf diesem Feld einige der Hauptgründe für die Krise der katholischen Kirche von heute zu suchen.

Zu dem eher negativen Bild bei den Deutschen trug auch bei, dass der Papst aufgrund seiner persönlichen Erfahrungen in zwei sich sozialistisch nennenden Regimen, nämlich dem Nationalsozialismus während der Besatzung Polens im Zweiten Weltkrieg und dem Stalinismus in der Volksrepublik, die Beweggründe der sich teilweise auf marxistische Gesellschaftsanalysen stützenden Befreiungstheologie in Lateinamerika verkannte und deren Verfechter rigoros bekämpfte.

Diese Fehleinschätzungen des polnischen Papstes lassen ganz in den Hintergrund treten, welch enormen politischen Effekt sein Wirken für den Osten Europas hatte. Denn er hatte einen keineswegs geringen Anteil an der friedlichen Auflösung des Ostblocks. So sehen es nicht nur seine polnischen Landsleute, sondern so beschrieb es auch der Hauptakteur dieser dramatischen Monate, nämlich Michail Gorbatschow: „Das Einreißen des Eisernen Vorhangs wäre ohne Johannes Paul II. unmöglich gewesen." Auch habe der Papst sehr viel dazu beigetragen, „die Menschen von der Drohung eines Atomkriegs zu befreien".

Die deutsche Erzählung vom Fall der Berliner Mauer ist dagegen auf Gorbatschow fixiert, obwohl dieser laut den dazu veröffentlichten sowjetischen Dokumenten fast bis zuletzt die DDR erhalten wollte, und übersieht die fundamentale Rolle der Gewerkschaft Solidarność dabei. Diese war 1980 ein Jahr nach dem ersten Besuch des Papstes in seiner Heimat entstanden, bei dem ihm insgesamt rund zehn Millionen Menschen zugejubelt hatten, jeder zweite erwachsene Pole.

In seinen Predigten hatte er die Respektierung der Menschenrechte gefordert. Die Solidarność, das erste Bündnis zwischen Arbeitern und Intellektuellen im Ostblock, verlangte freie Wahlen sowie die Auflösung des Repressionsapparats und der Zensurbehörde, womit sie zur Bedrohung der Sowjetherrschaft an der Weichsel wurde. Für die Polen steht fest, dass aus diesem Grunde die Führung in Moskau, die den Papst als politischen Verbündeten des US-Präsidenten Ronald Reagan betrachtete, das Attentat auf ihn vom 13. Mai 1981 befohlen hat. In der Tat sprechen gewichtige Indizien für diese Version.

Nach dem fehlgeschlagenen Attentat scheiterte der Versuch des Generals Wojciech Jaruzelski, des Partei-, Regierungs- und Armeechefs, die Solidarność durch die Verhängung des Kriegsrechts am 13. Dezember 1981 zu zerschlagen. Vielmehr überstand die Demokratiebewegung die massiven Repressionen im Untergrund, nicht zuletzt dank der moralischen Unterstützung aus dem Vatikan. Der tief pazifistische Papst überzeugte seine Landsleute, von einer verhängnisvollen polnischen Tradition abzulassen: bewaffnete Erhebungen gegen Besatzer. Der Arbeiterführer Lech Wałęsa hielt sich daran, er ließ sich auch nicht durch angebotene Privilegien korrumpieren. Angesichts der schweren Wirtschaftskrise, die auch Folge von US-Sanktionen war, musste Jaruzelski nach einer Streikwelle das Verbot der Solidarność aufheben und erstmals teilweise freie Wahlen ausschreiben lassen. Diese endeten am 4. Juni 1989 mit einem Erdrutschsieg der prowestlichen Opposition. Der Publizist Tadeusz Mazowiecki, Vertreter eines liberalen Katholizismus, wurde der erste nichtkommunistische Premier im Ostblock, seine erste Auslandsreise führte in den Vatikan.

Zum Abbau der Spannungen zwischen der neuen Warschauer Führung und dem Kreml trug in nicht geringem Maße das Treffen zwischen Johannes Paul II. und Gorbatschow im Vatikan am 1. Dezember 1989 bei, drei Wochen nach dem Fall der Berliner Mauer. Der Gast aus Moskau sagte vor den Fernsehkameras den – in Deutschland allerdings wenig beachteten – Satz: „Ohne Sie, Heiliger Vater, wäre die Berliner Mauer nie gefallen." Er bekundete später, er sei dem Papst dankbar dafür, dass dieser seine Landsleute gemahnt habe, die Russen nicht als Gegner, sondern als Nachbarn anzusehen, mit denen man gut auskommen sollte. In seinen Memoiren nannte er ihn „einen der größten Humanisten unserer Zeit". Auch lud der Kremlchef das Oberhaupt der katholischen Kirche nach Moskau ein; doch stellte sich das russisch-orthodoxe Patriarchat dagegen.

Dass der Papst mit seiner Unterstützung für die polnische Demokratiebewegung einer der Väter der deutschen Einheit wurde, würdigte auch die letzte DDR-Regierung, die aus den einzigen freien Volkskammerwahlen im März 1990 hervorgegangen war: Das DDR-Postministerium gab ihm zu Ehren eine Briefmarke heraus. Auch Bundeskanzler Helmut Kohl dankte ihm dafür, als er mit ihm 1996 durch das Brandenburger Tor schritt.

Sieben Jahre später wurde Wladimir Putin im Vatikan empfangen. Der Kremlchef versicherte dem gesundheitlich bereits stark angegriffenen Papst, dass er sich für eine Annäherung der großen christlichen Kirchen einsetzen werde. Doch die Eiszeit zwischen Katholiken und Orthodoxen hielt weiter an.

JUSCHTSCHENKO

Im Herbst 2004 ging ein Foto um die Welt, das den ukrainischen Oppositionsführer Viktor Juschtschenko mit völlig aufgedunsenem, von Narben übersätem Gesicht zeigte. Er war das Opfer eines Anschlags geworden: Nach einem Essen mit ukrainischen Geheimdienstgenerälen erkrankte er lebensgefährlich, in einer Wiener Spezialklinik wurde er gerettet. Die Untersuchung ergab, dass Dioxin in die Suppe gemischt worden war.

Juschtschenko war damals hoher Favorit bei den bevorstehenden Präsidentenwahlen. Der Gegenkandidat war Viktor Janukowitsch, damals Premierminister. Juschtschenko hatte dieses Amt von 1999 bis 2001 innegehabt, er galt als prowestlich, war mit einer ukrainischstämmigen Amerikanerin verheiratet und auch in Washington gut vernetzt. Doch Juschtschenkos Wirtschafts- und Justizreformen gingen den ostukrainischen Industrieoligarchen zu weit; nach anderthalb Jahren im Amt musste er zurücktreten.

Überraschend unterlag Juschtschenko bei den Präsidentenwahlen 2004 knapp; Janukowitsch, den Kremlchef Putin offen unterstützt hatte, ließ sich als Sieger feiern. Doch die unabhängigen Medien berichteten von massiven Unregelmäßigkeiten bei der Stimmauszählung. In nahezu allen Städten der Zentral- und Westukraine gingen daraufhin Demonstranten auf die Straße, um gegen Wahlfälschungen zugunsten Janukowitschs zu demonstrieren. Durch wochenlange Protestkundgebungen, die Orange Revolution, erzwangen sie eine Wiederholung der Wahl, dieses Mal gewann Juschtschenko knapp.

Allerdings haben er und die von ihm berufene Premierministerin Julia Timoschenko ihre Landsleute wie ihre Unterstützer im Westen zutiefst enttäuscht. Ihre Differenzen über den richtigen Reformweg wuchsen sich zu persönlichem Hass aus. Juschtschenko litt immer wieder unter depressiven Schüben, die Mediziner auf seine Dioxinvergiftung zurückführten, er wirkte ausgebrannt, im Dauerkonflikt mit Timoschenko büßte er stark an Popularität ein.

Bei der ersten Runde der Präsidentenwahlen 2010 erhielt er ganze 5,5 Prozent der Stimmen. In der Stichwahl gewann Janukowitsch knapp gegen Timoschenko. Juschtschenko hatte an deren Niederlage seinen Anteil, da er vor dem entscheidenden Urnengang bei seinen Anhängern Stimmung gegen sie gemacht hatte. Er verhalf somit seinem langjährigen Kontrahenten Janukowitsch zum Sieg – und beendete ungewollt den Westkurs Kiews, für den er selbst jahrelang gekämpft hatte.

Der einst umjubelte Held der Orangen Revolution verschwand anschließend in der politischen Versenkung. Ungesühnt blieb der Dioxinanschlag auf ihn: Im Laufe der Untersuchungen floh der Hauptverdächtige nach Russland, Moskau ignorierte das Auslieferungsbegehren – für die ukrainischen Medien ein Beleg, dass der Kreml hinter dem Verbrechen stand. Die Politiker und Medien im Westen aber ignorierten diesen Hinweis. Juschtschenko sagte später dazu, der Westen habe nicht erkennen wollen, dass die größte Bedrohung für den Frieden in Europa ein Russland sei, das im 21. Jahrhundert Methoden wie im Mittelalter anwende. Die vom Kreml kontrollierten russischen Medien aber behaupteten, es habe überhaupt kein Attentat gegeben, die Narben im Gesicht Juschtschenkos seien die Folge einer missglückten Schönheitsoperation.

KATHARINA DIE GROSSE

Als Wladimir Putin im Jahr 2000 in den Kreml einzog, ließ er in seinem Büro, das im Stil der ausgehenden Zarenzeit eingerichtet war, Statuen Peters des Großen und Katharina der Großen aufstellen. Viele westliche Beobachter sahen dies als Hinweis auf seine Reformbereitschaft, Skeptiker aber unterstellten ihm von Anfang an imperiale Ambitionen.

Als Angela Merkel 2005 ins Kanzleiamt einzog, stellte sie auf ein Regal in ihrem Büro ein Bild von Katharina der Großen (1729–1796). Imperiale Ambitionen unterstellte ihr keiner, eher sah sie wohl die als Prinzessin Sophie Auguste Friederike von Anhalt-Zerbst geborene Zarin als Frau, die, wie sie aus dem heutigen Ostdeutschland stammend, es aus eigener Kraft ganz oben auf die Machtpyramide geschafft hatte. Als die Kanzlerin darauf aufmerksam gemacht wurde, dass Katharina II. neben dem Preußenkönig Friedrich II. die treibende Kraft bei den Teilungen Polens war, sie als Vorbild also schwerlich zu dem heutigen Geist der guten Nachbarschaft passt, packte sie das Bild wieder weg.

Nicht nur in den Augen der Polen, sondern auch der Ukrainer steht Katharina II. für den rücksichtslosen großrussischen Imperialismus. Im siegreichen Krieg gegen das Osmanische Reich konnte sie das russische Imperium bis zur Nordküste des Schwarzen Meeres einschließlich der Halbinsel Krim ausdehnen. Das russische Heer hatte ihr Geliebter Grigorij Potemkin kommandiert, er wurde auch beauftragt, die eroberten Regionen in das Zarenreich einzugliedern. Die dünn besiedelte Steppenlandschaft nördlich der Krim nannte er Neurussland und ließ dort Bauern ansiedeln. Angeblich hat er vor einer Reise der Zarin nach Neurussland in Sichtweite des Weges Kulissen von Häusern errichten lassen, um ihr vorzuspiegeln, dass sein Ansiedlungsprogramm erfolgreich war. Historiker streiten sich heute allerdings, ob es die Potemkinschen Dörfer wirklich gegeben hat oder ob es sich um eine von seinen Gegnern in Umlauf gebrachte Legende handelte.

Neurussland zugeschlagen wurde auch das Land östlich des bisherigen osmanischen Territoriums, das Siedlungsgebiet der Kosaken. Diese waren überwiegend die Nachkommen von entlaufenen leibeigenen Bauern und hatten ein staatsähnliches Gebilde mit urdemokratischen Strukturen entwickelt: Ihre Anführer wurden gewählt. Ihre großen Reiterverbände überfielen allerdings immer wieder die angrenzenden Länder, so dass sie von allen Nachbarn als Bedrohung angesehen wurden. Ein Teil von ihnen hatte sich Mitte des 17. Jahrhunderts den Zaren unterstellt, im Gegenzug war ihnen weitgehende Autonomie gewährt wurden. Doch diese Rechte hob Katharina II. auf, die Sitsch der Kosaken, wie ihr befestigtes Verwaltungszentrum genannt wurde, ließ sie zerstören. Auch ließ sie Schriften und Unterricht in ihrer Regionalsprache, einer der Quellen für das das moderne Ukrainisch, verbieten.

Unter Katharina wurde die heutige ukrainische Millionenstadt Dnipro gegründet, damals mit dem Namen Jekaterinoslaw (Ruhm Katharinas), später nach einem ukrainischen Bolschewiken Dnjepropetrowsk genannt, sowie die heute hart umkämpfte Hafenstadt Cherson mit einem Grundriss wie ein Schachbrett angelegt.

Auch ließ sie einen tatarischen Hafen zum Marinestützpunkt Odessa ausbauen. In der rasch wachsenden Stadt wurde einer der zentralen Boulevards nach der Zarin benannt, auf einem kleinen Platz wurde ihr im Jahr 1900 ein großes Denkmal errichtet. 20 Jahre später ließ die neue bolschewistische Stadtverwaltung es abtragen. Gegen den Widerstand der Zentralregierung in Kiew ließ es der Stadtrat 2007 wiedererrichten. Nach dem Beschuss der Stadt durch russische Raketen im Frühjahr 2022 verhüllte ein Aktionskünstler den Kopf Katharinas mit einer roten Henkerkapuze. Im Dezember 2022 wurde das Denkmal demontiert.

KATYN

Am 7. April 2010 besiegelten Donald Tusk und Wladimir Putin bei ihrer Begegnung über den Gräbern von Katyn die polnisch-russische Aussöhnung. So berichtete es die gesamte internationale Presse über das Treffen der beiden Regierungschefs – es war eine krasse Fehleinschätzung.

Tusk gedachte in seiner Ansprache aus Anlass des 70. Jahrestags der Erschießung mehrerer Tausend polnischer Offiziere und Beamter durch Stalins Geheimpolizei NKWD auch der ebenfalls im Wald von Katyn ermordeten Sowjetbürger. Putin aber behandelte die Ermordung der Polen als Nebensache und stellte stattdessen heraus, dass im Wald von Katyn vor allem russische Kosaken, Offiziere der Armee des Zaren, orthodoxe Priester, Professoren wie einfache Bauern lägen. Die Verschleierung der Wahrheit über die polnischen Opfer unter dem kommunistischen Regime sei einhergegangen mit dem Verschweigen der russischen Opfer: „Jahrzehnte lang wurde versucht, mit zynischen Lügen die Wahrheit über die Exekutionen von Katyn zu verschleiern, doch es wäre eine ebensolche Lüge, die Schuld dafür dem russischen Volk aufzubürden."

Die kurze Rede Putins stieß allerdings in Polen auf heftige Kritik, weil sie weder ein Bekenntnis zur Schuld der damaligen Moskauer Führung, noch eine Bitte um Vergebung enthielt. Auch hatte er vom „gemeinsamen Kampf" der Polen und Russen im Zweiten Weltkrieg gesprochen. Von polnischen Kommentaren wurde ihm dies als zynische Geschichtsfälschung angekreidet, denn 1940, als die polnischen Offiziere ermordet wurden, waren Nazi-Deutschland und die Sowjetunion im Rahmen des Ribbentrop-Molotow-Pakts noch faktisch Verbündete. Das einflussreiche Boulevardblatt *Fakt* gab seinem Kommentar dazu die Überschrift: „Neue Lügen!"

Drei Tage später, am 10. April, raste die polnische Präsidentenmaschine beim Landeanflug auf Smolensk im dichten Nebel in einen bewaldeten Hang und zerschellte. Alle 96 Personen an Bord fanden den Tod, darunter Lech Kaczyński und seine Frau, drei Vizepräsidenten des Parlaments, die fünf höchsten polnischen Generäle, drei Vizeminister und 18 Parlamentsabgeordnete. Der Streit um den Hergang des Unglücks riss erneut Gräben zwischen Warschau und Moskau auf, die Polen warfen den Russen vor, die Untersuchung zu behindern.

Es war für sie ein Déjà-Vu: Als die polnische Exilregierung 1940 nach ihren in sowjetische Gefangenschaft geratenen Offiziere suchen ließ, gab man sich im Kreml unwissend. Stalin log dem polnischen Premier Władysław Sikorski gar vor: „Sie sind geflohen, beispielsweise in die Mandschurei." Die gut getarnten Massengräber wurden 1943 nach Hinweisen aus der einheimischen Bevölkerung von Soldaten der Wehrmacht entdeckt. Der NS-Propagandaminister Joseph Goebbels beschuldigte die Sowjets der Täterschaft, doch den Propagandisten des Kremls gelang es, die Presse der Westalliierten sowie das Weiße Haus in Washington zu überzeugen, dass es die Deutschen gewesen seien.

Dies war auch die offizielle Position der kommunistischen Führung in Warschau. Doch nach der Wende gab der frühere Partei- und Staatschef Wojciech Jaruzelski zu, dass er sehr wohl den NKWD verdächtigt habe, aber dafür keine Beweise habe vorlegen können. Während der Perestroika hatte er einen Vorstoß unternommen: Er schlug Gorbatschow die Bildung einer gemeinsamen Historikerkommission zur Erforschung der „weißen Flecken der Geschichte" vor. Die polnischen Mitglieder der Kommission verlangten Einblick in die sowjetischen Archivmaterialien zu Katyn, bekamen aber zur Antwort, dass es solche Dokumente nicht gebe, da es sich ja um ein deutsches Verbrechen handle. Es war eine glatte Lüge. Wie später nach der Öffnung eines Teils der sowjetischen Geheimarchive bekannt wurde, hatte sogar Gorbatschow persönlich den Entwurf für den Exekutionsbefehl in der Hand gehabt, der die Unterschriften Stalins und weiterer Mitglieder der Parteiführung trug.

Doch ausgerechnet russische Historiker fanden eher zufällig Dokumente, die eindeutig die sowjetische Täterschaft belegten, und publizierten dazu. Nun musste der Kreml reagieren: Genau ein halbes Jahrhundert nach dem Massenmord veröffentlichte die Nachrichtenagentur TASS ein Kommuniqué über „eines der schwersten Verbrechen des Stalinismus“, doch wurde es darin als Eigenmächtigkeit des NKWD-Chefs Beria dargestellt. Es war eine weitere Lüge, denn es hatte sich um eine Entscheidung des Politbüros, somit der Staatsführung gehandelt.

Gorbatschow wurde innerhalb der Parteiführung heftig dafür kritisiert, dass er überhaupt dem Druck der Polen nachgegeben hatte. Aus diesem Grunde wies er noch 1990 den KGB, das Verteidigungsministerium und die Generalstaatsanwaltschaft an, nach Materialien zu suchen, die eine Schädigung der sowjetischen Seite durch Polen belegen sollten. Er wollte die Führung in Moskau für den Fall wappnen, dass Polen für die Ermordung von insgesamt 22.000 Kriegsgefangenen, meist Reserveoffiziere mit akademischer Bildung, Entschädigungen verlangen sollte.

Die mit der Suche beauftragten Experten wurden fündig: Die polnischen Klagen wegen Katyn sollten mit dem Hinweis auf das Schicksal von rund 18.000 Rotarmisten gekontert werden, die im polnisch-sowjetischen Krieg 1920 in Gefangenschaft geraten, aber nie nach Russland zurückgekehrt waren. Zwar legten russische Historiker dar, dass beide Fälle nicht zu vergleichen seien: Die meisten der Rotarmisten seien im Lager an Typhus gestorben, aber keinesfalls exekutiert worden. Doch das offizielle Moskau übergeht bis heute diese Einwände und wirft den Polen tatsachenwidrig vor, Tausende von Rotarmisten ermordet zu haben.

Das von Beria aufgesetzte Dokument, das Stalin und weitere Mitglieder der Parteiführung unterzeichnet hatten, ließ erst

Boris Jelzin 1993 in Kopie den Polen überreichen. Allerdings erfuhr die breite russische Öffentlichkeit nichts davon. Erst nach dem Flugzeugabsturz von Smolensk 17 Jahre später wurde es auf die Internetseite des russischen Staatsarchivs gestellt und innerhalb weniger Tage millionenfach angeklickt. Nach der Rückkehr Putins in den Kreml 2012 wurde die Seite gelöscht. In den der Zensur unterliegenden russischen Medien kamen in den letzten Jahren nur Historiker zu Wort, die Katyn wieder, wie zu Sowjetzeiten, als deutsches Verbrechen darstellen.

KRIM

Zwei vermeintliche Gewissheiten über die Halbinsel Krim wurden immer wieder in deutschen Talkshows und in manchen Kommentaren wiederholt: Sie sei „schon immer russisch" gewesen und ihre Angliederung an die Ukraine sei ein „Geschenk" des Kremlchefs Nikita Chruschtschow gewesen, der selbst Ukrainer war. In Wirklichkeit sind beide Behauptungen Legenden, die wenig mit der Wirklichkeit zu tun haben.

Viele Male rechtfertigte Putin die Annexion der Krim mit dem Argument, sie sei „urrussisches Land" oder gar ein „heiliger Ort Russlands". Allerdings kam die Halbinsel erst 1783 unter die Herrschaft der Zarin Katharina der Großen. Die einheimischen Krimtataren stellten dort bis Ende des 19. Jahrhunderts die größte Bevölkerungsgruppe; der Name der Halbinsel ist aus dem tatarischen *qirim* für „Festung" entstanden. Die Russen führten sich wie Kolonialherren auf, Kultur und Sprache der Krimtataren wurden unterdrückt, die Besitzer attraktiver Grundstücke wurden enteignet.

Die Zaren ließen Bauern vor allem aus der heutigen Ukraine im fruchtbaren Nordteil der Halbinsel ansiedeln. Sie wurde so auch für die sich im 19. Jahrhundert herausbildende ukrainische Intelligenzia ein Sehnsuchtsort, die Nationaldichterin

Lessja Ukrainka widmete ihr damals einen Gedichtzyklus. Dagegen siedelten sich begüterte Russen vor allem in dem Küstenstreifen um den aufblühenden Kurort Jalta an. Anton Tschechow, Maxim Gorki und Iwan Bunin trugen mit ihren Erzählungen dazu bei, den russischen Krim-Mythos zu schaffen.

Im Russischen Bürgerkrieg konstituierte sich eine Republik Krim, ihre Regierung strebte die Unterstellung unter den neugegründeten Völkerbund an. Doch die Bolschewiken zerschlugen nach ihrem Sieg im Bürgerkrieg alle autonomen Strukturen, sie ermordeten die Führer ihrer Gegner. Die Kollektivierung in der Landwirtschaft führte Anfang der dreißiger Jahre auch auf der Halbinsel zu einer Hungersnot. Stalin ließ überdies die Krimtataren, die sich gegen die kommunistischen Behörden auflehnten, blutig verfolgen; rund 150.000 von ihnen kamen während der Säuberungen zu Tode. Auch die Krimukrainer waren harten Repressionen ausgesetzt. Gleichzeitig ließ Stalin Russen ansiedeln, so dass bis zum Zweiten Weltkrieg ihr Anteil auf ein Drittel der Bevölkerung stieg.

Als die Wehrmacht nach schweren Kämpfen auf die Krim vorrückte, wurden die deutschen Soldaten in den tatarischen und ukrainischen Dörfern mit Blumen als Befreier begrüßt. Die Besatzer ließen die orthodoxen Kirchen und die Moscheen wiedereröffnen, sie lösten die Kolchosen auf, die Bauern erhielten ihre Häuser und Felder zurück. Doch mit politischen Rechten der einheimischen Bevölkerung hatte die NS-Führung nichts im Sinn, vielmehr sollten die Halbinsel und das Gebiet Cherson unter dem Namen „Gotengau“ ein nationalsozialistischer Musterbezirk werden: Er sollte Hunderttausenden von Deutschen neue Heimat werden, für sämtliche Krimrussen und ein Viertel der Krimukrainer war die Vernichtung vorgesehen; die Hälfte der verbliebenen Ukrainer sollte nach Sibirien abgeschoben werden.

Nach dem Rückzug der Deutschen beschuldigte Stalin die Ukrainer und Krimtataren der Kollaboration mit dem Feind.

Fast alle Führer der Tataren wurden umgebracht, die gesamte moslemische Bevölkerung wurde nach Sibirien und Kasachstan deportiert, rund 350.000 Personen; schon im ersten Winter erfroren Zehntausende von ihnen. Insgesamt überlebte ein Drittel die Verbannung nicht. Auch die Elite der einheimischen Ukrainer wurde verfolgt. In den Nachkriegsjahren ließ Stalin noch mehr Russen ansiedeln, so stellten sie erstmals in den fünfziger Jahren knapp die Mehrheit der Bevölkerung. Doch in den Agrarregionen, somit auf dem Löwenanteil des Territoriums, blieben die Ukrainer mit Abstand die größte Gruppe.

Ein Jahr nach dem Tod Stalins beschloss der Oberste Sowjet der UdSSR 1954 die Angliederung der Autonomen Sozialistischen Sowjetrepublik Krim an die Ukrainische Sozialistische Sowjetrepublik.

Mitnichten war es eine einsame Entscheidung des Ersten Sekretärs Nikita Chruschtschow. Denn dieser war in der damaligen „kollektiven Führung" nur die Nummer 5, nach vier Russen: Ministerpräsident Georgi Malenkow, Parlamentspräsident Kliment Woroschilow, Außenminister Wjatscheslaw Molotow und Verteidigungsminister Nikolai Bulganin. Russen stellten die Mehrheit auch im Obersten Sowjet. Die Unterstellung der Krim unter Kiew sollte die Realisierung von Großprojekten erleichtern, darunter der Nord-Krim-Kanal, Eisenbahn- und Straßentrassen sowie Hochspannungsleitungen vom Gebiet der Ukraine zur Krim. Den Erlass des Obersten Sowjets hat Woroschilow unterschrieben.

1991 bestätigten 54 Prozent der Wähler auf der Halbinsel die ukrainische Unabhängigkeitserklärung, also auch ein beträchtlicher Teil der Russen. In der älteren Generation stimmten die meisten allerdings dagegen, sie wollten die UdSSR erhalten und schauten arrogant auf die Ukrainer herab. Um nationalrussischen Aktivisten Wind aus den Segeln zu nehmen, gab Kiew der Krim den Status einer autonomen Republik mit weitgehender Steuer- und Kulturhoheit. Russisch, Ukrainisch und Tatarisch wurden gleichberechtigte Verwaltungssprachen, zumindest theoretisch. Faktisch überwog eindeutig das Russische, auch als Unterrichtssprache in den Schulen. Die Spannungen auf der Halbinsel nahmen in der Folge deutlich ab, zumal da Kiew auch die Regionalregierung in Simferopol subventionierte.

Bei der Volkszählung 2001 bezeichneten sich lediglich 58 Prozent der Einwohner der Halbinsel als Russen, 25 Prozent als Ukrainer, 12 Prozent waren Krimtataren. In den folgenden Jahren hat sich der Anteil der Russen durch Abwanderung noch weiter verkleinert, zum Zeitpunkt der Annexion 2014 stellten sie nur eine knappe Mehrheit der Einwohner.

Wie in allen anderen Regionen der zerfallenen Sowjetunion gab es auch unter den Russen auf der Krim traditionell starke Aversionen gegen den Moskauer Machtapparat. Man träumte nun von einer umfassenden Zusammenarbeit mit westlichen Touristikkonzernen – und davon, den Gewinn mit niemandem in Kiew und erst recht nicht in Moskau teilen zu müssen. Vorbild war Südtirol, das dank seines vor einem halben Jahrhundert zwischen Wien und Rom ausgehandelten Autonomiestatus zur prosperierenden Region geworden ist. Einheimische Geschäftsleute und Politiker äußerten die Befürchtung, dass die „gierigen Moskowiter" ihnen die Hotels, Firmen, Weinberge und Strände wegnehmen wollten. Kiew schützte sie davor und galt deshalb als das kleinere Übel.

Diese Grundstimmung schlug sich auch bei den Wahlen zum Krimparlament in Simferopol nieder. So brachte die für den Anschluss an Russland eintretende Partei „Einheit" bei den letzten freien Regionalwahlen ganze 4,0 Prozent der Wähler hinter sich. Die Kommunisten, die die UdSSR wiederherstellen wollen, kamen auf 7,4 Prozent. Doch die überwältigende Mehrheit der Wähler entschied sich für Parteien, die am Status Quo festhalten wollten.

Die Annexion entsprach also keinesfalls dem politischen

Willen der Mehrheit. Die Abgeordneten des Krimparlaments stimmten nur zu, weil schwerbewaffnete Soldaten sie bedrohten; deren Uniformen trugen zwar keine Hoheitszeichen, doch hatten sie zuvor die russische Trikolore gehisst. Durch die internationale Presse gingen sie als „grüne Männchen", Putin dementierte, dass es sich um Russen handelte: Solche Uniformen könne man „in jedem Supermarkt" kaufen. Auch erklärte er: „Es besteht nicht die Absicht, die Krim an Russland anzuschließen." Ein Satz, den Übelwollende in eine Reihe mit dem berühmten Ausspruch Walter Ulbrichts stellen: „Niemand hat die Absicht, eine Mauer zu errichten."

Der Vorsitzende der Vier-Prozent-Partei „Einheit", der russische Nationalist Sergej Axjonow, wurde auf diese Weise zum neuen Regierungschef der Krim gewählt. Putin rühmte sich später, dass russische Spezialeinheiten die Abstimmungen überwacht hätten. Als zweieinhalb Wochen nach der Besetzung des Parlaments in Simferopol die Bevölkerung am 16. März 2014 in einem Referendum über die politische Zukunft der Krim entscheiden sollte, riefen Tataren und Ukrainer zum Boykott auf. Das offizielle Ergebnis entsprach weder dem bisherigen Wahlverhalten noch der Zusammensetzung der Bevölkerung: Bei einer Beteiligung von 83 Prozent hätten 96,8 Prozent für den Anschluss an die Russische Föderation ausgesprochen. Die UNO-Vollversammlung erklärte das Referendum mit großer Mehrheit für illegal: bei 58 Enthaltungen, darunter China, stimmten 100 Staaten für die entsprechende Resolution und nur elf dagegen, darunter solche Musterdemokratien wie Kuba, Syrien, Nordkorea und Belarus – alle anderen ehemaligen Sowjetrepubliken erkannten das Referendum nicht an. Dass das Ergebnis des Referendums gefälscht war, stellten auch der Europarat sowie die OSZE unabhängig voneinander fest.

Wenige Tage nach der Abstimmung auf der Krim stellte der von Putin eingesetzte Rat für Menschenrechte in Moskau versehentlich eine interne Analyse auf seine Webseite. Darin hieß es, dass die Wahlbeteiligung lediglich zwischen 30 und 50 Prozent gelegen habe, nur zwischen 50 und 60 Prozent hätten für den Anschluss an Russland gestimmt. Nach diesen Zahlen, die schnell wieder von der Webseite verschwanden, haben also in Wirklichkeit nur zwischen 15 und 30 Prozent der Wahlberechtigten die Annexion gutgeheißen.

Putin führte zur Begründung für Annexion die angebliche Bedrohung der „russischen Landsleute" durch ukrainische Faschisten an. Später gab er offen zu, dass er den Einsatz russischer Spezialeinheiten befohlen habe, nur so sei ein „Blutbad" zu verhindern gewesen. Durch Wikileaks wurde bekannt, dass die Medaillen „Für die Befreiung der Krim", die Putin den daran beteiligten Offizieren verlieh, bereits 2013 geprägt wurden.

Amnesty International prangerte schwere Menschenrechtsverletzungen an, darunter Entführungen und Folterungen, von denen vor allem Krimtataren und Ukrainer betroffen waren – wie zu Sowjetzeiten. Und einheimische Geschäftsleute beklagten sich, dass sich ihre Befürchtungen über die „Moskowiter" bewahrheiteten: Enteignungen und Behördenwillkür sind an der Tagesordnung.

Im Westen wenig beachtet sorgte die Annexion auch in der Türkei für heftige Empörung. Die Türken fühlen sich den Krimtataren, die ja einst zum Osmanischen Reich gehörten, besonders verbunden. Auch sind im kollektiven Gedächtnis der Elite noch die militärischen Auseinandersetzungen mit dem Zarenreich präsent, zuletzt der Krimkrieg 1853 bis 1856. Junge Krimtataren können großzügig dotierte Stipendien für das Studium an türkischen Universitäten bekommen. Auch die Kaukasuskriege des 19.Jahrhunderts, bei denen die russische Armee Tausende von Angehörigen der einheimischen muslimischen Völker niedermetzelte, an erster Stelle Tscherkessen und Tschetschenen, haben ihren Platz im Blick der heutigen Türken auf Russland. Traditionell stört sich die türkische Führung am Bestreben der Russen, immer mehr Küsten des

Schwarzen Meeres zu kontrollieren. Hier dürfte der Grund zu suchen sein, warum Ankara die Lieferung der Bayraktar-Drohnen an die ukrainischen Streitkräfte genehmigt hat.

KYRILL I.

Wiederholt hat Kyrill I., Patriarch von Moskau und der ganzen Rus, mit Äußerungen zum Krieg in der Ukraine Schlagzeilen in der internationalen Presse gemacht. Allerdings nicht als ein Oberhirte, der die Gläubigen zu christlicher Nächstenliebe und Versöhnung aufruft, sondern als Scharfmacher, der eine pseudotheologische Rechtfertigung für den von Putin befohlenen Angriffs- und Vernichtungskrieg liefert. Dies hat ihm unter den Kirchenführern der orthodoxen Kirchen anderer Länder viel Kritik eingebracht, er hat sich mit seiner offensiven Verteidigung des Kremls weitgehend isoliert.

Als in den neunziger Jahren ein Teil der sowjetischen Archive vorübergehend der historischen Forschung zugänglich war, wurde bekannt, dass der junge Priester Wladimir Gundjajew, wie sein bürgerlicher Name lautet, seit 1972 als Informant des KGB geführt wurde. Er war damals 26 Jahre alt. Wenige Monate zuvor hatte er der Delegation der Russisch-Orthodoxen Kirche bei einer Tagung des Weltkirchenrats in Genf angehört, er galt also schon damals aus der Sicht des KGB als vertrauenswürdig. Er selbst hat dies stets bestritten, vielmehr habe er kritisch zum Sowjetregime gestanden. Dabei verwies er auf seinen Vater, der als Theologiestudent in der Stalinzeit drei Jahre Zwangsarbeit im Gulag leisten musste. Erst nach dem Krieg konnte der Vater zum Priester geweiht werden. Auch der Großvater des späteren Patriarchen war orthodoxer Geistlicher gewesen.

Allerdings vertreten Kenner der innerkirchlichen Verhältnisse in Russland die Auffassung, dass Kyrill ohne Unterstützung des KGB nicht in der Hierarchie aufgestiegen und Bischof geworden wäre. 1984 wurde er Metropolit von Smolensk. Während der Perestroika unter Gorbatschow äußerte er Kritik an der sowjetischen Invasion in Afghanistan und verurteilte wiederholt die Verbrechen des kommunistischen Regimes, dessen Anspruch, die Arbeiterklasse zu vertreten, habe „60 Millionen Menschen ausgelöscht", erklärte er später. Er unterstützte die Smolensker Abteilung der Menschenrechtsorganisation Memorial, die mit polnischen Historikern bei der Aufklärung des Massakers von Katyn zusammenarbeitete. Als er bereits Patriarch war, reiste er 2012 nach Warschau, um dort mit dem polnischen Primas Józef Kowalczyk eine „Gemeinsame Botschaft an die Völker Polens und Russland" zu unterzeichnen. Darin war die Rede von Versöhnung und der Überwindung der alten gegenseitigen Vorbehalte, das Dokument galt als Meilenstein im Dialog zwischen Katholiken und orthodoxen Christen.

Doch ein Jahrzehnt später, 2022, war von dem Kirchenführer, der für die Aufarbeitung dunkler Kapitel der Geschichte Russlands und die Aussöhnung mit den Nachbarn eintritt, nichts mehr zu spüren. Er ist der erste Propagandist des auch von Putin verkündeten antiwestlichen Konzepts der „Russischen Welt" *(Russki mir)* geworden. Möglicherweise glaubte er, in dem aus Argentinien stammenden Papst Franziskus, der gegen den „tödlichen Kapitalismus" predigte, einen Gleichgesinnten bei seiner Ablehnung der liberalen Demokratie gefunden zu haben. Jedenfalls trafen sich die beiden Kirchenoberhäupter 2016, es war die allererste Begegnung zwischen einem Papst und einem russischen Patriarchen, sie fand bezeichnenderweise auf dem Flughafen der kubanischen Hauptstadt Havanna statt, deren Führung sich dem Anspruch der USA, die Region zu kontrollieren, widersetzt.

Nach der Eskalation des russisch-ukrainischen Krieges im Februar 2022 machte Papst Franziskus mit seiner viel kritisierten Bemerkung, „die Nato kläfft vor den Toren Russlands", von sich reden, doch scheiterte er mit seinem Bemühen, sich selbst gemeinsam mit Kyrill als Vermittler anzubieten. Nach einem Telefonat mit ihm verbreitete der Vatikan, der Papst habe dem Patriarch vorgeworfen, „sich zum Messdiener Putins zu machen“, und halte ein weiteres Treffen für wenig sinnvoll.

Dabei war längst offensichtlich geworden, dass Kyrill als Vermittler kaum in Frage kam, da er und Putin sich schon in den vorangegangenen Jahren gegenseitig mit antiwestlichen Erklärungen überboten hatten. Der Patriarch warb offen für die Wiederwahl Putins, anschließend sprach er Dankgebete. Er lobte dessen Präsidentschaft als „Wunder Gottes“, in Russland herrsche nun eine „Symphonie von Kirche und Staat“. Der Kreml ließ als Gegenleistung der orthodoxen Kirche Unsummen aus dem Staatsbudget zukommen und von der Duma Gesetze verabschieden, die ihr eine privilegierte Stellung in der Gesellschaft garantieren.

Als die russischen Medien noch nicht völlig der Zensur unterlagen, sorgten Publikationen über Kyrills Hang zu Luxus und die von ihm angeblich angehäuften Reichtümer für großes Aufsehen. So trug er auf einem offiziellen Foto eine rund 30.000 Euro teure Armbandbanduhr. Er residiere in einem Palais, das einst der Zarenfamilie gehörte, und habe es mit extrem teuren Möbeln einrichten lassen; er nenne eine Jacht sein eigen, die ihm der Erdölkonzern Lukoil geschenkt haben soll; auf Kosten der Kirche sei er wiederholt in teure Kurorte in der Schweiz gereist, wo er ein ihm ebenfalls zugeschriebenes Chalet nutze. Sein persönlicher Reichtum beruhe auf seinem Anteil an dem Gewinn aus dem der Kirche gewährten Privileg, Zigaretten zollfrei aus Westeuropa einführen zu dürfen.

Doch in seinen Predigten warnt Kyrill immer wieder vor Einflüssen aus dem Westen. Er nennt Moskau das Dritte Rom, das nach der Ewigen Stadt am Tiber und nach Konstantinopel Mittelpunkt der Christenheit geworden sei. Die Lehre vom Dritten Rom geht auf den Großfürsten Iwan III. im 15. Jahrhundert zurück; er war mit einer Nichte des letzten byzantinischen Kaisers Konstantin XI. verheiratet, der bei der Eroberung von Konstantinopel 1453 den Tod gefunden hatte. Die russische Kirche war eng mit dem Zarentum verknüpft, eine Reformation kannte sie nicht, eine Laienbewegung hat sie nicht herausgebildet.

Ein noch weiter zurückliegender historischer Bezugspunkt ist für den Patriarchen die Taufe der Fürsten der Kiewer Rus im Jahr 988. Zu dem Reich gehörten Teile von Belarus und mehrere Regionen Russlands, darunter der Außenposten Moskau. Kyrill predigt, dass Russen, Belarussen und Ukrainer „aus dem gleichen Taufbecken hervorgegangen" und deshalb eigentlich ein Volk seien, das heute ungerechterweise in drei Staaten leben müsse. Mit dem Untergang der Kiewer Rus im Tatarensturm des 13. Jahrhunderts begann der Aufstieg Moskaus, das laut Kyrill legitimer Nachfolger Kiews als Zentrum der russischen Kirche geworden ist.

Er liefert dem Kreml damit die religionsgeschichtliche Begründung für den Anspruch, Kiew und auch Minsk wieder unter russische Kontrolle zu bringen. Er lobt Putin, weil dieser die Einheit der „Heiligen Rus" wiederherstellen wolle. Die russische Armee genieße dabei „göttliche Unterstützung", sie lasse sich vom „Oberbefehlshaber Gottes" leiten, dem Erzengel Michael. Unter Berufung auf derartige Lehrsätze segneten orthodoxe Priester die Waffen von Soldaten, die sich an der Invasion der Ukraine beteiligten, während sie die Einsegnung von Gräbern gefallener Ukrainer verweigerten. Reporter eines Fernsehkanals des Patriarchats, die aus dem Kriegsgebiet berichten, haben kleine Kopien von Ikonen auf ihre Stahlhelme geklebt. Kyrill verstieg sich sogar zu der Behauptung, dass Russen, die in diesem „metaphysischen Kampf des Guten gegen das Satanische" fielen, unmittelbar „das ewige Leben im Himmelreich erlangten". Im selben Sinne spricht der von Putin geförderte Tschetschenenführer Ramsan Kadyrow, der in seiner Heimatregion ein Terrorregime errichtet hat, von einem *Dschi-*

had, einem „heiligen Krieg", in dem seine besten Einheiten gegen den verderbten Westen kämpfen.

In Kiew entgegnet man, dass sich auch die deutschen Nationalsozialisten bei ihrem Vernichtungskrieg im Osten Europas auf die „göttliche Vorsehung" berufen hatten. Verwiesen wird auf die Gürtelschnallen der Wehrmachtssoldaten, über dem Reichsadler mit Hakenkreuz standen die Wörter „Gott mit uns".

Kyrill ficht dies nicht an. Er rühmt „den gemeinsamen Kampf der weltlichen und der geistlichen Macht" in Russland gegen die dekadenten, demoralisierenden Ideologien im Westen. Zum Krieg gegen die Ukraine erklärte er: „Wir wollen mit niemandem kämpfen. Man mag darüber staunen, doch ist es eine Tatsache, dass unser großes und mächtiges Land noch nie in der Geschichte irgendjemanden überfallen hat, es hat nur seine Grenzen geschützt." Leider hätten sich die Ukrainer dem Westen unterworfen und zum Bruderkrieg anstacheln lassen. In einem Brief an den Weltkirchenrat verurteilte Kyrill die Lieferung westlicher Waffen an Kiew. Noch schlimmer aber sei die „Umerziehung" der Ukrainer zu Feinden ihrer russischen Brüder.

Als Beispiel für die angebliche Dekadenz des Westens führte er die Love Paraden an. Die russische Regierung steht nach seinen Worten in der Pflicht, die Landsleute davor zu schützen. Denn derartige Umzüge von unzüchtig bekleideten Menschen verwischten die Grenze zwischen Gut und Böse, zwischen Sünde und Heiligkeit. In diesem Sinne rechtfertigte er den Einmarsch russischer Truppen in den Donbass mit dem Argument, dass die westlichen Mächte, die die ukrainische Regierung kontrollierten, die dort lebenden Menschen zur Teilnahme an „Schwulenparaden" zwingen wollten. Wer sich dem widersetze, werde von den Ukrainern auf Befehl der Regierenden im Westen „ausgelöscht". Ohnehin hätten diese den Konflikt im Donbass entfacht, um ein geopolitisches Konzept zur Schwächung Russlands durchzusetzen.

Bereits in früheren Jahren hatte Kyrill unter Berufung auf die Bibel Homosexualität als Sünde bezeichnet. Es sei Aufgabe der orthodoxen Kirche, eine Sünde auch Sünde zu nennen. Zwar stelle sich seine Kirche gegen die Verfolgung dieser Menschen, doch müsse der Staat verhindern, dass diese ihr sündiges Tun in der Gesellschaft propagierten. Die Legalisierung der „Homo-Ehe" in vielen westlichen Ländern sei ein Vorzeichen für deren unvermeidlichen Untergang. Nach seinen Worten wird es im Westen nur ein kleiner Schritt sein, nach der Homosexualität auch die Pädophilie zu legalisieren, beides seien die Menschen verderbende Instinkte: „Den Menschen unterscheidet vom Tier, dass er durch seinen Willen derartige Triebe im Zaum halten kann."

Als nicht minder schädlich für das Zusammenleben der Menschen bezeichnet Kyrill den Feminismus, der die Familien zerstöre. Er rechtfertigte 2012 die Verurteilung der Aktivistinnen von Pussy Riot mit den Worten, diese verrichteten die „Arbeit des Teufels". Den Verteidigern der russischen Feministinnen und der LGBT-Bewegung warf er vor, „teuflische Lügen" zu verbreiten, schmerzerfüllt beobachte er eine „sich in nie gekanntem Tempo ausbreitende Russophobie" im Westen. Bei dem gerechten Kampf des russischen Volkes gehe es um nichts Geringeres als die Rettung der Menschheit vor dem sündenbefleckten Westen.

Zwar teilen wohl die allermeisten orthodoxen Bischöfe in anderen Ländern Kyrills Haltung zu LGBT und Feminismus, doch mit seinem theatralischen Pochen auf den Anspruch, dass Russland heute Sachwalter des wahren Christentums sei, steht er allein. Seine Verteidigung des russischen Angriffskriegs hatte sogar zur Folge, dass sich die Führung und die meisten Pfarreien der bislang dem Moskauer Patriarchat unterstehenden Ukrainischen Orthodoxen Kirche von ihm losgesagt haben.

Die Lage der orthodoxen Christen, die in der Ukraine knapp 70 Prozent der Bevölkerung ausmachen, war in den ersten

Jahren nach der Erlangung der Unabhängigkeit 1991 zunächst überaus unübersichtlich. Denn vier verschiedene Glaubensgemeinschaften, die sich alle orthodox (= rechtgläubig) nannten, konkurrierten miteinander. Die bis zur Eskalation des Krieges mit Abstand größte war die nun in den Fokus geratene Ukrainische Orthodoxe Kirche des Moskauer Patriarchats, deren Liturgiesprache Russisch ist. Ihr wichtigstes Gotteshaus war bis Frühjahr 2023 die Kathedrale des berühmten Kiewer Höhlenklosters; ihr Oberhaupt war bis zum Mai 2022 Kyrill I.

Die Staatsführung der unabhängigen Ukraine stellte sich hingegen hinter das neugegründete Kiewer Patriarchat, an dessen Spitze der von Moskau abtrünnige Metropolit Filaret trat. Für den russischen Klerus hat er sich damit zum „Anti-Christen" gemacht. Doch da Filaret ebenfalls eine KGB-Vergangenheit hatte, ihm überdies ein unkeuscher Lebenswandel vorgeworfen wurde, wollten ihn die beiden anderen Gemeinschaften, die wiederum untereinander rivalisierten, nicht anerkennen: die frühere Untergrundkirche, die von den Kommunisten verfolgt worden war, und die Exilkirche, deren Führer nach Kiew zurückgekehrt waren. Allerdings galten diese ukrainischen Kirchen als „nicht kanonisch": Sie wurden von den orthodoxen Kirchen in anderen Ländern nicht anerkannt, somit auch nicht die von ihren Priestern gespendeten Sakramente wie Taufe und Eheschließung.

Mit dem Generationswechsel in ihren Führungen näherten sich die drei auf Unabhängigkeit von Moskau bestehenden Kirchen an, wobei auch Druck von Seiten der politischen Führung in Kiew sicherlich eine Rolle spielte. Erst schlossen sich die Nachfolger der Exilanten und der Untergrundkirche zusammen, schließlich wurde 2018 auch die Einheit mit dem Kiewer Patriarchat vollzogen. Die neue Gemeinschaft nannte sich Orthodoxe Kirche der Ukraine, ihre Predigtsprache ist Ukrainisch, und sie distanzierte sich entschieden von der Moskau unterstehenden Ukrainischen Orthodoxen Kirche.

Die Kiewer Kirche wirft den Moskowitern auch Reformfeindlichkeit vor, Kyrill verhalte sich mit seinem unchristlichen Nationalismus wie ein Anti-Christ.

Zu dessen großen Ärger gelang es den ukrainischen Metropoliten, die Unterstützung des Konstantinopler Patriarchen Bartholomeos zu gewinnen, der traditionell als *Primus inter Pares* unter allen orthodoxen Oberhäuptern gilt. Bartholomeos, der der griechisch-orthodoxen Minderheit in der Türkei entstammt, störte sich schon lange an der Auffassung Kyrills, dass der russischen Orthodoxie der höchste Rang in der Christenheit gebühre, und ging nun auf einen beispiellosen Konfrontationskurs gegenüber Moskau: 2019 erkannte er die neue ukrainische Gemeinschaftskirche an und hob den Kirchenbann auf, den das Moskauer Patriarchat über den selbsternannten Kiewer Patriarchen Filaret und andere ukrainische Bischöfe verhängt hatte.

Kyrill beschuldigte Bartholomeos daraufhin, für ein neues Schisma verantwortlich zu sein, doch fand er mit seiner Attacke gegen Konstantinopel nur wenig Unterstützung in anderen Ländern. In Kiew wird ihm unterstellt, dass er den Krieg Putins unterstützt in der Hoffnung, dass nach einem russischen Sieg die ukrainischen Kirchen entweder wieder ihm unterstellt oder als Organisationen liquidiert werden.

Die Orthodoxe Kirche der USA, der sowohl russische als auch ukrainische Emigranten angehören, forderte Bartholomeos auf, eine kirchenrechtliche Untersuchung gegen Kyrill wegen Häresie einzuleiten, weil sein Nationalismus der christlichen Lehre zuwiderlaufe. Die internationalen Reaktionen bedeuteten auch einen Etappensieg der ukrainischen Staatsführung in ihrem Kampf gegen das expansive Moskauer Konzept *Russki mir*.

Mit seiner Verteidigung des von Putin befohlenen Kriegs fügte Kyrill sich selbst eine noch viel größere Niederlage zu: Die Mehrheit der Bischöfe und Pfarreien der ihm unterstehenden

Ukrainischen Orthodoxen Kirche kehrte ihm den Rücken. Erst forderten mehr als 400 Priester in einem Offenen Brief von ihm, sich für eine sofortige Beendigung der Kampfhandlungen und den Rückzug der russischen Truppen einzusetzen. Als der Patriarch dieser Aufforderung nicht nachkam, beschloss ein Großteil der Priester, seinen Namen bei den Fürbitten in jedem Gottesdienst nicht mehr zu erwähnen.

Immer mehr Pfarreien wechselten zur Konkurrenzkirche, die sich entschieden hinter Präsident Wolodymyr Selenskyj stellte. Schließlich sagte sich auch die Führung der bislang Moskau unterstehenden Ukrainischen Orthodoxen Kirche am 27. Mai 2022 offiziell von Kyrill los. Allerdings gab es auch nicht wenige Priester des Moskauer Patriarchats, die ihm die Treue hielten und den russischen Angriffskrieg nicht verurteilen wollten. Der Abt des Kiewer Höhlenklosters spottete sogar über die neue ukrainische Gemeinschaftskirche, er bekam dafür Beifall aus Moskau, die ukrainischen Behörden aber ermittelten gegen ihn wegen Aufwiegelung zum religiösen Hass. Der Geheimdienst SBU durchsuchte mehrere Räume in dem Kloster, darunter auch Wohnungen von Geistlichen; ihnen wurde unterstellt, russische Saboteure zu unterstützen. Am Vorabend des orthodoxen Weihnachtsfests entzog Präsident Selenskyj 18 Priestern der Moskau verbundenen Kirche wegen ihrer Agitation für die Position des Kremls die ukrainische Staatsangehörigkeit. Der Pachtvertrag für das Höhlenkloster, dessen Eigentümer der ukrainische Staat ist, wurde zum 31. März 2023 gekündigt.

In einer Stellungnahme der Evangelischen Kirche in Deutschland wurde die Behauptung Kyrills, der Krieg werde im Namen und auf Geheiß Gottes geführt, Gotteslästerung genannt. Mit ungewöhnlich scharfen Worten warf Bundespräsident Frank-Walter Steinmeier in seiner Rede zur Eröffnung der Vollversammlung des Ökumenischen Rates der Kirchen von 2022 in Karlsruhe dem nicht anwesenden Moskauer Patriarchen vor, sich „mit den Verbrechen des Krieges gegen die Ukraine gemein gemacht“ zu haben und eine „als Theologie verbrämte totalitäre Ideologie“ zu vertreten. Kyrill führe seine Kirche auf einen „blasphemischen Irrweg“.

Dieser beschwerte sich über die angeblich die Realität verfälschenden Berichte über ihn in der internationalen Presse. Er sei bereit, mit Vertretern des Westens im Fernsehen zu diskutieren. „Doch sie haben Angst davor, weil das Recht auf unserer Seite ist, nicht auf ihrer“, erklärte er. Dass Großbritannien und Kanada ihn mit Sanktionen belegt haben und ihm die Einreise verweigern, kommentierte er mit dem Ausruf: „Das hat es nicht einmal im kalten Krieg gegeben!“ Die Regierung des katholischen Litauens schlug der EU-Kommission vor, ebenfalls Sanktionen über ihn zu verhängen, doch die Regierung des katholischen Ungarns unter Viktor Orbán blockierte diesen Vorstoß.

LENIN

Für die Russisch-Orthodoxe Kirche ist es ein großes Ärgernis, dass die sterblichen Überreste des russischen Revolutionärs fast ein Jahrhundert nach seinem Tod immer noch in einem gläsernen Sarg im Lenin-Mausoleum auf dem Roten Platz ausgestellt werden. Allerdings handelt es sich laut Berichten der russischen Presse, die aus der Zeit vor der Rückkehr der Zensur stammen, seit langem um eine Wachspuppe. Dabei hatte Wladimir Iljitsch Uljanow (1870-1924), wie er mit bürgerlichem Namen hieß, in seinem Testament selbst verfügt, dass man ihn neben seiner Mutter und seiner Schwester begraben solle. Zu Sowjetzeiten wurde er posthum wie eine Gottheit verehrt; dass er der Initiator des Roten Terrors und somit der Schreibtischmörder von Hunderttausenden war, gehörte zu den Tabuthemen. Ebenso die Kuriosität, dass er als Vorbild für einen idealen Staatsaufbau die deutsche Reichspost zu Kaisers Zeiten lobte.

In vielen russischen Städten stehen bis heute Lenin-Denkmäler. Zwar bekam die Millionenstadt Leningrad, in der Putin geboren wurde, wenige Monate vor der Auflösung der Sowjetunion Ende 1991 wieder ihren alten Namen Sankt Petersburg, doch der sie umgebende Regierungsbezirk heißt nach wie vor *Leningradskaja oblast*. Im Baltikum und der Westukraine wurden die Lenin-Denkmäler mit der Erlangung der Unabhängigkeit 1991 abgebaut, in Kiew das letzte mit der Orangen Revolution von 2004. Doch im Donbass und anderen russischsprachigen Regionen der Ukraine blieben sie bis 2014. Erst nach der russischen Invasion in der Ostukraine verschwanden sie in den Gebieten, in denen die Ukrainer die Oberhand behielten.

Putin hatte in seinen ersten Jahren als Kremlchef angekündigt, dass Lenins Vermächtnis, was seine Beerdigung angeht, erfüllt werden solle. Doch übte er auch scharfe Kritik an ihm: Er habe mit der Aufspaltung des Staates in mehrere Sowjetrepubliken eine „Bombe mit Zeitzünder" gelegt. Das spielte darauf an, dass die bislang völlig von Moskau dominierten Sowjetrepubliken mit dem Untergang der UdSSR souveräne Staaten geworden sind. Er verkündete sogar, dass die Ukraine nie in der Geschichte existiert habe, sie sei eine Erfindung Lenins. Es war ein weiteres Beispiel für die Geschichtsklitterung Putins, denn fast zeitgleich mit der Machtergreifung der Bolschewiken in Petrograd, wie die Hauptstadt des Zarenreichs während des Ersten Weltkriegs hieß, wurde im November 1917 in Kiew die unabhängige Ukraine ausgerufen – ganz ohne Zutun Lenins, den die ukrainische Elite als Feind betrachtete.

Obwohl Putin wiederholt Lenin diese „Bombe" vorgeworfen hat, ließen manche der vom Kreml eingesetzten Verwaltungschefs in den besetzten Gebieten der Ukraine die abmontierten

Lenindenkmäler wiedererrichten. Bei den Moskauern aber steht Putin nach wie vor im Wort, Lenin endlich traditionell beisetzen zu lassen.

LGBT

Vielerlei Abkürzungen sind für Gemeinschaften nicht-heterosexueller Menschen im Umlauf wie LGBTQIA2S+, LGBTQQIP2SAA oder gar Lgbtiqcapgngfnba. Im Osten Europas beschränken sich Mitglieder, Unterstützer wie Gegner dieser Gemeinschaften auf das Kürzel LGBT, das für die englischen Vokabeln *lesbian gay bisexual transsexual* steht. Die russische Führung unter Putin sieht in der „LGBT-Ideologie" eine Gefahr für die Gesellschaft und hat diskriminierende Gesetze durchgesetzt. Der ungarische Premier Viktor Orbán und die nationalkonservative Regierungspartei PiS in Polen teilen diese Haltung, doch die Verfassungen ihrer Länder sowie die EU lassen eine administrative Repression wie in Russland nicht zu. Von dort aber fließen Gelder an Organisationen homophober katholischer Fundamentalisten an der Weichsel, weil diese zur Spaltung der polnischen Gesellschaft beitragen. Auch das umstrittene *Radio Maryja*, das den Kampf gegen LGBT und die „dekadente EU" zu ihren Hauptanliegen gemacht hat, kann auf russische Unterstützung zählen.

Die Fundamentalisten berufen sich auf den polnischen Papst Johannes Paul II., der sich obsessiv mit der Sexualität der Menschen befasste und nur Geschlechtsverkehr zwischen Ehemann und Ehefrau als gottgefällig bezeichnete. Bei allen Differenzen zwischen dem Vatikan und dem Moskauer Patriarchat – hier waren sich die Kirchenoberhäupter einig.

Wohl die große Mehrheit der russischen Gesellschaft ist ablehnend bis feindlich gegenüber LGBT-Personen eingestellt. Die Gebote der orthodoxen Kirche spielen hierbei eher eine geringe Rolle, denn nur eine Minderheit der Russen nimmt am religiösen Leben teil. Vielmehr ist es auch ein Erbe der rigiden Sexualmoral in der Sowjetunion. Homosexuelle Kontakte wurden damals vom kommunistischen Regime kriminalisiert, das Strafmaß lag meist bei fünf Jahren Gefängnis oder Gulag. Oder sie galten als Symptom einer Geisteskrankheit, viele von den Behörden identifizierte Homosexuelle kamen in die berüchtigten psychiatrischen Anstalten, in denen die Insassen psychischen und physischen Torturen ausgesetzt waren. Sexualaufklärung war weder in den Schul-, noch Fernseh- oder Verlagsprogrammen vorgesehen, das Wort von den „verklemmten Genossen" fand Eingang in die populärwissenschaftliche Literatur über die sowjetische Gesellschaft.

Auch im postsowjetischen Russland werden die Jugendlichen nicht im Unterricht aufgeklärt. Immerhin sind seit 1993 homosexuelle Handlungen unter Volljährigen kein Straftatbestand mehr, sechs Jahre später wurde Homosexualität von der Liste der Geisteskrankheiten gestrichen. Doch zu diesem Zeitpunkt waren die Verfechter einer liberalen Gesellschaftsordnung in Politik und Medien längst ins Hintertreffen geraten. Mit dem Einzug Putins in den Kreml Anfang 2000 übernahmen noch mehr Konservative und Reaktionäre Schlüsselpositionen in der Kultur- und Bildungspolitik.

Die Verfassung der Russischen Föderation definiert Ehe als Verbindung von Mann und Frau. Eine Legalisierung homosexueller Partnerschaften oder gar eine gleichgeschlechtliche Ehe ist daher ausgeschlossen. Somit ist inoffiziell zusammenlebenden gleichgeschlechtlichen Paaren auch die Adoption von Kindern nicht möglich.

Ebenso wenig erlauben die Behörden Paraden von LGBT-Gruppierungen. Eine Kundgebung für die Gleichberechtigung Homosexueller endete in Moskau 2006 mit Attacken rechtsradikaler Gegendemonstranten und einem brutalen Polizeieinsatz. Dabei wurde auch der Grünen-Abgeordnete Volker

Beck verletzt, der aus Solidarität mit den russischen Gays daran teilgenommen hatte. Bilder von dem blutenden Beck mit zerbrochener Brille druckten viele deutsche Zeitungen ab. Die Stadt Moskau hatte den Umzug der Demonstranten aus „moralischen und ethischen Gründen" verboten.

Mit der Begründung, Kinder und Jugendliche müssten in ihrer Entwicklung vor „Entartung" geschützt werden, verabschiedete die Duma mit ihrer Mehrheit aus Gefolgsleuten Putins 2013 ein Gesetz, das „Propaganda für nichttraditionelle sexuelle Beziehungen" in Gegenwart von Minderjährigen sowie in den Medien und im Internet verbietet. 2022 folgte ein umfassenderes Gesetz, das jegliche positive oder neutrale Darstellung von Homosexualität als „LGBT-Propaganda" zum kriminellen Akt erklärt. Verstöße dagegen werden von Bürgerinitiativen, die sich etwa „Erste moralische russische Front" oder „Russische Eltern" nennen, an die Behörden gemeldet, das alte sowjetischen Denunziantentum lebt wieder auf.

Gegen dieses Gesetz protestierte Daria Kassatkina, die beste russische Tennisspielerin, und gab gleichzeitig bekannt, dass sie selbst lesbisch sei und eine Beziehung zu einer Frau führe, der Eiskunstläuferin Natalja Sabijako, die bei der Olympiade 2018 eine Silbermedaille gewonnen hat. Kassatkina verurteilte auch den russischen Angriff auf die Ukraine. Sie lebt in Spanien und ist sich im Klaren darüber, dass sie in absehbarer Zeit nicht nach Russland zurückkehren kann. Russische Nationalisten griffen sie im Internet als „sittenlose Verräterin" an.

Nicht nur Internetseiten, sondern sogar der Staatssender *Rossija-1* attackierte die Initiatoren der „Vereinigung von LGBT-Soldaten, -Veteranen und -Freiwilligen", die in den ukrainischen Streitkräften gegründet wurde und auch das Placet des Verteidigungsministeriums in Kiew bekam. Ihre Namen und Adressen verbreiteten sich im russischen Internet, verbunden mit der Aufforderung, diese als nicht lebenswerte Subjekte bei Gefangennahme sofort zu vernichten.

Nach den Worten Putins, der bekannt ist für machohaftes Auftreten und zotige Aussprüche, werden in Russland die Rechte sexueller Minderheiten in keiner Weise beschnitten. Doch gebe es Ausnahmen, etwa in Tschetschenien. Dort sind homosexuelle Handlungen auch unter Erwachsenen ein Verbrechen. Der kremltreue Tschetschenenführer Ramsan Kadyrow, den Putin mit dem Orden „Held Russlands" ausgezeichnet hat, sprach wiederholt Todesdrohungen gegen Homosexuelle aus. Nach Berichten von Menschenrechtsorganisationen werden in der Region Homosexuelle, von denen die Behörden Kenntnis erlangen, willkürlich festgenommen und gefoltert, es gab Hinrichtungen ohne Gerichtsverfahren. Putin sagte dazu nur, dass Moskau auf die inneren Verhältnisse Tschetscheniens keinen Einfluss habe, auch dies eine offenkundige Lüge. Den Tatsachen dürfte hingegen sein Hinweis entsprechen, dass die Zulassung der „Schwulenehe" in den islamisch geprägten Gesellschaften im Nordkaukasus zu Mord und Totschlag führen würde.

In seiner Rede zur Begründung der sogenannten „Spezialaktion" gegen die Ukraine führte er an: „Der Westen versucht, unsere traditionellen Werte zu zerstören und uns seine Pseudowerte aufzudrängen, die unser Volk von innen zersetzen sollen, all diese Ideen, die er längst bei sich in aggressiver Weise durchsetzt und die nur zu sittlichem Verfall und Entartung führen, denn sie laufen der menschlichen Natur zuwider." Bei einer anderen Gelegenheit erklärte Putin, im Westen würden Priester gezwungen, homosexuelle Ehen zu segnen. Das russische Volk werde nie den „totalitären Liberalismus" akzeptieren, die Verneinung des Glaubens und der traditionellen Werte sei Satanismus. Doch die „drogenabhängige und homosexuelle Führung in Kiew" sei bereits von diesem Laster befallen.

Als Beispiel für die angebliche Dekadenz des Westens verwies Putin auf die Angriffe auf Joanne K. Rowling, die Verfasserin der Harry-Potter-Romane, nachdem diese das biologische Geschlecht als reale Tatsache bezeichnet und sich darüber belustigt hatte, dass extreme Verfechter der Gendertheorien Frauen nicht als Frauen bezeichnen wollen. Rowling kommentierte die Äußerung Putins mit den Worten, sie könne auf die Unterstützung durch einen „blutrünstigen Diktator“ gern verzichten.

Putin spottete: „Im Westen gibt es Dutzende Geschlechter, sogar Transformatoren.“ Kremlnahe Politiker und Publizisten führten als Beleg für den Sittenverfall im Westen ganz ernsthaft Conchita Wurst an, die Dragqueen mit Vollbart, die 2014 den European Song Contest gewonnen hat. Die Europäische Union wird in diesen Moskauer Kreisen gern „Gayropa“ genannt.

In diesem Klima machen homophobe Schlägertrupps immer wieder Jagd auf Gays und Lesben, ohne dafür strafrechtlich zur Verantwortung gezogen zu werden. In vielen Fällen wurden die Opfer mit grünem Farbspray markiert, das Desinfektionsmittel symbolisieren soll. Eine solche hasserfüllte Attacke haben zwei der Mitglieder der Frauenband Pussy Riot erlebt. Allerdings zeigte der Fall Pussy Riot, der 2012 Schlagzeilen machte, auch, wie tief die Missverständnisse zwischen der russischen und den westlichen Gesellschaften sind: Dass drei der Sängerinnen wegen eines „Punkgebets“ in der Moskauer Erlöserkathedrale zu zwei Jahren Gefängnis verurteilt wurden, hat im Westen eine Welle von Protesten ausgelöst. Diese richteten sich vor allem gegen die harte Strafe für die Aktion, die in Westeuropa wohl mit mehreren Wochenenden gemeinnütziger Arbeit geahndet worden wäre. Doch in Russland wurden die Proteste als Verteidigung einer Gotteslästerung durch Aktivistinnen der LGBT-Ideologie aufgefasst.

Immer wieder wurde dem russischen Dachverband LGBT-Net die Webseite blockiert. 2021 setzte das Justizministerium die Organisation auf die Liste „ausländischer Agenten“, die angeblich vom Ausland Geld bekommen, um die russische Gesellschaft zu zersetzen. Von Ermittlungen der Behörden verschont blieben dagegen die Aktivisten der „Säge gegen LGBT" *(Pila protiw LGBT).* Der Verein, dessen Namen auf die amerikanischen Kettensägenmassaker-Horrorfilme Bezug nimmt, stellt die Adressen von LGBT-Personen ins Internet, ruft zu Attacken auf sie auf, verlangt von Banken, ihnen die Konten zu kündigen, und von den staatlichen Gesundheitszentren, sie von den Patientenlisten zu streichen. Die Pila-Webseite nennt keine Verantwortlichen, diese ziehen es vor, aus der Anonymität zu agieren. Unter der Rubrik „Vereinszweck" ist angegeben: Humor und Unterhaltung.

MAIDAN

Das Wort Maidan kam aus dem Persischen über das Türkische in das Ukrainische, es bedeutet „Platz". Der berühmt gewordene Platz in Kiew änderte wiederholt seinen Namen, wobei jeweils in der Amtssprache ein Adjektiv dem russischen Wort für „Platz" – *ploschtschad* – vorangestellt wurde: Zunächst hieß er Mitte des 19. Jahrhunderts, als er noch Marktplatz war, *Kreschtschazkaja*, weil er am Kreschtschatik liegt, der Hauptachse durch das Zentrum. Nachdem auf ihm das Gebäude des Stadtrats, der *Kiewskaja Duma*, errichtet wurde, hieß er ab 1871 offiziell *Dumskaja.* Nach der Machtergreifung der Bolschewiken wurde er in *Sowjetskaja* umbenannt, ab 1935 war der Namenspatron der Schreibtischmörder Michail Kalinin, den Stalin zum Vorsitzenden des Obersten Sowjets, somit formal zum Staatsoberhaupt der UdSSR gemacht hatte. Unter deutscher Besatzung im Zweiten Weltkrieg hieß er „Platz des 19. Septembers", an diesem Tag hatte die Wehrmacht fast kampflos 1941 Kiew eingenommen.

Beim Wiederaufbau des Kreschtschatiks und des Platzes im sowjetischen Monumentalstil kamen Tausende deutsche Kriegsgefangene zum Einsatz. 1977 stand aus Anlass des

60. Jahrestags der sogenannten Oktoberrevolution die nächste Umbenennung an: *Oktjabrskaja ploschtschad*. Auch wurde auf ihm ein riesiges Denkmal errichtet, dessen zentrale Figur ein fast neun Meter hoher Lenin aus rotem Granit war. Doch der russische Revolutionär, auf dessen Befehl die Rote Armee die kurze ukrainische Unabhängigkeit 1921 beendet hatte, hielt sich dort nur knapp anderthalb Jahrzehnte: Mit der Erlangung der Unabhängigkeit ließen die neuen Stadtväter das Denkmal schleifen. Auf seinem Sockel thronte zunächst ein riesiger Bildschirm, über den vor allem Reklameclips flimmerten. Auch wurde die russische Bezeichnung *ploschtschad* offiziell gestrichen und durch das ukrainische *maidan* ersetzt.

Zum 10. Jahrestag der Unabhängigkeit der Ukraine bekam der Platz ein neues Gesicht: Auf einer Seite entstand ein halbkreisförmiger Glasbau mit einem Einkaufszentrum, das sich unterirdisch unter dem gesamten Platz erstreckt. Oberirdisch überragt ihn das 63 Meter hohe Unabhängigkeitsdenkmal, an dessen Spitze symbolisiert eine Frauenfigur, die über ihrem Kopf einen Zweig mit Früchten trägt, die Ukraine. Es handelt sich um eine Bereginja, laut der altslawischen Mythologie eine gute Fee, die Schätze hütet. Wegen der kitschigen Mischung aus Barock und Empire ist das Denkmal unter den Kiewer Intellektuellen bis heute überaus umstritten.

Bereits ein Jahr vor der Erlangung der Unabhängigkeit war der Maidan Schauplatz einer Kundgebung, an der mehr als 100.000 Menschen teilnahmen, dazu aufgerufen hatte Ruch (Bewegung), ursprünglich eine Bürgerinitiative für Demokratie, die zu einer Massenorganisation geworden war. Die Demonstranten forderten Neuwahlen mit einem Mehrparteiensystem, die Ablehnung des von Gorbatschow propagierten Föderationsvertrags, der den Fortbestand der UdSSR mit erweiterten Rechten für die einzelnen Sowjetrepubliken garantieren sollte, sowie die Einberufung von Wehrpflichtigen aus der Ukraine nur auf ukrainisches Territorium. Bislang hatte für die

Sowjetarmee das Prinzip gegolten, dass der Wehrdienst möglichst weit entfernt von den Heimatorten geleistet werden musste. Es war die Zeit der großen Wirtschaftskrise mit galoppierender Inflation und Bettlern auf den Straßen, für die der Kreml unter Gorbatschow verantwortlich gemacht wurde. Da der Oberste Sowjet in Kiew mangels Kompetenzen keine der Forderungen umsetzte, schlugen Studenten auf dem Maidan Zelte auf, ein Teil trat in den Hungerstreik. Die Protestaktionen endeten nach drei Wochen, nachdem die seit Beginn der Perestroika Gorbatschows amtierende Regierung der Ukrainischen Sowjetrepublik zurückgetreten war.

Vierzehn Jahre später wiederholten sich im Spätherbst 2004 die Dinge während der Orangen Revolution: Wieder erzwangen Hunderttausende Demonstranten den Abgang des Regierungschefs, dieses Mal war es Viktor Janukowitsch, zu dessen Gunsten zuvor in ebenso dreister wie plumper Weise die Präsidentenwahlen gefälscht worden waren. An der Entwicklung hatte Putin ungewollt großen Anteil: Er hatte im vorangegangenen Wahlkampf Janukowitsch, den Mann der ostukrainischen Oligarchen, offensiv unterstützt. Doch mit seinen aufdringlichen Ratschlägen erreichte er genau das Gegenteil, die Farbe Orange wurde nicht nur zum Symbol für den Wunsch nach Demokratie, sondern auch für die Auflehnung gegen moskowitische Arroganz. Auch die russischsprachigen Kiewer manifestierten auf dem Maidan massenweise ihr ukrainisches Nationalbewusstsein.

Mehrere Wochen lang strömten Zehntausende, an manchen Tagen Hunderttausende mit orangen Armbändern und Schals auf den Platz, auch bei Schneeregen oder klirrendem Frost. Er wurde auch Schauplatz eines großen, fröhlichen Happenings. Es gab Rock- und Popkonzerte, manchmal auch einen Gottesdienst unter freiem Himmel. Am späten Abend wurden nach dem kollektiven Absingen der Nationalhymne, angestimmt von einem der bekanntesten Tenöre des Landes, die Lichtreklamen auf den Häusern am Platz und die Beleuchtung der provisorischen Bühne abgeschaltet. Im Licht von Tausenden Kerzen beteten die Kiewer für Frieden im Lande.

Einige der Aktivistengruppen, die zu den Kundgebungen auf dem Maidan aufriefen, wurden von Stiftungen in mehreren EU-Ländern und den USA finanziell unterstützt. Doch war das westliche Engagement nicht entscheidend für den Erfolg der Orangen Revolution. Der Hauptgrund war in der Westerfahrung zu suchen, die Hunderttausende junger Ukrainer inzwischen gemacht hatten: Sie wollten in einem Land leben, in dem die Verwaltung funktioniert, in dem nur dem Gesetz verpflichtete Richter Recht sprechen. Eine bessere Zukunft für ihre Gesellschaft sahen die Demonstranten in einer Annäherung an die demokratischen Staaten des Westens, nicht aber in der Kleptokratie Putins mit seinen eingeschränkten Bürgerrechten. Man sah, wie die Nachbarn, nämlich die Polen und die Ungarn, die wenige Monate zuvor der EU beigetreten waren, ein Wirtschaftswunder erlebten. Abwegig ist daher die Version, der CIA habe in Kiew einen Putsch organisiert; schon allein die Euphorie, mit der Hunderttausende auf die Straßen gingen, widerlegt diese auch von Putin gern zum Besten gegebene Version.

Vielmehr war die Orange Revolution ein demokratischer Aufbruch, ein Massenprotest gegen das korrupte Oligarchensystem, für das Janukowitsch stand. Es war ein Fanal für die Ukraine wie für die Tschechen der Prager Frühling 1968, für die Polen der Sommer der Solidarność 1980, für die Ostdeutschen der Wendeherbst 1989. Es war auch die psychologische Emanzipation Kiews von Moskau, die Rückkehr in die große Geschichte.

Putin aber sah darin einen strategischen Plan, Russland einzukreisen und ihn letztlich von der Macht zu verdrängen. Es war eine für ihn typische Verschwörungstheorie. Denn in Wirklichkeit hatte es im Westen keinerlei Konzepte gegeben, Kiew gegen Moskau auszuspielen, schon allein deshalb, weil die Stabilität des gesamten postsowjetischen Raums im Interesse sowohl der USA als auch der EU lag: als Voraussetzung für den Ausbau der Wirtschaftsbeziehungen. Auch hoffte man, dass eine stabile Ukraine positiv auf Russland abstrahlen würde. Doch Putin reagierte überaus gereizt auf den neuen ukrainischen Präsidenten Juschtschenko, der die von der Orangen Revolution erzwungenen Wiederholung der Präsidentenwahl gewonnen hatte. Die meisten Entscheidungsträger im Westen wollten jedoch nicht sehen, dass er in keiner Weise an Demokratisierung und Stabilisierung der Nachbarn interessiert war. Nach Berichten von Zeitzeugen nannte Putin den bei der Wahl unterlegenen Janukowitsch einen Schwächling.

Neun Jahre später, im Spätherbst 2013, wurde der Maidan erneut Schauplatz von Massenprotesten gegen Janukowitsch, der dem glücklosen Juschtschenko im Amt des Staatspräsidenten nachgefolgt war. Denn Janukowitsch hatte nach jahrelangen Verhandlungen über eine EU-Assoziierung eine Kehrtwende gemacht und Verhandlungen über einen Anschluss der Ukraine an die von Putin vorangetriebene Eurasische Wirtschaftsgemeinschaft angekündigt. Dies hätte bedeutet, dass Kiew sich erneut von Moskau abhängig machen würde und der Weg nach Westen versperrt wäre.

In Brüssel und in Berlin war unterschätzt worden, wie energisch Putin kämpfen würde, um die Ukraine unter Kontrolle zu bringen. Denn während der jahrelangen Verhandlungen zwischen Kiew und Brüssel über ein Assoziierungsabkommen hatte der Kreml keine Einwände erhoben. Der Vorwurf, es beeinträchtige erheblich die Wirtschaftsinteressen Russlands, wirkt deshalb nachgeschoben. Die vom Kreml kontrollierten russischen Medien starteten eine vehemente Kampagne gegen die angeblichen Hooligans und Faschisten auf dem Maidan, hinter denen der Westen stehe. Die wenigen Redaktionen, die sich noch nicht der Zensur unterworfen hatten, verwiesen darauf, dass Putin fürchte, die Demonstrationen könnten auf

Russland überspringen. Erst zwei Jahre zuvor war es in Moskau zu wochenlangen Protesten gegen offenkundige Manipulationen bei seiner Wiederwahl gekommen.

Auch viele westliche Medien stellten rechtsradikale Gruppierungen auf dem Maidan in den Mittelpunkt ihrer Berichterstattung, obwohl diese in Wirklichkeit nur eine Nebenrolle spielten. Das Geschehen bestimmten vielmehr Demonstranten, die unter dem Sternenbanner der Europäischen Union die Ausrichtung ihres Landes nach Westen forderten, sie nannten den Platz deshalb auch „Euromaidan". Da das russische Wort für „Euro" (*jewro*) ähnlich klingt wie *jewrej* (Jude), verbreiteten russische Nationalisten, dass es sich bei den Kundgebungen um ein neues Kapitel der „jüdischen Weltverschwörung" gehandelt habe.

Im Februar 2014 kamen bei Schießereien im Zentrum Kiews mehr als 100 Menschen zu Tode. Bislang wurde nicht aufgeklärt, wer die Schützen waren, vermutet werden Angehörige der Spezialeinheit der ukrainischen Polizei „Berkut", die von der russischen Seite angeworben worden waren und sich noch während der Ermittlungen nach Russland absetzten.

Es gehört zu den Legenden um den Euromaidan, dass die neue ukrainische Regierung durch einen Staatsstreich ins Amt gekommen sei. In Wirklichkeit wurde sie vom demokratisch legitimierten Parlament gewählt. Rechtlich umstritten war wohl die Absetzung Janukowitschs als Präsident nach seiner Flucht nach Russland. Doch wurde die Wahl seines Nachfolgers Petro Poroschenko auch von Moskau anerkannt.

MARIUPOL

Die Hafenstadt Mariupol wurde zum Symbol für den russischen Vernichtungskrieg – in gleicher Weise wie die tschetschenische Hauptstadt Grosny und die syrische Millionenstadt Aleppo, in denen ebenfalls ganze Bezirke durch Flächenbombardements auf Befehl des Kremls zerstört wurden. Bis zu ihrer Belagerung zählte die Stadt am Asowschen Meer rund 440.000 Einwohner, mehr als 95 Prozent nannten Russisch ihre Muttersprache. Nach der Definition Putins waren es also Russen, die er bombardieren ließ, obwohl er wiederholt behauptete, die „Spezialoperation" diene der Rettung der angeblich vom Genozid durch ukrainische Faschisten bedrohten Landsleute.

Mariupol wurde nach der Eroberung der Nordküste des Schwarzen Meeres durch die russische Armee unter Katharina der Großen gegründet. Sie ließ dort auch mehrere Tausend Griechen ansiedeln, die aus dem Osmanischen Reich geflohen waren. Rund ein Fünftel der Einwohner stammte angeblich von diesen griechischen Siedlern ab, auch wenn seit Generationen kaum noch jemand Griechisch sprach. Doch wurde das griechische Erbe nach der Sowjetzeit wiederentdeckt und gepflegt. Viele Spitzenpolitiker aus Athen, sogar der Staatspräsident, haben Mariupol besucht; Pfarrgemeinden, Schulen, Orchester und Chöre, Sportvereine pflegten Partnerschaften nach Griechenland.

Zu Zeiten der Sowjetunion waren all diese Kontakte in ein kapitalistisches Land nicht möglich, zumal Griechenland seit 1952 auch der Nato angehörte. Die Stadt wurde 1948 nach dem kurz zuvor verstorbenen stalinistischen Spitzenfunktionär Andrej Schdanow benannt, der dort geboren wurde. Schdanow, der über keinen Schulabschluss verfügte und als ungebildet galt, wurde in den Nachkriegsjahren von Stalin mit der Durchsetzung einer repressiven Kulturpolitik beauftragt, in der führende Kulturschaffende, darunter die Dichterin Anna Achmatowa und Boris Pasternak, der Komponist Dmitri Schostakowitsch und der Filmregisseur Sergej Eisenstein, als „Speichellecker des Westens" attackiert wurden. Während der Perestroika bekam die Stadt ihren alten Namen zurück.

Zur Sowjetzeit wurde der Hafen ausgebaut, unmittelbar daneben entstanden die Asow-Stahlwerke, die im Frühjahr 2022 heftig umkämpft waren und dabei weitgehend zerstört wurden. Bereits 2014 hatten russische Einheiten, die indes als einheimische Separatisten auftraten, die Stadt angegriffen. Doch gelang es dem Asow-Regiment, das von Mariupoler Oligarchen finanziert wurde, die Angreifer zurückzuschlagen.

Im Januar 2015 wurden bei einem Raketenangriff mindestens 30 Einwohner der Stadt getötet, die Raketen waren vom Gebiet der sogenannten Volksrepublik Donezk abgeschossen worden. 2018 versuchte die russische Marine, die Zufahrt zum Hafen von Mariupol durch die Meerenge von Kertsch für ukrainische Schiffe zu blockieren. All diese militärischen Aktionen auf Befehl des Kremls führten dazu, dass sich Umfragen zufolge in der Stadt die traditionelle russlandfreundliche Stimmung diametral änderte. Ihren Teil trugen auch die Nachrichten aus der benachbarten „Volksrepublik“ bei, in der nicht nur politische Willkür herrschte, sondern auch eine tiefe Wirtschaftskrise große Teile der Bevölkerung verarmen ließ.

Im Februar 2022 aber gelang es den ukrainischen Verteidigern nicht, die mit massiven Kräften und Luftunterstützung vorrückenden russischen Angreifer zurückschlagen, innerhalb von zehn Tagen war die Stadt eingeschlossen. Am 16. März wurde das Stadttheater, in dessen Kellergeschoss Hunderte Menschen Zuflucht gesucht haben, von Bomben getroffen, die Angaben über die Todesopfer reichten von mehreren Dutzend bis 600. Die Verteidiger wurden im für beide Seiten verlustreichen Häuserkampf auf das Stahlwerk zurückgedrängt, wo sie am 20. Mai auf Befehl des Verteidigungsministeriums in Kiew kapitulierten. Während des Beschusses und der Bombardierung von Wohnvierteln sind nach Angaben der bisherigen Stadtverwaltung Zehntausende von Zivilisten umgekommen, mehr als 26.000 wurden von der Staatsanwaltschaft namentlich erfasst.

Die rücksichtslosen Angriffe auf „ihre Stadt“ und „ihre Leute“ führten in der griechischen Gesellschaft zu einer Welle der Solidarität mit der Ukraine. Eigentlich gelten die Griechen traditionell als russlandfreundlich, denn die orthodoxen Glaubensbrüder im Zarenreich hatten sie einst im Unabhängigkeitskampf gegen das Osmanische Reich unterstützt. Das griechische Rote Kreuz stellte im Frühjahr 2022 einen Hilfskonvoi zusammen, der die belagerte Stadt durch einen humanitären Korridor erreichen sollte. Doch dies lehnte Moskau ab. Vertreter der Regierung in Athen reisten stattdessen nach Odessa, um ihre Solidarität mit den Ukrainern zu demonstrieren. In Moskau wurde man von dieser Wendung der Dinge unangenehm überrascht.

Nach den Kämpfen begann die „Filtration“ der zurückgebliebenen Einwohner, deren Zahl auf 150.000 geschätzt wurde, durch den russischen Geheimdienst. Eine unbekannte Anzahl von Vertretern der lokalen Politik und Kultur wurde nach Russland deportiert. Auch Hunderte von Kindern wurden weggebracht, angeblich aus Sicherheitsgründen. Überdies transportierten russische Kommandos die wertvollsten Gemälde und Skulpturen aus dem Kunstmuseum der Stadt ab. Im November 2022 verlieh Putin Mariupol den Ehrentitel „Stadt des militärischen Ruhms“ – so als hätten die Einwohner besonders tapfer an der Seite der Russen gegen die Ukrainer gekämpft.

MEDWEDEW

Noch vor einem Dutzend Jahren war Dmitri Medwedew der Hoffnungsträger, nicht nur für viele Russen, die seinen Reforminitiativen vertrauten, sondern auch für die Regierungen im Westen, die in ihm das kooperationsbereite Gegenstück zum zunehmend auf Konfrontation setzenden Putin sahen. Der frühere Juradozent und der ehemalige KGB-Offizier hatten 2008 die Ämter getauscht: Putin konnte nach zwei Legislaturperioden nicht mehr Staatspräsident sein und übernahm Medwedews Posten als Ministerpräsident. Als Staatsoberhaupt wirkte der kleingewachsene Mann – er ist 1,62 groß – bei seinen Auftritten in den prachtvollen Gemächern des Kremls allerdings unbeholfen. Doch war er stets freundlich, in den westlichen Medien machte er Punkte, weil er sich als Fan englischer Rockmusik präsentierte und sich für Hi-Tech-Geräte aller Art interessierte. Bei Treffen mit US-Präsident Barack Obama traten beide so auf, als seien sie alte Kumpel.

In der russischen Intelligenzija bekam er anfänglich viel Lob, weil er den damals noch existierenden oppositionellen Medien Interviews gab. Darin bezeichnete er eine unabhängige Justiz als unabdingbar für die Modernisierung des Landes und versprach einen humaneren Strafvollzug, die Begrenzung der Kompetenzen der Polizei und die Pflicht für Beamte, ihre Vermögensverhältnisse offenzulegen. Doch keines dieser Vorhaben wurde umgesetzt. Ebenso wenig war seinen außenpolitischen Vorstößen Erfolg beschieden: Er hatte angekündigt, dass Russland sich den westlichen Sanktionen gegen den Iran anschließen und die Intervention in Libyen unterstützen werde.

Als Putin und er 2012 nach vier Jahren erneut die Ämter wechselten, war klargeworden, dass Medwedew nur Platzhalter gewesen war, dass er nie einen eigenen Spielraum gehabt hatte. Er blieb noch bis 2020 Ministerpräsident, doch die Politik bestimmte Putin im Kreml, dem es offenbar Spaß machte, ihn zu demütigen. So wurden Unternehmer und Spitzenbeamte, die ihn während seiner Präsidentschaft unterstützt hatten, mit Strafverfahren überzogen. Medwedew blieb der einflusslose Posten des stellvertretenden Vorsitzenden des Sicherheitsrates, seine politische Karriere schien damit beendet zu sein.

Doch seit dem russischen Überfall auf der Ukraine macht er

Schlagzeilen – als Kriegshetzer. Allerdings spricht er nicht von der Ukraine, sondern in imperialistischer Tradition von „Kleinrussland“. Das Ukrainertum sei eine Erfindung, eine „alles verschlingenden Lüge“. Die „Spezialoperation“ werde erst beendet, wenn keiner der „sogenannten Ukrainer noch steht“. Sie seien „vom Hass auf Russland vergiftet“ und erlebten nun zu Recht das Jüngste Gericht. Selenskyjs Gehirn sei durch „psychotropische Substanzen geschädigt“, er sei „eine alberne Operettenfigur im grünen, fettigen T-Shirt, ein irrer Clown an der Spitze einer Nazibande“. Die Führung in Kiew bestehe aus „Bastarden und Abschaum“ und müsste deshalb ausgelöscht werden.

Seine Beleidigungen machten auch vor den Spitzenpolitikern des Westens nicht halt. Mario Draghi, Emmanuel Macron und Olaf Scholz nannte er aus Anlass von deren gemeinsamer Reise nach Kiew „Liebhaber von Fröschen, Leberwurst und Spaghetti“. Die europäischen Politiker, die „intellektuelle Pygmäen“ seien, hätten nicht erkannt, dass die USA sie in den Konflikt mit Russland trieben, um Europa nachhaltig zu schwächen. Bundesaußenministerin Annalena Baerbock schmähte er als „Nazi-Erbin und ungebildetes deutsches Weib“.

Die Europäer hätten aus Angst vor einem kalten Winter ohne beheizte Wohnungen „schweren Durchfall“. Dem Internationalen Strafgerichtshof in Den Haag drohte er wegen der Haftbefehle für Putin und die russische Kinderrechtsbeauftragte Maria Lwowa-Belowa mit Atomschlägen. Im Übrigen sei man im Westen neidisch auf die positiven Entwicklungen in Russland während der letzten Jahre. Kremlbeobachter vermuten, dass Medwedew sich mit seinen Ausfällen für die Rückkehr auf einen Spitzenposten qualifizieren möchte.

Im Jahr 2015 gab es zwei Ereignisse in der Russlandpolitik Angela Merkels, die sich inhaltlich völlig widersprachen und deshalb wohl noch lange den Politologen Rätsel aufgeben werden: Im Mai flog sie aus Anlass des 70. Jahrestags des Kriegsendes nach Moskau, um am Denkmal des unbekannten Soldaten einen Kranz niederzulegen. Nach der Zeremonie trat sie gemeinsam mit Putin vor die Presse. Zur Überraschung aller Anwesenden sprach sie von der „verbrecherischen und völkerrechtswidrigen Annexion der Krim", der Kremlchef konnte seinen Ärger nur schlecht überspielen. Bei Treffen mit Regierungschefs aus den Partnerländern erklärte sie zudem: „Putin will die EU zerstören."

Doch im Dezember 2015 verbat sie sich auf dem EU-Gipfel jegliche Zweifel an der Zuverlässigkeit Russlands als Rohstofflieferant und widersprach allen, die vor der geplanten Pipeline Nord Stream 2 warnten. Merkel beharrte darauf, dass es sich um ein privatwirtschaftliches Projekt handle. Allerdings wusste sie sehr wohl, dass diese Begründung schlicht falsch war, denn die russischen Erdgas- und Erdölkonzerne stehen unter Kontrolle des Kremls. Es war ein weiterer großer Widerspruch: Als Oppositionsführerin hatte sie die Russlandpolitik Schröders kritisiert, doch als Bundeskanzlerin setzte sie dessen Energiepolitik nicht nur fort, in ihrer Amtszeit nahm der Anteil von russischen Rohstoffen im deutschen Energiemix sogar kräftig zu.

Kurz nach der Annexion der Krim hatte sie in der EU Sanktionen gegen Russland durchgesetzt, die allerdings kaum Wirkung zeigten. Sie erstreckten sich lediglich auf einige Banken, deren Zugang zu den Finanzmärkten stark eingeschränkt wurde, sowie auf Erdölunternehmen, für die der Ankauf westlicher Technologieprodukte blockiert wurde. Doch die Übereinkunft über den Bau von Nord Stream 2 hob die Sanktionen faktisch auf, das deutsch-russische Handelsvolumen wuchs weiter. Merkel vermittelte so Putin fatalerweise den Eindruck, dass die Annexion der Krim und die russische Invasion im Donbass von ihr hingenommen würden.

Westliche Russlandexperten aber waren schockiert, dass sie sich einerseits im Klaren über den kriminellen Charakter der Politik Putins war, andererseits aber Geschäftsabschlüsse mit ihm förderte, die die Deutschen wirtschaftspolitisch erpressbar machten. Und nicht nur das: In einem weiteren Akt der Kurzsichtigkeit überzeugte sie 2021 sogar den neuen US-Präsidenten Joe Biden, seinen Widerstand gegen Nord Stream 2 aufzugeben, da die Russen sich als zuverlässige Partner erwiesen hätten. Am selben Abend rief sie bei Putin an, um ihm davon zu berichten. Der polnische Präsident Andrzej Duda sagte später dazu: „Ich war fassungslos. Das musste man als Akt nicht nur der Gleichgültigkeit, sondern geradezu als feindlichen Akt gegenüber unserem Teil Europas verstehen."

Nicht anders sah es der frühere polnische Premier und EU-Ratsvorsitzende Donald Tusk, der eigentlich ihr treuester Verbündeter in Brüssel gewesen war: „Nord Stream 2 war ihr größter Fehler." Die Abhängigkeit vom angeblich „sauberen" russischen Erdgas verstärkte noch der überhastete Ausstieg aus der Atomenergie, auch dies ein überraschender Beschluss, hatte sich die Bundeskanzlerin bis dahin doch für eine Verlängerung der AKW-Laufzeiten stark gemacht.

Weitere Merkelsche Kehrtwenden wurden ebenfalls vom Kreml ausgenutzt, um die EU unter Druck zu setzen: So war es offenkundig eines der Ziele des massiven russischen Militäreinsatzes in Syrien, eine weitere Flüchtlingswelle hervorzurufen. In Moskau hatte man sehr genau beobachtet, dass 2015 die Entscheidung Merkels, die Grenzen offen zu halten, enorme politische Auswirkungen hatte: Das Thema brachte den Befürwortern des Austritts der Briten aus der Europäischen Union die nötigen Prozente für ihren Sieg beim Brexit-Referendum, und in Polen errang die Partei „Recht und Gerechtigkeit" (PiS), geführt von Jarosław Kaczyński, bei den Parlamentswahlen die absolute Mehrheit. Kein Zweifel: Die Flüchtlingspolitik der Großen Koalition in Berlin hat nicht nur zu einer Spaltung der deutschen Gesellschaft geführt, sondern auch zu einer starken Entfremdung zwischen den Deutschen und ihren Nachbarn.

Noch fünf Jahre zuvor, als sie bereits Bundeskanzlerin war, hatte sie die Zahl der Einwanderer strikt begrenzen wollen und zur Begründung erklärt: „Der Ansatz für Multikulti ist gescheitert, absolut gescheitert." Mit ihrem Vorstoß vom Sommer 2015, die Migranten, die Deutschland als Ziel angegeben hatten, auf alle EU-Länder zu verteilen, irritierte sie die Mehrheit der Wähler in den anderen EU-Staaten, namentlich in Mittelosteuropa. Polen, Tschechien, Ungarn und die Slowakei standen damals bereits unter starkem Migrationsdruck von Osten: Mehrere Hunderttausend Ukrainer strebten an, sich in diesen Ländern vorübergehend oder gar dauerhaft niederzulassen. Diese Einwanderungswelle hatte der Krieg im Donbass ausgelöst. Doch in den bundesdeutschen Debatten über politisches Asyl spielten 2015 die Flüchtlinge aus der Ukraine, von denen die große Mehrheit als Muttersprache Russisch angab, nicht die geringste Rolle. In Polen unterstellte man den Deutschen, sie ignorierten das Thema, weil sie nicht den Kreml in Moskau verärgern wollten.

Da die Flüchtlingspolitik Merkels die EU gespalten hatte, versuchte man in Moskau 2021 eine Neuauflage dieses Großkonflikts zu provozieren, mit Hilfe des belarussischen Despoten Aleksandr Lukaschenko. Denn die Iraker und Afghanen, die vom Minsker Regime an die Grenzen zu Litauen und Polen geschleust wurden, gaben durchweg die Bundesrepublik als Ziel an. Warschau ließ einen Zaun und Verhaue aus Nato-Draht entlang der Grenze errichten, Tausende von Soldaten und Grenzschützern wurden postiert. Hunderte Migranten kampierten bei kaltem Wetter im Wald, eingekeilt zwischen dem Grenzzaun und belarussischen Grenzern, die sie nicht zurückließen. Die Reaktion der Europäischen Kommission war eindeutig: Man lasse sich nicht von Lukaschenko erpressen. Auch Angela Merkel wurde dieses Mal trotz der Fotos von frierenden Kindern nicht weich: Sie erklärte, die Bundesregierung unterstütze die Führung in Warschau bei der Verteidigung der EU-Außengrenze.

Nicht geringer war die Aufmerksamkeit, die man im Kreml der Rolle Merkels in der Nato widmete: Um Putin nicht zu reizen, blockierte sie gemeinsam mit dem französischen Präsidenten Nicolas Sarkozy 2008 eine Zusammenarbeit der Nato mit der Ukraine und Georgien, die nach den Plänen des Weißen Hauses in Beitrittsverhandlungen münden sollten. Sie stellte sich damit auch gegen die osteuropäischen EU- und Nato-Staaten, die eindringlich vor den imperialen Ambitionen Putins warnten. In Moskau wurde die Position Merkels als Freibrief aufgefasst, die beiden ehemaligen Sowjetrepubliken zu destabilisieren, um sie letztlich wieder unter Kontrolle zu bringen. Wenige Monate nach dem „Nein" Merkels zu den Nato-Ambitionen der Regierungen in Kiew und Tiflis marschierte die russische Armee im August 2008 in Georgien ein.

Gegen starken Widerstand aus der eigenen Partei setzte Merkel drei Jahre später eine Aussetzung der Wehrpflicht durch. Als Oppositionsführerin hatte sie der rotgrünen Regierung vorgeworfen, den Wehretat zu kürzen, nun machte sie es selbst. Die unter den Nato-Staaten getroffene Vereinbarung, zwei Prozent des BIP für die Verteidigung auszugeben, wurde von der Bundesregierung missachtet. Die osteuropäischen Nato-Länder warfen ihr vor, die Verteidigungsfähigkeit des Bündnisses durch die Kürzungen zu schwächen.

Darüber hinaus hatte der Wegfall der Wehrpflicht für diese Länder schwerwiegende Folgen, denn gleichzeitig entfiel ja auch der Ersatzdienst. Gerade bei der Kranken- und Altenpflege hatten Zivildienstleistende das Gros der Arbeiten übernommen, die keine Fachausbildung erfordern. Ihre Plätze hat Personal aus Mittelosteuropa eingenommen, das nun an den Heimatorten fehlt. So hat in Polen das Krankenhauspersonal im Durchschnitt mehr als doppelt so viele Patienten zu betreuen wie in der Bundesrepublik.

Die Kehrtwenden der Bundeskanzlerin haben also keineswegs zur Stärkung der EU beigetragen, sondern sie geschwächt. Namentlich die Energie- und Verteidigungspolitik ihrer Kabinette hat dem Kreml den Eindruck vermittelt, dass er straflos gegen die Nachbarländer vorgehen könne. Merkel verwies dazu wenige Monate nach ihrem Auszug aus dem Kanzleramt auf ihre vielen Gespräche mit Putin: „Diplomatie ist ja nicht, wenn sie nicht gelingt, deshalb falsch gewesen. Also ich sehe nicht, dass ich da jetzt sagen müsste: Das war falsch, und werde deshalb auch mich nicht entschuldigen." Diese Sätze wurden ihr allerdings als überaus selbstgerecht angekreidet, ganz abgesehen davon, dass für die Bewertung des Erfolgs von Diplomatie nicht das Bemühen, sondern das Ergebnis maßgebend ist. In den osteuropäischen EU-Staaten und vor allem in der Ukraine wird ihr vorgeworfen, Putin den Weg zu seinem Vernichtungskrieg geebnet zu haben.

Erst in der Zukunft wird sich zeigen, ob sie in eine Reihe mit den großen Kanzlern Konrad Adenauer, Willy Brandt und Helmut Kohl gestellt werden wird oder in eine Reihe mit Neville Chamberlain und Édouard Daladier, die ebenfalls geglaubt hatten, mit Zugeständnissen an einen aggressiven Diktator den Frieden zu retten. Sicher ist bislang nur, dass die durchweg wohlwollenden Kanzlerinnenbiographien, die aus Anlass ihres Ausscheidens aus der aktiven Politik erschienen sind, in zentralen Punkten umgeschrieben gehören.

MINSK I UND II

Als russische Einheiten mit Kampfpanzern und schwerer Artillerie im Sommer 2014 immer weiter im Donbass vorrückten, gelang es Bundeskanzlerin Angela Merkel und dem französischen Präsidenten François Hollande, Wladimir Putin und den neuen ukrainischen Präsidenten Petro Poroschenko zu Verhandlungen über einen Waffenstillstand an einen Tisch zu bringen. Man hatte sich auf die belarussische Hauptstadt Minsk als Ort geeinigt, der bereits seit zwei Jahrzehnten regierende Diktator Aleksandr Lukaschenko trat offiziell als Gastgeber auf. Am 5. September wurde der Vertrag unterzeichnet. Darin wurden nicht nur die Überprüfung der Waffenruhe durch die OSZE, der Abzug von paramilitärischen Formationen und die Freilassung von Geiseln vereinbart, sondern auch Kommunalwahlen in den umkämpften Bezirken Donezk und Luhansk, die einen Sonderstatus innerhalb der Ukraine bekommen sollten.

Allerdings zeigte bereits die Liste der Unterzeichner, dass die Vereinbarung an einem schweren Konstruktionsfehler litt: Zwar setzte im Auftrag der neuen Führung in Kiew der frühere Staatspräsident Leonid Kutschma seine Unterschrift unter den Text, doch die Gegenseite vertraten die von Moskau ernannten Führer der sogenannten Separatisten, die sich durch die Verhandlungen nun international aufgewertet und anerkannt sahen. Im Mai hatten sie den Föderativen Staat Neurussland ausgerufen, der die Bezirke Donezk und Luhansk umfassen sollte. Der Name war ein Anklang an die Zeit Katharinas der Großen, die die Gebiete nördlich des Schwarzen Meeres „Neurussland" genannt hatte. Obwohl Merkel und Hollande im Detail darüber informiert waren, dass die Verbände der sogenannten Separatisten in Wirklichkeit russische Truppen unter falscher Flagge waren, nahmen sie die Kremlversion hin, dass Russland keine Kriegspartei sei. Merkel rechtfertigte später die Akzeptanz dieser politischen Lüge mit dem – durchaus plausiblen – Argument, dass ohne das Abkommen Minsk I die damals in keiner Weise auf einen Krieg vorbereitete ukrainische Armee von den Russen überrollt worden wäre, so aber habe Kiew Zeit gewonnen.

Doch bereits drei Wochen nach der Unterzeichnung von Minsk I griffen die Russen den bislang von den Ukrainern gehaltenen Donezker Flughafen an und rückten weiter nach Westen vor. Merkel appellierte monatelang an Putin, an den Verhandlungstisch zurückzukehren. Schließlich trafen sich die Akteure von Minsk I ein weiteres Mal. Nach 17 Stunden ununterbrochener Verhandlungen wurde am 12. Februar 2015 Minsk II vereinbart, die Unterzeichner waren dieselben wie bei Minsk I. Doch schon drei Tage später setzte ein russischer Großangriff auf die Stellungen der Ukrainer ein, die Verbände Moskaus marschierten mit dem falschen Etikett „prorussische Separatisten" auch auf Mariupol, wurden aber dort zurückgeschlagen. Nach mehreren Wochen stabilisierte sich eine Front quer durch den Donbass.

Ungeachtet der Vereinbarungen von Minsk II blieben auf dem Separatistengebiet weiterhin schwere Waffen stationiert und kamen auch zum Einsatz. Obwohl die OSZE-Beobachter dies immer wieder monierten und auch mitteilten, dass ihnen entgegen den Vereinbarungen nur äußerst selten Fahrten in das besetzte Gebiet erlaubt wurden, wiederholte ein Teil der deutschen Politiker und Medien die Version des Kremls, dass Kiew für die fast täglich gemeldeten Artillerieduelle verantwortlich sei, da das ukrainische Parlament angeblich eine politische Lösung blockierte.

In der Tat war dies so, und es war die Folge schwerer Versäumnisse der Unterhändler von Minsk; sie hatten nämlich die Reihenfolge der einzelnen Maßnahmen nicht festgelegt: Die von Moskau eingesetzten Separatistenführer wollten erst nach den vereinbarten Kommunalwahlen die Kontrolle über die besetzten Gebiete aufgeben und bestanden auf einem Mitspracherecht bei der Änderung der ukrainischen Verfassung. Kiew aber forderte, dass die Wahlen erst nach Abzug der russischen Verbände unter internationaler Aufsicht stattfinden, und lehnte eine Beteiligung der „Separatisten“ an den anstehenden Gesetzesänderungen ab, weil dies faktisch Moskau ein Vetorecht in der ukrainischen Politik eingeräumt hätte. Auch wurde die Krim in Minsk II nicht erwähnt, was die russische Presse als Anerkennung ihrer Annexion darstellte.

Die Regelungen waren also – unter aktiver Beteiligung Merkels und Hollandes – nicht nur stümperhaft ausgehandelt worden, sondern in der Summe war das Abkommen überaus vorteilhaft für Moskau, das nämlich keinerlei Zugeständnisse machen und auch keine Verpflichtungen eingehen musste. Auch erlaubte es dem Kreml, weiterhin die Kämpfe im Donbass als Bürgerkrieg zu bezeichnen, an dem Russland in keiner Weise direkt beteiligt sei. Merkel wurde namentlich in den osteuropäischen EU-Staaten vorgeworfen, die Maskerade von den unabhängig operierenden Separatisten mitzumachen, anstatt die Dinge klar beim Namen zu nennen.

Für die nächsten vier Jahre änderte sich nichts an der Frontstellung im Donbass. 2019 gelang es Selenskyj kurz nach seiner Wahl, Putin zu einem neuen Separatistentreffen mit der Bundeskanzlerin und dem inzwischen im Elysée-Palast residierenden Emmanuel Macron zu bewegen. Grundlage der Verhandlungen sollte die nach dem früheren Bundesaußenminister benannte Steinmeier-Formel sein: In den besetzten Gebieten sollte gewählt werden, ihr Sonderstatus innerhalb der Ukraine sollte bestätigt werden, falls die OSZE die ordnungsgemäße Durchführung des Urnengangs bestätigte. Doch erwies sich dieser von einem Teil der deutschen Medien unkritisch gepriesene Vorschlag ebenfalls als untauglich. So war ungeklärt, ob und wie die aus der Region geflohenen Einwohner wählen könnten, ganz abgesehen davon, dass Putin nicht dem Abzug der russischen Kontingente zustimmte. Es war offenkundig, dass Putin an einem Kompromiss nicht interessiert war.

Die letztlich zu keiner Lösung führenden Vereinbarungen von Minsk wurden endgültig hinfällig, als der Kremlchef am 21. Februar 2022 die Anerkennung der Volksrepubliken Donezk und Luhansk verkündete. Drei Tage später überfielen seine Truppen die Ukraine. Minsk I und II waren gut gemeinte Versuche, den Weg zu einem Friedensabkommen zu ebnen. Doch sie scheiterten nicht zuletzt, weil die deutsche Seite darauf verzichtete, die ihr zur Verfügung stehenden Druckmittel einzusetzen. Immerhin aber – und dies ist ein Verdienst Angela Merkels – gewann die Ukraine in der Tat Zeit, ihre Streitkräfte auf Vordermann zu bringen. Allerdings beteiligten sich die Deutschen nicht daran.

NABUCCO

Die deutsch-russische Kooperation im Erdgassektor wurde von den meisten Regierungen der EU-Staaten skeptisch betrachtet. Die Europäische Kommission verabschiedete deshalb ein Programm zur Diversifizierung der Förderländer. Der österreichische OMV-Konzern übernahm die Federführung bei den Planungen für eine Pipeline, die unter Umgehung Russlands Erdgas aus dem kaspischen Raum über die Türkei nach Mitteleuropa pumpen sollte. OMV gewann für das Projekt führende Energiekonzerne aus den Transitländern, von deutscher Seite stieg RWE ein.

Der Vertrag wurde 2008 in Wien unterzeichnet. Da die Vertreter der Konzerne am Vorabend in der Staatsoper Verdis Oper „Nabucco“ gesehen hatten, beschlossen sie, dem Projekt den Namen des Herrschers aus dem antiken Babylon zu geben, der in der Luther-Bibel Nebukadnezar heißt. Allerdings stieg Aserbeidschan noch vor dem ersten Spatenstich aus, so dass das Projekt um seinen östlichen Abschnitt gekürzt wurde. Auch in den Balkanstaaten verliefen die Vorbereitungen nicht reibungslos. Mehrere bulgarische Politiker, die sich für Nabucco einsetzten, kamen auf ungeklärte Weise zu Tode, die Presse in Sofia sah dahinter die Geheimdienste Moskaus. Allerdings fanden diese Nachrichten nur ein schwaches Echo in den deutschen Medien.

Ebensowenig wurden die Warnungen des früheren grünen Außenministers Joschka Fischer, der Kreml nutze Gazprom als Instrument zur politisches Erpressung, von den Entscheidungsträgern in Berlin ernstgenommen. Denn Fischer war nach seinem Ausscheiden aus der aktiven Politik Lobbyist für das Nabucco-Konsortium geworden, das sich als bessere Alternative gegenüber Gazprom empfahl. Als Außenminister der rotgrünen Koalition unter Schröder Minister hatte er allerdings keine Einwände gegen die Russlandpolitik Schröders geäußert und die Kritik aus anderen EU-Staaten an Nord Stream nicht beachtet. Somit hatte Fischer durchaus auch Anteil daran, dass die Energiepolitik Berlins einen tiefen Riss durch die EU gezogen hat.

Das Nabucco-Projekt scheiterte letztlich 2013. Der türkische Regierungschef Recep Tayyip Erdoğan hatte eine Realisierung des Vorhabens von beschleunigten Verhandlungen über den EU-Beitritt seines Landes abhängig gemacht. Als diese 2013 wegen der Niederschlagung der Proteste gegen seine Regierung in Istanbul ausgesetzt wurden, verlor er sein Interesse an Nabucco. Im Kreml war man hoch erfreut.

NATO-OSTERWEITERUNG

Es scheint das stärkste Argument Putins zu sein: Der Westen habe 1990 im Zuge der Verhandlungen über die deutsche Einheit Kremlchef Gorbatschow versprochen, die Nato nicht nach

Osten auszudehnen, doch dann dieses Versprechen gebrochen und begonnen, Russland einzukreisen.

Doch diese Version ist schlicht falsch und dies in dreifacher Hinsicht: Erstens hat Gorbatschow selbst bestätigt, dass es ein solches Versprechen nie gab. Zweitens hätte es sich nur auf die 1991 untergegangene Sowjetunion bezogen, aber keinerlei Bindekraft für die ehemaligen Sowjetrepubliken gehabt, die souveräne Staaten geworden sind und somit selbst über ihre Bündnisse entscheiden können. Die deutschen Verfechter der Version Putins, die von „Russlands Sicherheitsinteressen“ sprechen, wollen offenkundig, ganz in der Tradition Bismarcks und Ribbentrops, den Ländern zwischen Deutschland und Russland kein eigenes politisches Lebensrecht zugestehen. Drittens kann von Einkreisung Russlands keine Rede sein, denn die gemeinsamen Grenzabschnitte mit den neuen osteuropäischen Nato-Mitgliedern – mit Polen und den drei baltischen Republiken – machen gerade einmal fünf Prozent der russischen Außengrenzen aus.

Die bislang dazu veröffentlichten Akten aus der ersten Hälfte der neunziger Jahre widerlegen die These, dass die westlichen Staaten unter Führung der USA gezielt die Schwäche Russlands genutzt haben, um die Nato nach Osten auszudehnen. Vielmehr ist das Gegenteil richtig: US-Präsident Bill Clinton, die französischen Staatspräsidenten François Mitterrand und Jacques Chirac sowie Bundeskanzler Helmut Kohl haben lange die Wünsche der Regierungen der ehemaligen Ostblockstaaten nach Aufnahme in die Nato ignoriert. Dass es doch die beiden großen Runden der Osterweiterung 1999 und 2004 gab, war eine Folge nicht westlichen Expansionsstrebens, sondern der aggressiven und destruktiven russischen Nachbarschaftspolitik.

1990, als die Staats- und Regierungschefs der vier Siegermächte des Zweiten Weltkriegs mit Kohl um die Bedingungen der deutschen Einheit feilschten, sprachen zwar US-Außenminister James Baker und Bundesaußenminister Hans-Dietrich

Genscher davon, dass eine Ausdehnung der Nato über die Ostgrenze des vereinigten Deutschlands nicht auf der Tagesordnung stehe. Doch wurde das Thema nicht Gegenstand der Verhandlungen, auch gab es dazu gegenüber der sowjetischen Führung weder eine schriftliche noch eine mündliche Erklärung.

Gorbatschow selbst stellte in einem Interview zum 25. Jahrestag des Mauerfalls 2014 klar: „Als über die deutsche Wiedervereinigung verhandelt wurde, bestand der Warschauer Pakt noch. Es wäre damals als lächerlich empfunden worden, wenn die Frage aufgeworfen worden wäre, ob Mitglieder des Pakts eines Tages der Nato angehören sollten.“ Nach Berichten westlicher Diplomaten äußerte Gorbatschow damals sinngemäß gegenüber dem US-Präsidenten George Bush senior sogar: Vielleicht komme der Tag, an dem die Sowjetunion ebenfalls dem Bündnis beitrete.

Obwohl der Kreml im Januar 1991 damit gescheitert war, die Demokratiebewegungen im Baltikum zu zerschlagen, und sieben Monate später der Oberste Sowjet der Ukrainischen Sowjetrepublik ein Referendum über die staatliche Unabhängigkeit beschlossen hatte, warben Kohl und Mitterrand für den Fortbestand der UdSSR. Den Regierungen der baltischen Staaten ließen sie übermitteln, dass diese „auf dem falschen Weg“ seien. Der Führung in Kiew empfahlen sie eine enge Föderation mit Russland. Bonn und Paris setzten weiter auf Gorbatschow, ihn wollte man auf keinen Fall schwächen, er galt als Garant für die Entspannung zwischen Ost und West. Kohl nannte einen Untergang der Sowjetunion eine „Katastrophe“, nur ein Esel könne dies wollen. Er befürchtete, dass bei einer Auflösung der Zentralmacht Bürgerkriege ausbrechen und bornierte Generäle die Verfügungsgewalt über die Atomwaffen bekommen könnten.

Die Befürchtungen Kohls bewahrheiteten sich nicht, die Sowjetunion brach fast lautlos auseinander. Boris Jelzin, der neue Herr im Kreml, erklärte, auch er könne sich vorstellen, dass Russland eines Tages der Nato beitreten werde, damit eine Sicherheitszone von Vancouver bis Wladiwostok entstehe. Der Kreml war auf Wirtschaftshilfe und vor allem auf Investitionen aus den westlichen Staaten angewiesen – und diese waren bereit dazu. Nun galt Jelzin als Garant für die Entspannungspolitik.

Aus diesem Grunde stießen die Nato-Ambitionen der neuen demokratischen Führungen der ehemaligen Ostblockländer im Westen auf Ablehnung. Die Präsidenten Polens und Tschechiens, Lech Wałęsa und Vaclav Havel, sprachen mit diesem Anliegen in Washington vor. Doch Bill Clinton überzeugte ihr Argument nicht, dass sie dem wiedervereinigten Deutschland misstrauten, das in einer Wirtschaftskrise wie einst in der Weimarer Republik wieder auf nationalistische Abwege geraten könnte.

Doch die Situation änderte der erste Tschetschenienkrieg 1994/95. Das Echo in den ehemaligen Sowjetrepubliken und Ostblockstaaten war für den Kreml verheerend. Die russische Führung bestätigte alle Vorurteile, dass sie Nachbarschaftskonflikte nur mit roher Gewalt lösen kann. Wegen des grausamen Krieges im Nordkaukasus fühlten sich sämtliche Nachbarn wieder von Russland bedroht. Er führte auch in den westlichen Hauptstädten dazu, dass erstmals die Führungen der baltischen Republiken, Polens, Tschechiens und Ungarns Gehör mit ihrem Anliegen fanden, ihre Länder in die Nato und die Europäische Gemeinschaft aufzunehmen. Kohl fürchtete nun, dass das krisengeschüttelte Russland ganz Mittelosteuropa destabilisieren könnte, auch Clinton und Chirac sahen es so. Die russische Führung um Jelzin hat also selbst mit dem Ersten Tschetschenienkrieg die Weichen für die Nato-Öffnung nach Osten gestellt.

Sowohl Kohl als auch Clinton bemühten sich bei ihren zahlreichen Treffen mit Jelzin, diesen davon zu überzeugen, dass die Nato keinerlei Bedrohung für Russland darstelle. Mit

Chirac wetteiferten sie überdies darin, dem Kreml Angebote zur Zusammenarbeit zu machen. Die Führer der westlichen Welt waren sich einig, dass Russland in die Sicherung der europäischen Friedensordnung einzubinden sei. Zu den vertrauensbildenden Maßnahmen gehörte der 1997 ins Leben gerufene Nato-Russland-Rat, er gab Moskau Einblick in die Planungen des westlichen Bündnisses. Russische Militärs und Diplomaten bekamen Zutritt zum NATO-Hauptquartier, sie wurden zu allen wichtigen sicherheitspolitischen Entscheidungen konsultiert. Mit der Unterschrift unter die Vereinbarung stimmte der Kreml auch der Nato-Osterweiterung zu.

Als Putin im Juni 2000 erstmals Bill Clinton traf, bezeichnete auch er es als vorstellbar, dass Russland eines Tages den Beitritt zur Nato beantragen werde. Überdies könne er gut verstehen, warum man in den Nachbarvölkern Angst vor der Sowjetunion gehabt habe und heute vor Russland habe. Er verurteilte die gewaltsamen Interventionen der Sowjetarmee in Ost-Berlin 1953, in Budapest 1956 sowie in Prag 1968. Putin erweckte also den Eindruck, er wolle an der Politik der Kooperation festhalten, die Gorbatschow begonnen und Jelzin fortgesetzt hatte. Der neue US-Präsident George W. Bush erklärte gar nach seinem ersten Treffen mit ihm, er habe Putin in die Augen geschaut und seine Seele gesehen.

Nach den Terroranschlägen auf das World Trade Center am 11. September 2001 unterstützte Russland die US-Luftwaffe beim Krieg in Afghanistan logistisch. Man sah es im Kreml offenkundig nicht ungern, dass die Amerikaner gegen islamistische Gruppen vorgingen, da diese auch das postsowjetische Mittelasien bedrohten. Bush gab im Gegenzug Putin freie Hand, mit dem „tschetschenischen Terrorismus“ aufzuräumen. Offenbar erwartete Putin, Washington werde als Gegenleistung akzeptieren, dass er den postsowjetischen Raum als russische Interessensphäre ansah. Es war allerdings eine Rechnung, die er ohne die betroffenen Länder gemacht hatte.

Für die ehemaligen Ostblockstaaten kam Russland nämlich als Bündnispartner überhaupt nicht in Frage. Von Tallinn bis Sofia wurde sehr genau verfolgt, dass Putin die Pressefreiheit massiv einschränken ließ und die ohnehin nur schwach ausgeprägte Unabhängigkeit der Justiz wieder aufhob. Außerdem zeigte er nicht das geringste Interesse, die eingefrorenen Konflikte in Transnistrien sowie den georgischen Regionen Abchasien und Südossetien zu lösen, bei denen russisches Militär auf fremdem Territorium stationiert war – gegen den Willen der Regierungen in Chisinau und Tiflis. Vor allem ließ er die russischen Streitkräfte überaus brutal in Tschetschenien vorgehen. Angesichts der Bilder von den bombardierten Städten und Dörfern im Kaukasus drängten weitere Staaten in die Nato. Der Zweite Tschetschenienkrieg spielte also bei der zweiten Runde der Osterweiterung der Nato dieselbe Rolle wie der Erste bei der ersten Runde.

Putin protestierte nicht dagegen; den Beitritt der drei baltischen Republiken zur Nato 2004 kommentierte er mit den Worten: „Hinsichtlich der Nato-Erweiterung haben wir keine Sorgen mit Blick auf die Sicherheit der Russischen Föderation." Wenig später bekräftigte er, jedes Land habe selbstverständlich das Recht, „seine eigene Form der Sicherheit zu wählen".

Doch schon im folgenden Jahr änderte er seine Meinung. Denn die neuen prowestlichen Präsidenten Georgiens und der Ukraine, Micheil Saakaschwili und Viktor Juschtschenko, kündigten an, dass sie ihre Länder in das Bündnis führen wollen. George W. Bush sicherte ihnen seine Unterstützung zu. Längst gehörte das gute Einvernehmen zwischen Bush und Putin der Vergangenheit an, denn das Weiße Haus hatte durchweg darauf verzichtet, den Kreml bei der Suche nach Lösungen internationaler Konflikte einzubinden. Auf der Münchener Sicherheitskonferenz 2007 machte Putin seinem Ärger Luft. In einer scharfen Rede warf er den USA vor, die „monopolare Weltherrschaft" anzustreben und dabei „Grenzen in fast allen Bereichen" zu überschreiten. Russland könne nicht hinnehmen, dass Nato und EU anderen Ländern „mit Gewalt ihren Willen aufzwingen". Erstmals kritisierte er öffentlich die Nato-Osterweiterung.

Die Münchener Rede Putins spaltete das Bündnis: Bush suchte auf dem Nato-Gipfel 2008 in Bukarest Zustimmung für seinen Vorschlag, Verhandlungen über den Beitritt Georgiens und der Ukraine aufzunehmen, Bundeskanzlerin Merkel und der neue französische Präsident Nicolas Sarkozy stellten sich dagegen. Man einigte sich schließlich auf eine Kompromissformel: Kiew und Tiflis würden solche Verhandlungen „in Aussicht gestellt". Putin interpretierte diese schwammige Formel auf seine Weise: Die Deutschen und die Franzosen akzeptieren, dass die Ukraine und Georgien zur russischen Einflusszone gehören. Vier Monate später ließ er seine Truppen in Georgien einmarschieren.

Im Westen wird bis heute heftig darüber gestritten, ob Bushs Unterstützung für die Nato-Ambitionen der beiden ehemaligen Sowjetrepubliken oder aber die Blockade dieses Plans durch Deutsche und Franzosen Putin zur völkerrechtswidrigen Invasion in das südliche Nachbarland ermuntert habe. Das gern wiederholte Argument, der Kreml habe einer Einkreisung durch die Nato vorbeugen müssen, entsprach allerdings nicht den tatsächlichen Bedrohungsanalysen des russischen Generalstabs. Auch sahen nach einer Umfrage des Moskauer Lewada-Zentrums damals nur rund drei Prozent der russischen Bevölkerung in einem Nato-Beitritt Georgiens und der Ukraine eine Hauptgefahr für Russland.

Im Kreml wurde sehr genau beobachtet, dass man in Berlin und Paris danach sehr schnell zur Tagesordnung überging. Die EU propagierte eine „Modernisierungspartnerschaft" mit Russland, der neue US-Präsident Barack Obama verkündete gar einen „Reset" in den Beziehungen zwischen Weißem Haus und Kreml. Putin wurde so erneut der Eindruck vermittelt, dass die militärischen Interventionen Moskaus straffrei bleiben. Nicht anders entwickelten sich die Dinge sechs Jahre später nach der Annexion der Krim und dem Einmarsch der als „Separatisten“ etikettierten russischen Truppen in den Donbass: Der Westen nahm faktisch die völkerrechtswidrige Abtrennung der Krim von der Ukraine hin, die über Russland verhängten Sanktionen waren nahezu wirkungslos, und Bundesaußenminister Frank-Walter Steinmeier erklärte, dass ein Nato-Beitritt der Ukraine nicht in Frage kommt. Wieder sah sich Putin in seinem aggressiven Kurs bestätigt. Er ließ weiter massiv aufrüsten, obwohl weder der russische Generalstab noch die Experten für Sicherheitspolitik das Szenario einer Bedrohung durch die Nato entworfen hatten.

Hingegen sahen sich sämtliche Nachbarstaaten dadurch bedroht, was namentlich in Deutschland ignoriert wurde. 2017 ließ Martin Schulz als SPD-Spitzenkandidat in sein Wahlprogramm schreiben, dass die Vereinbarung der Nato-Staaten, mindestens zwei Prozent des Bruttoinlandsprodukts für die Landesverteidigung auszugeben, „falsch und unsinnig“ sei. Nach dem überraschenden Sieg der SPD bei den Bundestagswahlen 2021 stellte auch der neue Bundeskanzler Olaf Scholz klar, dass er sich in der Tradition der Ostpolitik Willy Brandts sieht. Auch im Kreml war wohlbekannt, dass Scholz als Juso massiv gegen die Nato agitiert und Kontakte zu Parteifunktionären in der DDR gepflegt hatte. Ihm wurde in Moskau eine für viele Spitzenleute der SPD typische antiamerikanische Grundhaltung unterstellt. Er selbst schien diese Einschätzung zu bestätigen, als er sich bei seinem Besuch im Kreml Anfang Februar 2022, bei dem er hoffte, Putin zum Verzicht auf seine Kriegspläne zu bewegen, gegen die amerikanische Position stellte: „Ein Nato-Beitritt der Ukraine steht nicht auf der Tagesordnung.“

Angesichts dieser Stellungnahmen aus der SPD-Spitze erwartete Putin offenbar, dass die Deutschen auch auf den Überfall auf die Ukraine im Februar 2022 mit Appeasement reagieren und somit den Westen spalten würden. Bekanntlich kam es anders: Die Nato-Staaten standen nun fest zusammen, Scholz verkündete die „Zeitenwende". Und die bislang neutralen Schweden und Finnen beantragten ihre Aufnahme in das Bündnis. Wie schon bei der ersten und der zweiten Erweiterungsrunde, die die früheren Ostblockstaaten umfasste, ist auch der Antrag der Skandinavier die direkte Folge der Unfähigkeit des Kremls, konstruktive Nachbarschaftsbeziehungen aufzubauen.

Der Version der Kremlpropaganda von der Bedrohung durch die Nato im Bunde mit der „faschistischen Junta in Kiew" widersprach ausgerechnet der Söldnerführer Jewgeni Prigoschin, Chef der von Putin ursprünglich geförderten Wagner-Truppe. Am Vorabend seines im Sande verlaufenen 36-Stunden-Putschs Ende Juni 2023 erklärte er kurz und knapp: „Die Nato und die Ukraine wollten Russland nicht angreifen."

PETER DER GROSSE

Ein Jahr nach dem Ende seiner Dresdner Zeit trat Putin im Juli 1991 in die Stadtverwaltung von St. Petersburg ein. Als ein knappes halbes Jahr später die Sowjetunion aufgelöst wurde, ersetzte er das Lenin-Porträt in seinem Büro durch ein Bild von Peter dem Großen (1672–1725). Später, nach gut zwei Jahrzehnten als Kremlherrscher, bekundete er, dass er sich sogar als Erbe des ersten Kaisers des russischen Imperiums sah: Auf dem St. Petersburger Wirtschaftsforum im Juni 2022, auf dem die westlichen Firmen fehlten, stellte er den Krieg in der Ukraine auf eine Stufe mit der Eroberung des bis dahin zu Schweden gehörenden Nordteils des Baltikums durch Peter I. im Nordischen Krieg Anfang des 18. Jahrhunderts. Dieser habe nichts „an sich gerissen", sondern nur historisch zu Russland gehörende Gebiete „heimgeholt".

Es war eine für Putin typische Geschichtsklitterung, denn bis dahin hatte nur für kurze Zeit, nämlich im 11. Jahrhundert, eine Siedlung ganz am Ostrand des heutigen Estlands fernab der Ostseeküste zum Herrschaftsbereich der Kiewer Rus gehört, ein Außenposten, aus dem die Stadt Tartu hervorgegangen ist. Auch erhebt ja nicht nur Russland, sondern auch die Ukraine den Anspruch, Erbe der Kiewer Rus zu sein.

In den baltischen Republiken wurde diese eigenwillige Geschichtsstunde Putins als Drohung aufgefasst. Für die Esten und Letten ist Peter der Große nicht der leutselige und gerechte Herrscher, wie ihn etwa die in Deutschland überaus populäre komische Oper „Zar und Zimmermann" zeichnet, sondern ein rücksichtsloser Despot. In der Tat versuchte er, seine Reformen nach westlichem Vorbild mit Gewalt durchzusetzen. Seinen Sohn Alexej, der an alten Traditionen festhalten wollte und sich deshalb mit Reformgegnern verbündete, ließ er einkerkern und foltern, was dieser nicht überlebte. Den Aufstand der Schützenverbände der Strelitzen, die die Militärreform ablehnten, ließ er grausam niederschlagen und Tausende hinrichten.

Zu Beginn seiner Präsidentschaft hat sich Putin wiederholt unter Berufung auf Peter den Großen als „Westler" bezeichnet. Dieser hatte nicht nur den Adligen befohlen, die traditionellen Bärte abzuschneiden sowie westliche Kleidung zu tragen, und die neue Hauptstadt mit dem deutschen Namen gegründet, sondern auch das freie Unternehmertum gefördert sowie eine Verwaltungs- und Bildungsreform vorangetrieben. Die Petrinischen Reformen und die militärischen Erfolge schufen die Grundlage für den Aufstieg Russlands zur Großmacht.

Der russische Sieg in der Schlacht von Poltawa in der heutigen Ukraine gegen die Schweden (1709) bedeutete auch das Ende des freien Kosakentums, denn dessen Reiterverbände hatten auf der falschen Seite gekämpft. Während Putin Peter den Großen als Befreier der Ukraine rühmt, stellt die ukrainische Geschichtsschreibung die gnadenlose Unterdrückung der

Kosaken durch den Zar heraus. Der Kampf der freiheitsliebenden Kosaken gegen die Zaren ist auch in dem Krieg von heute historischer Bezugsunkt der ukrainischen Streitkräfte. Dagegen kündigte die Kremlpropaganda wiederholt an, den Ukrainern „Hunderte von Poltawas“ zu bereiten. Bislang gingen nur russische Raketen auf die Großstadt in der Zentralukraine nieder.

103 Jahre nach Poltawa scheiterte ein weiteres Invasionsheer in Russland: die Grande Armée Napoleons. Ihn hatte Putin kurz nach seiner Machtübernahme in einem Interview als eines seiner Vorbilder bezeichnet – ohne offenbar dessen Ende zu bedenken. Doch bald träumte er wohl davon, in die Geschichtsbücher wie Peter der Große als Erneuerer des Imperiums einzugehen. Diese Perspektive ist in weite Ferne gerückt. Stattdessen hat der Internationale Gerichtshof in Den Haag ein anderes Bild entworfen: Er gehört in die Reihe der großen Kriegsverbrecher der Moderne.

PUSCHKIN

In 28 ukrainischen Städten wurden im Laufe des vergangenen Jahres die Denkmäler für den russischen Nationaldichter Alexander Puschkin (1799–1837) abgebaut, den Schöpfer der modernen russischen Literatursprache. Überdies strich das Bildungsministerium in Kiew seine Werke von den Lektürelisten für Oberschulen. Der Aufschrei in Moskau war gewaltig. Zur Begründung führte das Ministerium an, dass Puschkin den russischen Imperialismus besungen und mit kolonialistischer Arroganz auf die Völker der von den Zaren eroberten Gebieten herabgeblickt habe.

Diese Interpretation ist keineswegs unbegründet. Allerdings gehörte der Dichter auch zu den Kritikern des rigiden innenpolitischen Regimes der Zaren und empörte die orthodoxe Kirche, weil er sein Interesse an atheistischem Schrifttum bekundete. Er wurde verdächtigt, den gefährlichen „Freigeistern" nahezustehen, und deshalb als Beamter vorübergehend an den Südrand des Imperiums versetzt. Er lebte so mehrere Jahre in Kischinjow, heute in der rumänischen Namensversion Chisinau Hauptstadt Moldawiens, sowie in der Hafenstadt Odessa mit ihrem südlichen Klima. Auch bereiste er wochenlang die Krim. Seine Gedichte über die Halbinsel gehören zu den Argumenten, die heute die gleichgeschalteten Moskauer Medien zur Rechtfertigung ihrer Annexion anführen.

Zur Sowjetzeit wurde der Dichter wegen seiner kritischen Epigramme aus seiner frühen Schaffensphase und sporadischen Kontakten zu Intellektuellen, die Reformen forderten, sogar als eine Art Vorläufer der bolschewistischen Revolutionäre dargestellt. Aus Anlass seines 100. Todestags 1937, dem Jahr des „großen Terrors" unter Stalin, wurde er zum Nationaldichter erhoben. Auch in den islamisch geprägten Sowjetrepubliken in Mittelasien mussten dem Heros der russischen Kultur Denkmäler errichtet werden, ein klassischer Akt kolonialistischer Kulturpolitik. Bei den großen Paraden in Moskau wurden neben den Porträts der Sowjetführer auch riesige rote Buchimitationen aus Sperrholz mit der Aufschrift „Puschkin" über den Roten Platz getragen.

Die Stadt Zarskoje Selo mit dem Katharinenpalast, eine der Sommerresidenzen der Zaren, in der sich das Bernsteinzimmer befand, wurde aus demselben Anlass in „Puschkin" umbenannt. Aus dieser Zeit stammt der russische Flüsterwitz über einen Bildhauerwettbewerb für ein Puschkin-Denkmal: Den ersten Preis gewinnt eine Skulptur, wie Puschkin mit glücklichem Gesichtsausdruck ein Buch von Stalin liest. Es gehört zur Ironie der Geschichte, dass in der späten Sowjetzeit der Puschkin-Platz im Zentrum Moskaus Treffpunkt der Dissidenten wurde, allerdings überwacht vom KGB.

In der Ukraine nimmt man ihm heute vor allem das Versepos „Poltawa“ übel, in dem er die Niederlage der Schweden und Kosaken gegen die Armee Peters des Großen besingt. Darin ist der Kosaken-Hetman Iwan Maseppa als hinterhältiger Verräter dargestellt. Doch in Kiew gilt Maseppa als Nationalheld, sein Porträt schmückt den Zehn-Hrywna-Schein. Puschkin wird überdies vorgeworfen, er habe sich in seiner zweiten Schaffensphase durch Privilegien und Ehren, darunter eine Audienz beim Zaren, korrumpieren lassen. Als Beleg gelten nicht nur mehrere Gedichte zum Ruhme des Imperiums und das Drama „Boris Godunow“, das eine starke antiwestliche Stoßrichtung hat und Vorlage für Mussorgskis monumentale Zarenoper geworden ist, sondern auch der in Versform gehaltene Appell „An die Verleumder Russlands“.

Anlass war die Welle russlandkritischer Publikationen in westeuropäischen Zeitungen und Zeitschriften, nachdem die russischen Besatzer 1830 einen Aufstand im annektierten Polen blutig niedergeschlagen hatten. Puschkin schimpfte darin, dass der Westen sich nicht in den „häuslichen Streit unter Slawen“ einmischen sollte, es gebe „viele slawische Ströme, die alle in das russische Meer münden“. Er begrüßte „mit Entzücken“, dass russische Truppen nach heftigen Kämpfen wieder die Kontrolle über Warschau errungen hatten. Der russische Außenminister Sergej Lawrow rezitierte im Herbst 2022 für einen Videoclip der Kremlpropaganda ein paar Verse aus diesem wütenden Appell Puschkins, die Drohungen an die Adresse des Westens enthalten. Lawrows Vortrag wurde mit Bildern aus der Gegenwart illustriert, darunter vom Moskauer Auftritt der vom Kreml eingesetzten Führer der vier annektierten ukrainischen Bezirke.

PUTIN

Vielen Deutschen stellt sich die Frage, warum Bundeskanzler Gerhard Schröder offenbar tatsächlich fest davon überzeugt war, dass Putin ein „lupenreiner Demokrat" gewesen sei. Und warum auch Angela Merkel, die weitaus skeptischer auf den Kremlchef schaute, ihn wie einen Politiker behandelte, der sein Wort hält, Verträge einhält und das Völkerrecht achtet. Das Auswärtige Amt in Berlin verfügt über exzellente Russlandexperten, doch auch bei Frank-Walter Steinmeier verfingen deren Warnungen vor Putin nicht. Die Russlandpolitik der großen Koalition war von der idealistischen Vorstellung geprägt, mit Gesprächen und Angeboten zur Zusammenarbeit alle Probleme lösen zu können. Einen Plan B für den – durchaus absehbaren – Fall, dass Putin daran gar nicht interessiert war, hatte man in Berlin nicht.

Einer der Gründe für die Gutgläubigkeit der deutschen Politik ist in seiner Rede im Bundestag zu suchen, die er zwei Wochen nach dem Anschlag auf das Word Trade Center am 25. September 2001 teilweise auf Deutsch vom Blatt ablas. Darin bezog er sich auf Lessing, Goethe, Schiller, Kant und Humboldt, er sprach von der „Einheit der europäischen Kultur", von den nun in Russland verwirklichten „Ideen von Demokratie und Freiheit" und bekam besonders langen Beifall für den Satz: „Der kalte Krieg ist vorbei."

Doch wurde er auch konkreter: „Niemand bezweifelt den großen Wert der Beziehungen Europas zu den Vereinigten Staaten. Aber ich bin der Meinung, dass Europa seinen Ruf als mächtiger und selbstständiger Mittelpunkt der Weltpolitik langfristig nur festigen wird, wenn es seine eigenen Möglichkeiten mit den russischen menschlichen, territorialen und Naturressourcen sowie mit den Wirtschafts-, Kultur- und Verteidigungspotenzialen Russlands vereinigen wird." Das Protokoll des Bundestags verzeichnete erneut „Beifall". Dass Putin mit diesen Sätzen an die vielen sowjetischen Versuche anschloss, einen Keil zwischen Westeuropa und die USA zu treiben, ist kaum jemandem in den Sinn gekommen.

Vielmehr waren die Reaktionen auf seine Rede quer durch alle Bundestagsparteien überaus positiv. Besonders herausgehoben wurde seine Bereitschaft, sich am Kampf gegen den islamistischen Terror zu beteiligen. Denn als solchen verkaufte er den deutschen Politikern mit Erfolg die neuerliche Bombardierung der tschetschenischen Hauptstadt Grosny, deren Einwohner Staatsbürger der Russischen Föderation waren, Putin ihnen gegenüber also eine Fürsorgepflicht hatte. Der SPD-Altvordere Egon Bahr lobte sogar ausdrücklich den Einsatz der russischen Bomber und Panzer in der unruhigen Kaukasusregion als friedensschaffend. Dass Putin ursprünglich liberale Positionen vertreten habe, ist also schlicht eine Legende. Vielmehr hat er von Anfang an auf militärische Gewalt als Mittel der Politik gesetzt.

Doch für die deutschen Politiker und Konzernchefs zählte vor allem, dass es ihm rasch gelang, Russland wirtschaftlich zu stabilisieren. Nach den Chaosjahren unter seinem Vorgänger Jelzin wurden Löhne und Renten pünktlich ausgezahlt, die Arbeitslosigkeit ging spürbar zurück, ebenso die Kriminalitätsrate. Milliarden wurden in die Infrastruktur investiert. Vor allem deutsche Unternehmen engagierten sich in Russland, Schröder und sein Vertrauter Steinmeier gaben die Parolen „Modernisierungspartnerschaft" und „Annäherung durch Verflechtung" aus.

Es ist also eine weitere Legende, dass Putins im Bundestag vorgebrachtes Angebot zur Zusammenarbeit ausgeschlagen wurde, das Gegenteil ist richtig. Er selbst trägt die Verantwortung dafür, dass Russland letztlich doch nicht der von ihm erhoffte Aufstieg zur wirtschaftlichen Großmacht gelang: Er hat nicht begriffen, dass Rechtssicherheit eine Grundbedingung für erfolgreiches Unternehmertum ist, dass überdies die alle Lebensbereiche durchdringende Korruption in einem Land ohne unabhängige Gerichte und Presse jegliche Innovation hemmt.

Da die russische Wirtschaft immer weiter hinter die USA und die EU zurückfiel, setzte Putin ganz offenkundig darauf, den Westen, den er als globalen Konkurrenten ansah, politisch zu destabilisieren. So haben russische Internettrolle und Einflussagenten 2015 in Großbritannien die Brexit-Befürworter und bei den Präsidentenwahlen in den USA 2016 Donald Trump unterstützt. In Deutschland, Österreich, Frankreich und Italien bekamen Nationalpopulisten, die die EU sprengen wollen, Geld aus dem Kreml, ebenso wie polnische Fundamentalkatholiken, die die Gesellschaft an der Weichsel spalten, und radikale katalanische Separatisten, die den Konflikt mit Madrid verschärfen wollen.

Angela Merkel äußerte sich nach ihrem Auszug aus dem Kanzleramt nicht zu dem Vorwurf, dass sie ihm mit dem Placet für Nord Stream 2 ein Instrument in die Hand gegeben hat, die EU wirtschaftspolitisch zu erpressen. Schon nach der Krim-Annexion hatte sie nach einem langen Telefonat mit Putin dem US-Präsidenten Obama berichtet, dass der Kremlchef „in einer anderen Welt lebt". Sie meinte damit wohl seine Besessenheit von der Mission Russlands, die ihn gereizt auf vermeintliche Zurücksetzungen reagieren lässt und ihn antreibt, das verlorene Imperium wiederherzustellen.

Frühere enge Mitarbeiter meinen, Putin sehe sich als von der Vorsehung Auserwählter, auserwählt für den Wiederaufstieg Russlands als Supermacht. In dieses russische Reich will er auch die widerstrebenden Ukrainer zwingen, die er für ihre Hinwendung zum Westen bestrafen möchte. Allerdings kann er einen fundamentalen Widerspruch in seiner Argumentation nicht auflösen: Zwar bezeichnet er die Ukrainer als untrennbar mit Russland verbundenes „Brudervolk", dennoch lässt er sie bombardieren. Auch nimmt er den Tod von Zehntausenden eigener Leute in Kauf. Einer Gruppe von Müttern gefallener

Soldaten beschied er zynisch, dass es bei Trunkenheitsfahrten im Straßenverkehr viel mehr Tote gebe, außerdem hätten ihre Söhne ja „nicht vergebens, sondern für ein höheres Ziel" ihr Leben gelassen. Auch erklärte er unter Berufung auf Patriarch Kyrill, gefallene Russen kämen „wie Märtyrer ins Paradies", während ihre Gegner „einfach verrecken".

Dabei scheut er sich nicht, Spitzenpolitikern aus anderen Ländern dreist ins Gesicht zu lügen. So behauptete er, Russland habe nichts mit den nicht gekennzeichneten Soldaten in Kampfmontur zu tun, die 2014 die Krim unter ihre Kontrolle brachten und im Donbass kämpften. Als Emmanuel Macron und Olaf Scholz Anfang Februar 2022 nacheinander zu ihm in den Kreml kamen, um ihn angesichts des gewaltigen russischen Truppenaufmarschs an der ukrainischen Grenze zum Frieden zu mahnen, beschied er ihnen, dass der Rückzugsbefehl bereits gegeben sei. Es war eine weitere große Lüge.

RIBBENTROP-MOLOTOW-PAKT

Der Nichtangriffsvertrag zwischen Deutschland und der Union der Sozialistischen Sowjetrepubliken vom 23. August 1939, auch Hitler-Stalin-Pakt genannt, gilt als schändliches Kapitel sowohl in der deutschen als auch in der russischen Geschichte. Im Geheimen Zusatzabkommen hatten sich beide Seiten auf die Aufteilung Polens geeinigt, Hitler akzeptierte überdies, dass die Sowjetunion die drei baltischen Republiken annektiert. Abgeordnete aus den osteuropäischen Ländern setzten 2008 im Europa-Parlament durch, dass der 23. August zum Gedenktag für die Opfer von Stalinismus und Nationalsozialismus erklärt wurde. Deutsche Abgeordnete hatten versucht, diesen Beschluss zu verhindern; ihnen wurde daraufhin unterstellt, sie hätten den Kreml nicht verärgern wollen – in der Tat war man in Moskau überaus empört.

Putin verteidigte das Abkommen und zwar immer radikaler: Erklärte er noch zum 70. Jahrestag 2009, dass es zwar moralisch verwerflich, aber aus der Sicht Stalins das kleinere Übel gewesen sei, so rühmte er den Pakt zum 80. Jahrestag 2019 als genialen Schachzug Stalins. Laut Putin war der Pakt richtig, weil er der Sowjetunion Zeit verschaffte, um sich gegen die Deutschen zu wappnen, und die Rote Armee außerdem 1939 „nicht kämpfen wollte". Es war eine plumpe Geschichtslüge, denn nur 17 Tage nach dem deutschen Angriff auf Polen am 1. September 1939 fiel die Rote Armee von Osten in das Land ein. Bei den Kämpfen um das damalige Ostpolen fielen mehrere Tausend Soldaten. Die polnische Führung floh nach Rumänien, Ribbentrop erklärte, der polnische Staat habe aufgehört zu existieren, und Molotow notierte, der „hässliche Bankert von Versailles" sei verschwunden, eine Anspielung an die Wiedergeburt der Republik Polen nach 123 Jahren der Teilungen unmittelbar nach Ende des Ersten Weltkriegs. Auch griff die Rote Armee Finnland und Rumänien an, Putins Behauptung, sie habe „nicht kämpfen wollen", ist also schlicht falsch.

Nach dem Einmarsch der Roten Armee in Ostpolen wurde eine halbe Million Polen und Ukrainer aus den unverzüglich von Moskau annektierten Gebieten, die heute die Westregionen von Belarus und der Ukraine ausmachen, nach Sibirien und Kasachstan deportiert. Zehntausende Angehörige der Führungsschicht wurden erschossen, zu den Exekutionsorten gehörte der Wald von Katyn. Stalins Geheimpolizei NKWD errichtete in den annektierten Gebieten ein Terrorregime: Massenverhaftungen, Exekutionen ohne Gerichtsverfahren, umfassende Enteignungen, Zwangsrekrutierung für die Rote Armee. In Westeuropa ist dieses schwarze Kapitel der Geschichte des 20. Jahrhunderts kaum bekannt, in der Ukraine und in Polen aber prägt es bis heute für viele Menschen das Bild von den russischen Nachbarn.

Der Pakt hatte auch tragische Folgen für viele deutsche Kommunisten, die vor den Nationalsozialisten in die Sowjetunion geflüchtet waren: Sie wurden nun an das Dritte Reich ausgeliefert. Allerdings gab es auch im Moskauer Exil lebende KPD-Funktionäre, die auf einen Bund der deutschen und der sowjetischen Arbeiterklasse hofften – mit der NSDAP als Partner, die ja den Anspruch, die Arbeiter zu vertreten, bereits in ihrem Namen trug. Der für den verbrecherischen Charakter des Stalinismus blinde Dichter Johannes R. Becher, der spätere Kulturminister der DDR und dort vom Volksmund „Erbrecher" genannt, besang das „Friedensband" zwischen dem Kreml und der Reichskanzlei in Berlin.

Beim Nürnberger Prozess gegen die Hauptkriegsverbrecher 1945/46 berichtete der angeklagte frühere Staatssekretär und SS-Brigadeführer Ernst von Weizsäcker, Vater des späteren Bundespräsidenten, von dem Geheimen Zusatzabkommen über die Einflusszonen in Osteuropa. Die sowjetische Delegation hatte zuvor vergeblich versucht, seine Aussage zu verhindern. Die britische und amerikanische Presse veröffentlichte daraufhin längere Artikel über die Teilung Polens durch Hitler und Stalin sowie die Annexion der baltischen Staaten durch Moskau. Doch der Kreml behauptete, dass alles eine Lüge sei.

Dies blieb die offizielle Position Moskaus bis zum 50. Jahrestag 1989. Im Volksdeputiertenkongress, der aus teilweise freien Wahlen hervorgegangen war, forderten Abgeordneten aus den drei baltischen Sowjetrepubliken eine offizielle Stellungnahme des Kremls zu den westlichen Publikationen über das Geheime Zusatzabkommen. Gorbatschow kannte das Originaldokument, ließ aber zunächst verbreiten, dass es ein solches nicht gebe. Erst nachdem Hunderttausende genau am Jahrestag eine Menschenkette von Tallinn nach Vilnius gebildete hatten, räumte er dessen Existenz ein. Doch beharrte er darauf, dass 1940 die Abstimmungen über den Anschluss der von der Roten Armee besetzten baltischen Republiken an die Sowjetunion ordnungsgemäß verlaufen seien, was erwiesenermaßen nicht den Tatsachen entsprach.

Auch Putin behauptet, dass die Eingliederung des Baltikums in die Sowjetunion völkerrechtlich korrekt „in Übereinkunft mit den jeweiligen Regierungen“ verlaufen sei. Ebenso rechtfertigte er den Anschluss des damaligen Ostpolens an die Belarussische sowie Ukrainische Sowjetrepublik. Die Rote Armee habe die von der nationalistischen Regierung in Warschau unterdrückten Belarussen und Ukrainer befreit und überdies die dort lebenden Juden vor den Einsatzgruppen der SS gerettet. So steht es auch in russischen Schulbüchern. Im Übrigen habe Polen selbst den Angriff der Wehrmacht provoziert, da Warschau das Zustandekommen einer Anti-Hitler-Koalition blockiert habe. Putin verschwieg dabei allerdings, dass dieser Vorschlag Stalins an London und Paris auch die Stationierung von Einheiten der Roten Armee auf polnischem Territorium vorsah, was für Warschau inakzeptabel war. Mit seiner Rechtfertigung des von Molotow und Ribbentrop ausgehandelten völkerrechtswidrigen Paktes schließt er den Kreis zur Stalinzeit.

RUSSKI MIR

Wiederholt bezeichnete Putin sich als Schutzherrn der 25 Millionen Russen, die wegen des Zerfalls der Sowjetunion „von der Heimat getrennt“ zu Bürgern der Nachbarrepubliken geworden seien. Doch die von ihm genannte Zahl ist weit übertrieben. Bei der Volkszählung 2001 in der Ukraine bezeichneten sich 8,3 der 45,4 Millionen Bürger der Ukraine als Russen. In den anderen 13 Sowjetrepubliken waren zum Zeitpunkt der Auflösung der UdSSR Ende 1991 insgesamt knapp neun Millionen registriert. Doch hat seitdem ein beträchtlicher Teil dieser Russen vor allem die neuen Staaten im Kaukasus und in Mittelasien verlassen, um sich in Russland niederzulassen.

Jenseits der Grenzen der Russischen Föderation blieben nur der Nordwesten Kasachstans, die Industriegebiete der Ostukraine, die Region Odessa, die Halbinsel Krim, Transnistrien und der Osten Estlands russisch geprägt. Zweifellos hatte Putin mit seinem Anspruch, die Interessen der Auslandsrussen zu verteidigen, keineswegs nur die Personen im Blick, die sich als Russen definieren, sondern alle, die Russisch als Muttersprache angeben. Diese Menschen gehören nach seinen Worten zur „Russischen Welt" – *Russki mir*. Das Wort *mir* bedeutet aber auch Frieden, der Begriff schließt somit an die *pax romana* des römischen Imperiums an, das Nachbarvölkern Frieden brachte, indem es sie unterwarf.

Der Begriff verbreitete sich erstmals in der zweiten Hälfte des 19. Jahrhunderts, er steht für den Anspruch des Zarenreichs, führende zivilisatorische Kraft in Osteuropa zu sein, so wie einst das antike Griechenland in der hellenistischen Welt und Rom in der lateinischen Welt. Damals gehörten die Bezeichnungen „Großrussen" für die heutigen Russen, „Weißrussen" für die Einwohner von Belarus und „Kleinrussen" für die Ukrainer zur Amtssprache. Bei „Kleinrussland" handelt es sich um eine Übersetzung aus dem Griechischen: Von Byzanz nach Kiew war die Distanz kleiner als nach Moskau, wohin eine viel größere Wegstrecke zurückzulegen war.

Laut den Verfechtern dieses Konzepts gehört der russischen Kultur die Zukunft, während die Zivilisation des Westens blutleer sei und von ihr keine Impulse mehr für die Menschheit ausgingen.

Zur Begründung des Anspruchs auf Kiew führen russische Politiker und Publizisten die vom Mönch Nestor verfasste altkirchenslawische Chronik aus dem 12. Jahrhundert an. Darin heißt es: „Kiew ist die Mutter der russischen Städte." Allerdings bezog sich Nestor auf die Kiewer Rus, das im zehnten Jahrhundert entstandene Reich am Dnjepr, auf das sich heute auch die Ukrainer berufen. In der Linguistik hat sich die Erkenntnis durchgesetzt, dass *Rus* vom Altnordischen *ruotsi* (Ruderer) abgeleitet ist. *Russki* bezeichnete demnach ursprünglich ein Wikingervolk aus dem Ostseeraum, das über die Flüsse ein Netz von Handelsplätzen und Stützpunkten bis zum Schwarzen Meer aufbaute. Eine Theorie besagt, sie hätten zunächst die Oberschicht im Kiewer Reich gestellt. Diese These wird indes in Russland heftig abgelehnt, nicht zuletzt deshalb, weil NS-Ideologen mit ihr den Herrschaftsanspruch der „germanischen Herrenrasse" über die „slawischen Untermenschen" begründeten.

Die Zaren sahen sich als Nachfolger der Kiewer Großfürsten, auch Putin vertritt diese Auffassung. Deshalb strebt er heute im Gleichklang mit dem Moskauer Patriarchen Kyrill die „Wiedergeburt des mächtigen Vaterlands" an, nämlich den Zusammenschluss von Belarus und der Ukraine mit Russland, unter Moskauer Führung, somit die Wiederherstellung des Imperiums der letzten Zaren mit Russisch als verbindender Sprache und den „traditionellen russischen Werten" als ethischer Grundlage. Nach der Lehre von der Russischen Welt ist die Ukraine ein künstliches Konstrukt, „Kleinrussland" sei Hinterland von Großrussland gewesen und müsse es auch wieder werden.

Putin legte 2021 in einem langen Essay dar, dass Russen, Belarussen und Ukrainer eigentlich ein Volk seien, das die „dreieinige russische Nation" ausmache. Die heutigen Unterschiede zwischen Russen und Ukrainern seien die Folge der Ränke des Westens: Erst habe Polen, dann Österreich-Ungarn die Einwohner der Ukraine gegen Moskau aufgehetzt, heute hätten die Europäische Union und die Nato diese Rolle übernommen. Der auf diese Weise erzwungenen „Wechsel der nationalen Identität" sei so schwerwiegend, wie es der Einsatz von Massenvernichtungsmitteln gegen Russland wäre. Er kämpfe für die geistige Erlösung der Ukrainer, auf dass diese wieder in einem Staat mit dem russischen Brudervolk leben könnten. Warum er seit 2014 Städte in der Ukraine bombardieren und beschießen ließ, obwohl deren Einwohner nach seiner Sicht der Dinge vom Westen unterdrückte Landsleute sind, erklärte Putin aber nicht.

In Kiew sieht man dies anders: Moskau war bis zum Tatarensturm im 13. Jahrhundert ein unbedeutender Außenposten der Kiewer Rus, umgeben von einem Wall mit Holzpalisaden. Doch während Kiew, von dessen Reichtum das berühmte Goldene Tor und die nach dem Vorbild der Hagia Sophia in Konstantinopel errichtete Sophienkathedrale kündeten, von den Tataren geplündert und zerstört wurde, blieb Moskau verschont, offenbar hatten sich die dortigen Fürsten widerstandslos dem Chan der Tataren untergeordnet. Damit begann ihr Aufstieg. In der großen Geschichtserzählung der Ukraine sind die Moskowiter für ihre unehrenhafte Unterwerfung belohnt worden. Dieser andere Blick auf die Geschichte ist einer der Gründe, warum am Dnjepr das Konzept von *Russki mir* entschieden abgelehnt wird. Ein Bischof der ukrainisch-orthodoxen Kirche führte noch ein weiteres Gegenargument an: „Es ist so, als ob die Italiener von heute eine Römische Welt ausriefen und die Spanier sowie Franzosen zwingen wollten, ihr beizutreten."

Überdies belegen die extrem schwachen Ergebnisse der für den Anschluss an Russland eintretenden Parteien bei Wahlen im Donbass, in Odessa und auf der Krim, dass die überwältigende Mehrheit der russischsprachigen Bevölkerung in der Ukraine überhaupt nicht von Putin beschützt oder gar befreit werden wollte. Im Alltag der Kiewer überwog im ersten Jahrzehnt seit der Unabhängigkeit zwar eindeutig das Russische, doch bekamen dort Politiker, die für eine Annäherung an die EU eintraten, bei Wahlen zusammengenommen stets mehr als 85 Prozent der Stimmen.

Nicht anders ist die Stimmung im Baltikum: In Estland und Lettland, wo die ethnischen Russen jeweils ein Drittel der Einwohner ausmachen, sind die allermeisten von ihnen überaus zufrieden, dass sie nun EU-Bürger sind, mit Rechtssicherheit, Reisefreiheit und überdies deutlich höherem Einkommen als die große Mehrheit in Russland. Für sie wurde der Begriff „Eurorussen" geprägt. *Russki mir* ist also für die russischsprachigen Bürger in den Nachbarländern gänzlich unattraktiv. Ihm fehlt die überwölbende Idee wie sie noch der Kommunismus hatte, der zumindest in der Theorie den nicht-russischen Völkern in der Sowjetunion Gleichberechtigung in einer besseren Welt versprach.

Putin propagiert allerdings die Gleichung: russischsprachig = Russe. Schon allein die Tatsache, dass fünf der bisher sechs Präsidenten der Ukraine mit Russisch als Muttersprache aufgewachsen sind, belegt, dass diese Gleichung falsch ist: Nur der erste von ihnen, Leonid Krawtschuk, stammt aus einer ukrainischsprachigen Familie, während Leonid Kutschma, Viktor Juschtschenko, Viktor Janukowitsch, Petro Poroschenko und Wolodymyr Selenskyj die Sprache erst als Erwachsene erlernt haben. Russisch und Ukrainisch, das erst im 19. Jahrhundert zur Literatursprache wurde, unterscheiden sich etwa so wie das Deutsche und das Niederländische, also erheblich.

In Wirklichkeit verhält es sich im postsowjetischen Raum nicht anders als in den deutsch- oder französischsprachigen Ländern: Sprache und Nationalität sind mitunter verschiedene Dinge. So waren Max Frisch, Stefan Zweig und Franz Kafka zwar deutschsprachige, aber keine deutschen Schriftsteller. Die Einwohner von Lüttich, Genf und Monaco sprechen zwar Französisch, doch würden sie Versuche der Regierung in Paris, sie unter ihren Schutz zu stellen, energisch zurückweisen.

2007 hat Putin die Stiftung „Russki mir" gründen lassen. Ihr Präsident wurde der Duma-Abgeordnete Wjatscheslaw Nikonow, ein Enkel Wjatscheslaw Molotows. Die Stiftung rechtfertigte mit vielen Veranstaltungen und Publikationen im westlichen Ausland die Annexion der Krim und die Proklamation der „Volksrepubliken" Donezk und Luhansk 2014. In der Präambel der Verfassung der Volksrepublik Donezk taucht sechsmal der Begriff *Russki mir* auf. Man habe die Hoffnung, „Bestandteil von Großrussland zu werden, dem Glorienschein aller die Russische Welt umfassenden Territorien". 2020 trat in Russland das „Gesetz über den Schutz der historischen Wahrheit" in Kraft: Demnach kann Kritik an dem expansiven Konzept des Russentums im Sinne Putins als Straftatbestand bewertet werden.

Dass er vorgibt, die russischen Muttersprachler nicht nur politisch aus Moskau zu unterstützen, sondern sie auch durch seine Armee aus angeblicher ukrainischer Repression zu „befreien", hat indes Folgen für die ukrainischen Behörden und Bildungseinrichtungen: Das Russische wird immer mehr zurückgedrängt, um Putins Ansprüchen die Grundlage zu entziehen. Noch 2006 gaben 31 Prozent der Ukrainer als Muttersprache Russisch an; 2015, nach der Invasion im Donbass, erklärten nur noch 15 Prozent, dass Russisch weiterhin die erste Sprache in der Familie sein werde. Noch krasser ist der Stimmungsumschwung bei Umfragen zu Sympathiewerten: Nach Angaben des Internationalen Instituts für Soziologie in Kiew hatten bis 2013 mehr als drei Viertel der Ukrainer ein positives Verhältnis zu den russischen Nachbarn. 2022 ist dieser Wert auf zwei Prozent gesunken.

Im selben Jahr setzte Kiew das neue, umstrittene Sprachengesetz in Kraft, das Ukrainisch zur einzigen Amts- und Unterrichtssprache macht. Bislang war Russisch in den Gebieten mit hohem Anteil russischsprachiger Bürger gleichberechtigt. Nun ist sogar Freiberuflern wie Ärzten und Anwälten vorgeschrieben, bei ihrer Berufsausübung Ukrainisch zu sprechen. Überdies wird schrittweise der Anteil an ukrainischsprachigen Programmen für die Radio- und Fernsehstationen in den noch unter der Kontrolle Kiews stehenden russischsprachigen Gebieten erhöht. Im April 2023 unterzeichnete der russische

Muttersprachler Selenskyj einen Erlass, der die Verwendung der russischen Ortsnamen in der Ukraine verbietet. *Kiew* darf nun nur *Kyiw* genannt werden, bei *Odessa* fällt das zweite S weg. Überdies begann die Entfernung von Denkmäler für russische Schriftsteller, die in ihren Werken die Zarenherrschaft und das Imperium gepriesen haben. Kiew begegnet auf diese Weise den Ansprüchen Moskaus auf ukrainisches Staatsterritorium.

Zwei Wochen nach dem Überfall auf die Ukraine wurde eine von 1500 orthodoxen, katholischen und evangelischen Theologen aus aller Welt unterzeichnete Erklärung veröffentlicht, die das Konzept von *Russki mir* als „zutiefst unorthodoxe, unchristliche und gegen die Menschheit gerichtete Irrlehre" verdammt. Der Stiftungspräsident Nikonow aber warf den Kritikern vor, die Tatsachen zu verdrehen: Moskau führe einen „heiligen Krieg" gegen das Böse, das die „ukrainischen Nazi-Bataillone" verkörpern. Die Europäische Union setzte im Juli 2022 die Stiftung mitsamt dem Molotow-Enkel auf ihre Sanktionsliste.

SCHMIDT

Während seiner acht Jahre als Bundeskanzler (1974 – 1982) war Helmut Schmidt nicht sonderlich populär, er wirkte arrogant. Doch in seinen letzten Lebensjahren war er für einen großen Teil der deutschen Öffentlichkeit eine Autorität bei der Interpretation der großen Politik, seine Erklärungen der Weltenläufte bestanden meist aus Anekdoten über sein eigenes Wirken und weiten Exkursen in die Weltgeschichte. Diese Mixtur machte seine Bücher zu Bestsellern. Die darin enthaltenen Warnungen vor einer Masseneinwanderung aus dem islamischen Kulturkreis sah man ihm nach, und seine kuriosen Einschätzungen der Entwicklungen in Osteuropa verstörten zwar die Experten, fanden aber kein breites Echo in den Medien. Unbestritten aber bleibt ihm ein historisches Verdienst, das ihm von seinen eigenen Parteigenossen in der SPD seinerzeit allerdings überaus übelgenommen wurde: die Nachrüstung.

Schmidt zog 1974 ins Bonner Kanzleramt ein, nachdem Willy Brandt wegen des Spionagefalls Guillaume zurückgetreten war. Im folgenden Jahr fand in Helsinki die Konferenz für Sicherheit und Zusammenarbeit in Europa (KSZE) ihren Abschluss. In der Schlussakte verpflichteten sich die Unterzeichnerstaaten, die Unverletzlichkeit der Grenzen in Europa anzuerkennen und sich nicht in die inneren Angelegenheiten anderer Staaten einzumischen. Aus Moskauer Sicht bedeutete das Dokument die Sanktionierung der sowjetischen Herrschaft über Osteuropa. Allerdings enthielt es auch die Verpflichtung, die Menschenrechte zu achten.

In der Sowjetunion und allen Satellitenstaaten verhärtete sich indes das innenpolitische Klima, Dissidenten, wie die Vertreter der verbotenen Demokratiebewegungen genannt wurden, sahen sich gnadenloser Verfolgung ausgesetzt, im günstigsten Fall wurden sie gegen ihren Willen zwangsausgesiedelt. Dass die Entspannungspolitik zur Demokratisierung der Ostblockstaaten geführt hat, ist nicht mehr eine Legende, die heute gern von Nostalgikern in der SPD verbreitet wird.

Im Kreml nahm man überaus befriedigt zur Kenntnis, dass die SPD-Führung, der ja auch Kanzler Schmidt angehörte, sich energisch von den Appellen des neuen US-Präsidenten Jimmy Carter an den Kreml, die Menschenrechte zu respektieren, distanzierte, weil diese angeblich die Entspannungspolitik gefährdeten. Schmidt selbst spottete damals hinter verschlossenen Türen über den „Dilettanten im Weißen Haus", der nichts von der Weltpolitik verstehe.

Wer damals in der Bundesrepublik auf die Menschenrechtslage in den Ostblockstaaten hinwies, geriet unter scharfen Beschuss der links und linksliberal eingestellten westdeutschen

Medien, der wurde als „kalter Krieger“ diffamiert. Man dürfe nicht die Machthaber in Moskau reizen, dies würde die Entspannung gefährden und die Kriegsgefahr erhöhen – eine Argumentation, die auch Leitlinie der Russlandpolitik der Großen Koalition unter Angela Merkel werden sollte.

Auch wollte Schmidt seinerzeit nicht die wirtschaftliche Zusammenarbeit mit der Sowjetunion gefährden, vor allem bei der Erschließung von Erdgasfeldern und dem Bau von Pipelines in den Westen. Es gab durchaus gute Gründe dafür: Die Ölkrise von 1973 hatte gezeigt, wie risikoreich die Abhängigkeit der Bundesrepublik von Ölimporten aus den arabischen Ländern war. Dass damit auch die sowjetische Hochrüstung mitfinanziert wurde, war damals weder in der Politik noch in den Medien ein Thema.

Schmidt überschätzte die Wirtschaftskraft der Ostblockstaaten, allerdings stand er damit nicht allein, auch Helmut Kohl tat dies nach ihm. Besonders kurios war sein Lob für das „Wirtschaftswunder“ der Volksrepublik Polen Ende der siebziger Jahre. Bei einem Besuch in Danzig 1979 staunte er über das reichhaltige Sortiment der Kaufhäuser, zum Angebot gehörten auch viele Waren aus dem Westen. Dass alles für den Besuch aus dem Westen arrangiert war, auf diesen Gedanken kamen auch die ihn begleitenden Bonner Presseleute nicht. Vor allem war es ein Wirtschaftswunder auf Pump, die Kredite hatte ausgerechnet das Bundeskabinett unter Schmidt vermittelt und garantiert. Doch dieser offenkundige Zusammenhang ist ihm entgangen, Schmidt erklärte gar, er würde den polnischen Parteichef Edward Gierek zum Wirtschaftsminister machen, wenn dieser Bundesbürger wäre.

Schon ein Jahr später wurde Gierek gestürzt, aus der Protestwelle gegen die drastisch erhöhten Lebensmittelpreise ging die Gewerkschaft Solidarność hervor. Doch deren politische Bedeutung verkannte Schmidt völlig. Dem französischen Staatspräsidenten François Mitterrand sagte er bei einem

Kamingespräch: „Für Polen sehe ich nur noch zwei Lösungen. Die erste ist die rationale Lösung: Der Erzengel Michael hilft und bringt alles in Ordnung. Die zweite Lösung gehört in den Bereich des Wunders: Die Polen fangen wieder an zu arbeiten …" Von der Verhängung des Kriegsrechts über Polen am 13. Dezember 1981 wurde Schmidt bei einem Besuch in der DDR überrascht. Er äußerte Verständnis dafür, „dass dies nun notwendig war". Es gelte, an der Entspannungspolitik festzuhalten. DDR-Staats- und Parteichef Erich Honecker war seine Zufriedenheit anzumerken. In Moskau wurde erfreut registriert, dass sich Schmidt dem Druck aus dem Weißen Haus unter dem neuen US-Präsidenten Ronald Reagan widersetzte, sich einem Wirtschaftsembargo gegen die Sowjetunion anzuschließen.

Schmidt teilte nicht den Optimismus Brandts und Bahrs, was die Reformfähigkeit der Sowjetunion angeht. Doch war er fest davon überzeugt, dass das hoch gerüstete Sowjetregime, das er einmal „Obervolta mit Atomraketen" nannte, noch Jahrzehnte bestehen würde; dies war auch die vorherrschende Meinung unter den Osteuropaexperten. Er ging davon aus, dass Voraussetzung für den Frieden in Europa ein militärisches Gleichgewicht zwischen den Blöcken sei. Aus diesem Grunde widersetzte er sich der Friedensbewegung, die sich in den achtziger Jahren gegen die amerikanische Nachrüstung richtete. Der Nato-Doppelbeschluss trug auch seine Handschrift: Er sah die Aufstellung von Mittelstreckenraketen des Typs Pershing II in Westeuropa vor, darunter in der Bundesrepublik, lud aber auch den Kreml zu Abrüstungsverhandlungen ein.

Doch weite Kreise der SPD verweigerten ihm dabei die Gefolgschaft und trugen damit 1982 ihren Teil zum Ende der sozialliberalen Koalition in Bonn bei, Helmut Kohl wurde neuer Bundeskanzler. Später veröffentlichte Dokumente aus sowjetischen Archiven belegen, dass die unnachgiebige Haltung Schmidts und seines Nachfolgers Kohl nicht unwesentlich dazu beigetragen hat, die Führung in Moskau an den Verhandlungstisch zu bringen.

Gab die weitere Entwicklung also Schmidt im Konflikt innerhalb der SPD recht, so irrte er sich eine Generation später bei der Einschätzung des russisch-ukrainischen Konflikts. Als Putin die Ukraine 2014 angreifen ließ, wiederholte der mittlerweile 96jährige unkritisch die Propagandaversion des Kremls, dass die Ukrainer eigentliche gar keine Nation seien. Auch äußerte er Verständnis für die völkerrechtswidrige Annexion der Krim. Es waren seine letzten Fehlurteile über Osteuropa.

SCHRÖDER UND DIE SPD

Der Ruf Gerhard Schröders dürfte irreparabel ramponiert sein. Schon sein nahtloser Übergang vom Kanzleramt in die Chefetagen russischer Staatskonzerne 2005 brachte ihm massive Kritik ein. Dass er noch 2007 sein kurioses Lob für Putin als „lupenreinen Demokraten" wiederholte, als dieser längst die Justiz unter seine Kontrolle, die Opposition ausgeschaltet und die Presse weitgehend gleichgeschaltet hatte, machte nicht nur Osteuropa-Experten fassungslos. Schröder war nach den Worten des früheren Schachweltmeisters Garri Kasparow, der sich in der proeuropäischen Opposition engagiert, „Putins fettester Fang", durch sein Zusammengehen mit diesem „autoritären Schlägertypen" habe er der russischen Demokratiebewegung unermesslichen Schaden zugefügt.

Viel wurde spekuliert, was Schröder zu der persönlichen Freundschaft mit Putin gebracht hat und ihn aller Kritik zum Trotz daran festhalten ließ. Vermutlich spielte die gemeinsame Geschichte des Aufstiegs aus einfachsten Verhältnissen eine Rolle. Die Position an der Spitze der Machtpyramide erlaubte ihnen, selbstbewusst gegenüber Präsidenten und Wirtschaftsbossen aufzutreten. Als Putin-Freund stand er aber, vom Italiener Silvio Berlusconi abgesehen, allein unter den Regierungschefs in der EU da.

Nicht nur die östlichen Nachbarn der Deutschen, an erster Stelle die Polen, sondern auch die Briten, die Franzosen und die Skandinavier schauten überaus skeptisch auf sein prorussisches Engagement. Dazu gehörte, dass er als Kanzler die Gegenspionage des BND, also das Ausforschen und Infiltrieren der russischen Geheimdienste, hatte einstellen lassen. Völlig in den Hintergrund geriet allerdings, dass Schröder die Osterweiterung von EU und Nato mitgetragen hat. Die Version, er habe bewusst im Interesse Moskaus zum Nachteil des Westens gehandelt, ist also nicht zu halten. In Kiew wurde auch kolportiert, Schröder habe 2004 auf Putin eingewirkt, auf Diversion und Sabotage der Orangen Revolution durch russische Agenten zu verzichten. Ebenso ist der Vorwurf, er habe sich nur des schnöden Mammons wegen verkauft, zweifellos ungerecht. Vielmehr dürfte er der festen Überzeugung gewesen sein, mit der Übernahme von Spitzenposten bei Gazprom und Rosneft nicht nur Deutschland, sondern auch den EU-Partnern nützen zu können.

Überdies sah sich Schröder in der Tradition der Entspannungspolitik Willy Brandts und Egon Bahrs, die die Parole vom „Wandel durch Annäherung" ausgegeben hatten. Das unter Brandt ausgehandelte große Erdgas-Röhren-Geschäft wurde in der SPD stets als Friedensprojekt angesehen. Die Realisierung von Nord Stream galt den Genossen als dessen Fortsetzung, als Verpflichtung gegenüber dem Erbe Willy Brandts. Dass dieser aber die Deutschen auch in einer besonderen Verantwortung gegenüber Polen sah, ignorierte die gesamte SPD-Spitze. Die Proteste aus Warschau gegen Nord Stream wurden als russophobe Hysterie abgetan.

So sagte Franz Müntefering, Schröders Nachfolger als SPD-Vorsitzender, unmittelbar nach dessen Wechsel in die Dienste von Gazprom: „Ich bin froh, dass er das getan hat, weil er an dieser Stelle für unser Land und für Europa auch in Zukunft gute strategische Arbeit leisten kann." Sigmar Gabriel, Münteferings Nachfolger als SPD-Chef, trieb nach der Annexion der Krim in seiner Eigenschaft als Wirtschaftsminister die Genehmigungen für Nord Stream 2 voran, er erklärte die Übernahme deutscher Gasspeicher durch Gazprom für unbedenklich, in seiner Amtszeit nahm der Anteil von russischem Erdgas am deutschen Energiemix weiter kräftig zu. Er konnte sich dabei auch auf den langjährigen Schröder-Vertrauten Frank-Walter Steinmeier stützen, der als Außenminister ebenfalls an der Weichenstellung für den deutsch-russischen Energieverbund beteiligt war. Martin Schulz, Gabriels Nachfolger an der SPD-Spitze, hatte als Präsident des Europa-Parlaments intensiv in Brüssel dafür geworben.

So überwog denn auch in der SPD die Stimmung, die Annexion der Krim zu bagatellisieren. Der frühere Parteichef Matthias Platzeck forderte die internationale Staatengemeinschaft gar auf, den schweren Bruch des Völkerrechts durch den Kreml zu legalisieren. Er kritisierte die damals verhängten Sanktionen und verglich die Stationierung eines kleinen Kontingents deutscher Soldaten in Litauen, um das die Regierung in Vilnius gebeten hatte, mit dem Angriff der Wehrmacht auf die Sowjetunion 1941. Im Baltikum und in Polen war man höchst irritiert über diese Äußerungen, die komplettes Unwissen bei einem ehemaligen deutschen Spitzenpolitiker offenbarten. Sie haben dem Ansehen der Bundesrepublik bei den östlichen Verbündeten nicht wenig geschadet.

Nicht weniger blamierte sich Erhard Eppler, der langjährige Vordenker der SPD. Der Parteilinke hatte in den 80er Jahren im Auftrag der SPD Verhandlungen mit der SED und der KPdSU geführt, weil er der Überzeugung war, dass diese Staatsparteien auch „irgendwie links" seien und zu Reformen hin zu einem „Sozialismus mit menschlichem Antlitz" ermuntert werden sollten. Auch Eppler wollte nicht sehen, dass Putin ein Reaktionär und Imperialist ist, und äußerte Verständnis für dessen

Bestreben, die „russischen Landesteile“ der Ukraine an Russland anzuschließen. Diese sei ohnehin ein künstliches Gebilde, der Gegensatz zwischen lateinischer Schrift im Westen und kyrillischer im Osten halte das Land dauerhaft gespalten. Allerdings wird auch Ukrainisch mit kyrillischen Buchstaben geschrieben. Streit ums Alphabet gab es dagegen in Moldawien, Eppler hat die beiden Länder schlicht miteinander verwechselt. Die Annexion der Krim nannte er gar Ausdruck einer „energischen Defensive“. Seine komplette Ahnungslosigkeit bewies er auch, als er für die „Ukraine-Krise“ die USA verantwortlich machte, obwohl US-Präsident Obama deutlich zu verstehen gegeben hatte, dass ihn dieser Konflikt wenig interessierte.

Schröder selbst setzte einen eigenen Akzent in den aufregenden Wochen des Frühjahrs 2014: Er flog nach St. Petersburg, um seinen Geburtstag nachfeiern zu lassen. Bilder von seiner Umarmung mit Putin gingen durch die internationale Presse, zu einem Zeitpunkt, als eine Gruppe von OSZE-Beobachtern, darunter Deutsche, von russischen Soldaten, die als einheimische Separatisten auftraten, im Donbass festgehalten wurde. Die angloamerikanische Presse bezeichnete Schröder als „trojanisches Pferd Putins“ in der EU.

Der Ex-Kanzler blieb konsequent in seinem Einsatz für seinen russischen Freund. 2021 forderte er angesichts der angeblich stabilen Friedensordnung, zu der Russland beitrage, die Auflösung der Nato. Als Anfang Februar 2022 Spitzenpolitiker aus der EU und den USA Putin aufforderten, das riesige Militärkontingent an der ukrainischen Grenze abzuziehen, warf er dem Westen „Säbelrasseln“ vor.

Nach dem massiven Angriff der Russen auf die Ukraine wenige Tage später zeigten sich indes einige seiner früheren Verteidiger schockiert: Martin Schulz räumte ein, er habe das „Aggressionspotenzial“ Putins unterschätzt. Matthias Platzeck, der noch in seinem 2020 erschienenen Buch „Wir brauchen eine neue Ostpolitik“ behauptet hatte, dass von Russland keine

Gefahr ausgehe, trat zerknirscht als Vorsitzender des von Schröder und Putin ins Leben gerufenen Deutsch-Russischen Forums zurück. Sigmar Gabriel forderte scharfe Sanktionen gegen Moskau sowie Aufrüstung zur militärischen Abschreckung und sagte rückblickend: „Es war ein Fehler, bei den Einwänden gegenüber Nord Stream 2 nicht auf die Osteuropäer zu hören. Das war auch mein Fehler." Trotz seiner eklatanten Fehleinschätzungen ist es ihm heute nicht peinlich, mit vermutlich üppigst honorierten Vorträgen und mit Interviews als Welterklärer aufzutreten.

Manuela Schwesig, die Ministerpräsidentin von Mecklenburg-Vorpommern, gab sich entsetzt über den „verbrecherischen Angriffskrieg". Gerade einmal ein Jahr zuvor hatte sie die Stiftung Klima und Umweltschutz MV gründen lassen. Diese war aber eine millionenschwere Mogelpackung, die die Verbündeten in Nato und EU der SPD wohl lange nicht verzeihen werden. Ihr eigentlicher Zweck war es nämlich, die Sanktionen zu umgehen, die die USA gegen an Nord Stream beteiligte Firmen verhängt hatten. Zuvor hatte Schwesig bereits die Übernahme von Werften durch russische Konzerne gefördert. Doch blockte die SPD im Landtag den Vorstoß der Opposition ab, 20 Millionen Euro aus dem Vermögen der umstrittenen Stiftung für Hilfslieferungen an die Ukraine umzuwidmen. Einen Grund zum Rücktritt sah Schwesig in ihrer ebenso kurzsichtigen wie unehrlichen Politik nicht.

Schröder wies im April 2022 im Interview der *New York Times* Kritik an seinem Engagement für Russland und seinen engen Kontakten zu Putin zurück: „Ich mache jetzt nicht einen auf mea culpa. Das ist nicht mein Ding."

SOTSCHI

Angeblich gibt es in der Residenz Putins unweit des Badeorts Sotschi an der Ostküste des Schwarzen Meeres einen Raum, der seinem prachtvollen Büro im Kreml exakt nachgebildet ist. Auf diese Weise soll bei Fernsehauftritten Putins seine Anwesenheit in Moskau vorgetäuscht werden. Beobachtern sind nämlich kleine Unterschiede in der Einrichtung aufgefallen.

Einige denkwürdige Auftritte Putins in Sotschi haben zu vielerlei Spekulationen über seinen Charakter geführt. Ein starkes Echo in den internationalen Medien fand 2007 eine Episode mit Angela Merkel: Obwohl er genauestens unterrichtet war, dass sie wegen einer unangenehmen Erfahrung in der Kindheit Angst vor großen Hunden hatte, ließ er seine Labradorhündin ohne Leine um sie herumlaufen. Während Merkel auf den Fotos von dieser Szene ihr Unwohlsein deutlich anzusehen ist, grinst Putin. Es war ein machohafter Versuch, ihre psychische Belastbarkeit zu testen.

Sieben Jahre später eröffnete Putin in Sotschi die Olympischen Winterspiele, die nicht nur wegen ihrer Rekordkosten überaus umstritten waren. Beim Bau der Sportanlagen wurden Hunderte von alteingesessenen Einwohner der umgebenden Bergdörfer enteignet; darunter waren viele Tscherkessen, ein islamisches Kaukasusvolk, dessen Angehörige sowohl in der Zarenzeit als auch unter dem Sowjetregime schweren Repressionen ausgesetzt waren. Auch wurden im Raum Sotschi große Flächen eines Naturreservats zerstört. Die damals noch zugelassene oppositionelle *Nowaja Gaseta* enthüllte, dass Hunderte von Arbeitern, vor allem aus den ehemaligen Sowjetrepubliken in Mittelasien, bei den Bauarbeiten den Tod gefunden hätten. Die Baubehörden seien von den Unternehmern, unter ihnen putintreue Oligarchen, bestochen worden, die systematische Missachtung von Sicherheitsbestimmungen zu decken. Die Menschenrechtsorganisation Memorial konnte belegen, dass ein beträchtlicher Teil der Arbeiter um den vereinbarten Lohn betrogen worden sei, Protestierende hätten das Land verlassen müssen.

Wegen der schwierigen Menschenrechtslage in Russland, wozu die behördliche Diskriminierung von LGBT-Menschen zählte, kamen zum großen Ärger Putins nur wenige Spitzenvertreter der westlichen Staaten nach Sotschi. Die Olympischen Winterspiele 2014 gingen indes vor allem wegen des systematischen Betrugs bei Dopingproben zugunsten russischer Teilnehmer in die Sportannalen ein. Dabei wurden Proben, die in einem scheinbar sicher verschlossenen Raum auf die Analyse warteten, nachts durch russische Geheimdienstagenten ausgetauscht. Auf diese Weise kamen den Untersuchungen zufolge mindestens 15 gedopte russische Sportler zu Medaillen. Die Experten gehen davon aus, dass Putin persönlich diese Geheimdienstaktionen zum Ruhme des Vaterlandes genehmigt hat. Dieser Betrug hat auch in den ehemaligen Sowjetrepubliken für nachhaltige Empörung gesorgt, besonders in Kasachstan, das selbst über exzellente Wintersportler verfügt.

2021 sorgte ein Dokumentarfilm des Oppositionellen Alexander Nawalny über den Neubau eines gigantischen Palastes 250 Kilometer nordwestlich von Sotschi auf einem Kap über dem Schwarzen Meer für Schlagzeilen. Denn Nawalny führte eine ganze Reihe von Indizien auf, die auf Putin als Bauherrn und Eigentümer der aus Staatsmitteln finanzierten gewaltigen Anlage hinwiesen. Putin dementierte, Nawalny wurde wenig später verhaftet.

STEINMEIER

Erst als Chef des Bundeskanzleramtes unter Gerhard Schröder und dann als Außenminister unter Angela Merkel hat Frank-Walter Steinmeier die Umsetzung der Russland-Politik Berlins bestimmt. In diesen Ämtern hat er auch allen Einwänden zum Trotz energisch das umstrittene Projekt Nord Stream angeschoben. Er war nicht weniger als der Hauptarchitekt der deutschen Ostpolitik im 21. Jahrhundert, deren komplettes Scheitern nach der Bombardierung und dem Beschuss ukrainischer Städte auf erschreckende Weise offenbar wurde. Wie konnte es passieren, dass der so rational und pragmatisch wirkende Steinmeier die Absichten des Kremls so viele Jahre so völlig falsch einschätzte?

Als der Mann hinter Schröder im Kanzleramt hat er die in der eigenen Partei unpopuläre Agenda 2010 mitgetragen und seinem Chef auch den Rücken von anderen Misshelligkeiten freigehalten. Der nüchterne Ostwestfale galt als Realist, er konnte wenig mit dem Gerede über „Visionen" der Genossen vom linken Flügel anfangen, über das sich schon Helmut Schmidt mokiert hatte. Doch in der Außenpolitik unterschied er sich nicht von den Entspannungsnostalgikern in der SPD, die unter Berufung auf Willy Brandt die Auffassung vertraten, dass alle Probleme mit der Sowjetunion sich lösen lassen, wenn man im Dialog gemeinsame Interessen definiert. So fiel er als Korrektiv aus, als Schröder, der eigentlich ebenfalls Vertreter einer Realpolitik war, begann, in höchsten Tönen von Putins angeblicher Entschlossenheit zu demokratischen Reformen zu schwärmen, obwohl die Osteuropa-Experten im Auswärtigen Amt und die Osteuropa-Korrespondenten der Qualitätsmedien diese Euphorie in keiner Weise teilten. Wie Schröder sah auch Steinmeier Nord Stream als friedenssicherndes Projekt an, als Kernstück der von ihm bei vielen Gelegenheiten wiederholten Parole „Wandel durch Verflechtung".

Kurz nach Steinmeiers Wechsel vom Kanzleramt an die Spitze des Auswärtiges Amtes Ende 2005 brach der erste russisch-ukrainische „Gaskrieg" aus. Er hatte seinen Anteil daran, dass die EU von Moskau als Vermittler akzeptiert wurde, beide Seiten einigten sich rasch auf höhere Preise. Doch Gazprom strebte die Übernahme des ukrainischen Pipelinenetzes an und drehte immer wieder am Gashahn. Der ukrainische Präsident Juschtschenko, der sein Land in die westlichen Strukturen führen wollte, schlug stattdessen ein Konsortium vor, an dem sich zu je einem Drittel Gazprom, die Ukraine sowie Konzerne aus der EU, allen voran deutsche, beteiligen sollten. Doch Steinmeier stellte sich gegen diesen Vorschlag, der den Konflikt wohl dauerhaft entschärft hätte. Ihm schwebte eine Energie-OSZE vor – mit ausdrücklicher Einbeziehung Russlands. Da er weiter auf die deutsch-russischen „Sonderbeziehungen" setzte, die angeblich zur Stabilisierung Osteuropas beitragen, blockierte er auch den polnischen Vorschlag einer Energiegemeinschaft: Die Europäische Kommission solle für alle EU-Staaten gemeinsam Verhandlungen mit den russischen Gas- und Ölkonzernen führen.

Um die Polen von ihrem Widerstand gegen die deutsch-russischen Alleingänge abzubringen, ließ Steinmeier ihnen den Vorschlag unterbreiten, dass die SPD das umstrittene Zentrum gegen Vertreibungen der CDU-Abgeordneten Erika Steinbach blockieren würde, falls Warschau sein Placet für Nord Stream gäbe. An der Weichsel wurde dies empört zurückgewiesen, denn man lehnte beides ab. Das deutsch-polnische Verhältnis erreichte in seiner Amtszeit einen Tiefpunkt, nicht zuletzt, weil er nicht verstanden hatte, dass der völlig überflüssige Streit um die Vertriebenen nur den Kaczyński-Zwillingen nützte. Er hätte dafür Sorge tragen müssen, dass er in Historikergremien versandet – so wie es später ja auch geschehen ist. Da er dies unterließ, hatte er seinen Anteil daran, dass Warschau ein Unruheherd in der EU werden konnte.

Ebenfalls nur eine unzureichende Antwort hatte Steinmeier auf die Sorgen der Ukrainer, Moldauer und Georgier vor den imperialen Ambitionen Putins. Auf Drängen der Polen und der Schweden akzeptierte Berlin ein Programm für diese Länder mit dem Namen Östliche Partnerschaft. Doch eine Einigkeit über das Ziel des Programms konnte innerhalb der EU nicht erzielt werden: Während die Mitgliedstaaten aus dem ehemaligen Ostblock es als Vorstufe für eine Aufnahme der interessierten Länder sahen, betrachtete es Steinmeier als Weg, genau dies zu blockieren. Dass diese Länder sich vom Kreml bedroht fühlten, tat er offenkundig als psychisches Problem ohne reale Grundlage ab.

So wurde er von der Annexion der Krim und dem Angriff der sogenannten Separatisten auf den Donbass böse überrascht, obwohl deutsche Beobachter ein derartiges Szenario schon lange als möglich beschrieben hatten. Als die Gefechte im vollen Gang waren, äußerte Steinmeier in kleinem Kreis, dass er von Außenminister Sergej Lawrow persönlich schwer enttäuscht sei, weil dieser ihn bei Gesprächen über die Ukraine immer wieder belogen habe.

Altgediente deutsche Diplomaten beklagten privat zwei grundsätzliche Probleme Steinmeiers: Auch bei Verhandlungen hinter verschlossenen Türen spreche er mitunter genauso verquast mit vielerlei bürokratischen Floskeln wie in der Öffentlichkeit, so dass seine Gesprächspartner nicht immer seine Absichten verstanden hätten. Vor allem habe er die uralte Konstante der russischen Außenpolitik erst sehr spät begriffen: Moskau verhandelt aus einer Position der Stärke, Konflikte werden angeheizt, wenn eine für den Kreml vorteilhafte Lösung nicht durchzusetzen ist. Auch hatte er keinen Plan B ausarbeiten lassen für den Fall, dass sich seine optimistischen Annahmen über die Ziele des Kremls als falsch erweisen sollten.

Eigentlich wäre der Tag, an dem Steinmeier von den Lügen Lawrows sprach, der Moment gewesen, die deutsche Ostpolitik völlig neu auszurichten. Doch das geschah nicht. Stattdessen demonstrierte er in Worten und mit Gesten bestes persönliches Einvernehmen mit Lawrow und irritierte damit die Partner in der EU. Diese verstanden sehr wohl, dass ein Außenminister in der Öffentlichkeit nicht die Regierung eines anderen Landes attackieren sollte, doch vermittelte Steinmeier den Eindruck, er akzeptiere die Version des Kremls, dass es sich im Donbass lediglich um einen Bürgerkrieg handle, an dem Russland in keiner Weise beteiligt sei.

Er hielt an der Illusion fest, schlicht durch Gespräche die Politik Putins positiv beeinflussen zu können, ohne dabei über irgendwelche Druckmittel zu verfügen. Deshalb wies er auch die Forderung zurück, die Genehmigung für den Bau von Nord Stream 2 von Fortschritten bei den Bemühungen um die Beilegung des russisch-ukrainischen Konflikts abhängig zu machen. Er äußerte sogar öffentlich Zweifel an der Wirksamkeit der Sanktionen – in Moskau verstand man dies als Signal, dass die Bundesregierung die völkerrechtswidrige Annexion der Krim sowie die Besetzung von Teilen des Donbass hinnimmt.

Auch in seinem letzten Jahr als Außenminister vor seiner Wahl zum Bundespräsidenten 2017 richtete Steinmeier in Osteuropa diplomatischen Flurschaden an. Den Beschluss der Nato, auf Bitten der Regierungen Estlands, Lettlands und Litauens je 1000 Soldaten auf ihren Territorien zu stationieren, kommentierte er mit den Worten: „Was wir jetzt nicht tun sollten, ist durch lautes Säbelrasseln und Kriegsgeheul die Lage weiter anzuheizen." Übereinstimmend wiesen Politiker in Tallinn, Riga und Vilnius darauf hin, dass auf der russischen Seite der Grenze mehr als 100.000 Mann stünden, dass es im Übrigen Russland sei, dass bereits Krieg führe, nämlich im Donbass.

Warum er als Bundespräsident zu gänzlich anderen Einsichten kam, obwohl die Lage sich keineswegs geändert hatte, ist ein Rätsel. Jedenfalls fand er, befreit von der Bürde, immer in diplomatischen Floskeln zu reden, erstmals klare Worte. Auf der Münchener Sicherheitskonferenz 2020 erklärte er: „Russland hat militärische Gewalt und gewaltsame Verschiebung von Grenzen auf dem europäischen Kontinent wieder zum Mittel von Politik gemacht." Doch dass Nord Stream 2 eine Rolle bei den Moskauer Plänen spielte, kam ihm offenkundig nicht in den Sinn. So rechtfertigte er im Februar 2021 die Vollendung der umstrittenen Pipeline mit den „20 Millionen" Toten der Sowjetunion während des Zweiten Weltkriegs und übersah dabei, dass ja mehrere Millionen davon Ukrainer waren, gegen deren Nachkommen Putin damals schon seit sieben Jahren Krieg führen ließ, ganz abgesehen davon, dass es für diese ursprünglich vom Kreml verbreitete enorme Zahl keine Belege gibt.

Nach dem 24. Februar 2022 wurde er zu einem der entschiedensten Ankläger des „eingebunkerten Kriegstreibers", wie er Putin nannte. Die Annahme, dass dieser für seinen „imperialen Wahn" nicht den totalen Ruin seines Landes in Kauf nehmen würde, habe sich als falsch erwiesen. Auch das Ignorieren der Warnungen der osteuropäischen Partner vor Nord Stream sei ein Fehler gewesen, ebenso habe sich die Hoffnung, Russland in einer Sicherheitsstruktur einbinden zu können, als Illusion erwiesen. Allerdings fügte er hinzu, dass er nicht allein diesen Fehleinschätzungen erlegen sei, was ihm den Vorwurf einbrachte, sich seiner Rolle als Hauptverantwortlicher dafür nicht stellen zu wollen. Dass man ihn in Kiew als solchen sah, bekam er zu spüren, als er im April 2022 von einer Reise von Spitzenpolitikern aus der EU zu Selenskyj ausgeladen wurde. Doch konnte er diese Reise im Oktober nachholen.

Vor dem Wintereinbruch 2022 appellierte Steinmeier an die deutschen Landsleute, wegen der Unterstützung für die Ukraine auch „empfindliche Nachteile" hinzunehmen: „Es geht um den im doppelten Sinne gemeinsamen Grund unserer Werte und unserer Friedensordnung." Das Regime Putins nannte er „das Böse". Ganz offenkundig hat er sich als Bundespräsident selbst die Aufgabe gestellt, nach den schwerwiegenden Fehleinschätzungen, die auf sein Konto als Bundesaußenminister gehen, seinen Teil dazu beizutragen, dass die Nachbarn das verlorene Vertrauen in die Deutschen zurückgewinnen. Auch wird er kaum in die Geschichte eingehen wollen als der Politiker, dessen schwere Irrtümer als Außenminister Putin zu dem Krieg ermuntert haben. Dass Steinmeier im April 2023 Angela Merkel das „Großkreuz in besonderer Ausfertigung“, die höchste Auszeichnung der Bundesrepublik Deutschland verlieh, das vor ihr nur die Langzeitkanzler Konrad Adenauer und Helmut Kohl bekommen hatten, wirkte allerdings als Versuch, ihr und sich selbst die Absolution für die gemeinsam zu verantwortende verfehlte, folgenschwere Russlandpolitik zu geben und wurde auch entsprechend kritisiert.

TAG DER NATIONALEN EINHEIT

Der höchste staatliche Feiertag der Sowjetunion war der 7. November, der Jahrestag der zur Oktoberrevolution überhöhten Machtergreifung der Bolschewiken. Nach dem damals noch gültigen Julianischen Kalender, der dem überall sonst in Europa geltenden Gregorianische Kalender zwei Wochen hinterher hinkte, war es der 25. Oktober. Nach der Abschaffung des alten Kalenders aus der Zarenzeit fiel der Tag des Oktoberputschs somit auf den 7. November.

1992 schaffte der russische Präsident Boris Jelzin den Feiertag ab, zuvor hatte er bereits die Kommunistische Partei für aufgelöst erklärt, eine Entscheidung, die später das – nur aus ehemaligen KP-Mitgliedern bestehende – Verfassungsgericht wieder aufhob. Jelzins Nachfolger Putin trauerte zwar der Sowjetunion nach, doch gleichzeitig wandte er sich immer mehr dem Zarentum zu. Deshalb kam eine Neuauflage des Feiertags der Bolschewiken, die ja den letzten Zaren ermordet hatten, nicht in Frage. Seine Berater fanden ein anderes passendes Datum für einen Feiertag im Spätherbst: den 4. November.

Im Jahr 1612 hatte an diesem Tag das polnisch-litauische Kontingent kapituliert, das den Moskauer Kreml seit drei Jahren besetzt hatte, die meisten der Besatzer wurden massakriert. Allerdings ist es ein einmaliger Fall, dass im 21. Jahrhundert in Europa ein mehr als ein Dutzend Generationen zurückliegender blutiger Konflikt zwischen Nachbarn zum staatlichen Feiertag erklärt wird; er belegt auch die antiwestliche Grundhaltung Putins, die 2004, als der Feiertag eingeführt wurde, noch nicht von der politischen Elite Berlins erkannt worden ist. Polen war im selben Jahr der EU beigetreten, hatte also Moskau den Rücken gekehrt und sich als undankbar für die „Befreiung vom Faschismus" erwiesen.

Der 4. November 1612 markiert das Ende der sieben Jahre währenden „Zeit der Wirren" nach dem Tod des Thronusurpators Boris Godunow und den Aufstieg der Romanow-Dynastie. Die Polen als vom Westen korrumpierte Feinde, die den Zarenthron besetzen und obendrein Russland zum Katholizismus zwingen wollen, sind ein fester Bestandteil der nationalen Geschichtsschreibung. Das Thema wurde im 19. Jahrhundert auch zum Gegenstand der Schönen Künste: Die erste russische Oper, „Das Leben für den Zaren" von Michail Glinka, kreist um die Rettung des jungen Thronanwärters Michail Romanow vor den polnischen Invasoren; Alexander Puschkins Zarendrama „Boris Godunow" erzählt die Vorgeschichte, in der ein „hinterlistiger Jesuit" den Polen hilft, einen eigenen Kandidaten auf den Zarenthron zu bringen.

Putin und auch Patriarch Kyrill stellten heraus, dass der Feiertag heute für die erfolgreiche Abwehr von Invasoren aus dem Westen stehe: Erst scheiterten die Polen 1612, dann die Schweden 1709 und die Franzosen unter Napoleon 1812, schließlich die Deutschen 1941. Den Überfall auf die Ukraine 2022 stellt die Kremlpropaganda ebenfalls als Abwehrschlacht dar, die Feinde aus dem Westen hätten sich in der Nato zusammengeschlossen und würden von „ukrainischen Faschisten" unterstützt, womit auch der Bogen zum Großen Vaterländischen Krieg, dem Zweiten Weltkrieg, geschlagen ist. Wie in der späten Stalinzeit werden die USA nun wieder als Unterstützer von Nazis angeprangert.

TODESSPIEL VON KIEW

Es ist eine der bekanntesten Geschichten über den Heldenmut der Sowjetmenschen im Kampf gegen die deutschen Besatzer im Zweiten Weltkrieg: Eine Kiewer Fußballmannschaft besiegt an einem heißen Sommertag 1942 eine Wehrmachtself, obwohl ein SS-Offizier den Spielern die Erschießung angedroht hat, falls sie nicht die Deutschen gewinnen ließen. Diese wollen nämlich auch auf dem Fußballplatz die Überlegenheit der arischen Herrenrasse über die slawischen Untermenschen beweisen. Da die Kiewer Kicker, mehrheitlich Spieler des Spitzenclubs *Dinamo*, die Drohung stolz missachten und den Sieg in der Partie erkämpfen, werden sie anschließend erschossen. Es ist ein Opfertod um der Sowjetehre willen.

Denkmäler, Bücher, Fernsehdokumentationen, Hunderte von Zeitungsartikeln sowie ein aus Anlass des 20. Jahrestags gedrehter Spielfilm mit dem Titel *„Die dritte Halbzeit" (Treti Taim)* zementierten den Heldenmythos. Den Film sahen nach Angaben der Großen Sowjetenzyklopädie 32 Millionen im Kino, regelmäßig wurde er im Fernsehen gezeigt.

Das „Todesspiel" fand Eingang in die Schulbücher und auch seinen Platz im deutschen Schulddiskurs über den Vernichtungskrieg im Osten Europas. Als 1973 der VfB Stuttgart im UEFA-Cup bei *Dinamo* in Kiew anzutreten hatte, wurden die mitgereisten deutschen Journalisten zu den Denkmälern für die ermordeten Spieler geführt. Die Geschichte ging erneut durch die bundesdeutschen Medien, als Bayern München zwei Jahre später kam.

Doch entlarvten ukrainische Historiker sie als Legende, kurz nachdem die Sowjetunion sich Ende 1991 aufgelöst hatte und damit auch die Zensurbehörde untergegangen war. Zeitzeugen berichteten, dass es unmittelbar nach dem Spiel überhaupt nicht zu Verhaftungen gekommen sei, sondern erst Tage später seien vier Spieler festgenommen worden, aber nicht wegen des

Spiels, sondern weil sie fälschlicherweise als Ex-Agenten des sowjetischen Geheimdienstes denunziert worden seien. Überdies stellte sich die Episode mit dem SS-Offizier, der den Spielern mit Erschießung drohte, als Erfindung heraus. Vielmehr hatten die Deutschen nach dem Spiel zusammen mit der Kiewer Mannschaft gefeiert. Diese Version bestätigte 2005 eine Dokumentation mit Auszügen aus KGB-Berichten dazu.

Die Historiker rekonstruierten, dass die Deutschen schon wenige Wochen nach der fast kampflosen Einnahme Kiews im September 1941 das Besatzungsregime gelockert hatten. Ukrainer sollten nämlich für Hilfstruppen der Wehrmacht gewonnen werden, ihnen wurde deshalb auch eine begrenzte Selbstverwaltung zugestanden. Zu den Maßnahmen, die die Bevölkerung den Deutschen gewogen machen sollten, gehörten die Wiedereröffnung der von den Bolschewiken geschlossenen orthodoxen Kirchen, die Entlassung von ukrainischen Rotarmisten aus der Kriegsgefangenschaft sowie die Zulassung von Sportvereinen. Bald waren deutsch-ukrainische Sportwettkämpfe an der Tagesordnung; man trat beim Turnen, Boxen und vor allem beim Fußball gegeneinander an. In fast allen größeren Städten fanden Fußballspiele zwischen Einheimischen und den deutschen Besatzern statt, wobei letztere den Statistiken zufolge zwei Drittel der Partien verloren.

Diese Forschungsergebnisse berücksichtigte auch die Neuverfilmung des Stoffs aus Anlass des 70. Jahrestags unter dem Titel „*Match*" durch die Moskauer Filmstudios; er wurde pünktlich zur Europameisterschaft 2012 fertiggestellt, deren Finale in Kiew stattfand. Allerdings hält die neue Version auch an der Todesdrohung durch den SS-Offizier und am Heldentod mehrerer Spieler fest. Auch aus einem anderen Grunde rief der vom russischen Kulturministerium finanzierte Film in der Ukraine heftigen Protest hervor, er wurde als Kremlpropaganda nicht für die Kinos des Landes zugelassen.

Hatte es sich bei dem Film von 1962 noch um eine Schwarz-

Weiß-Konfrontation zwischen tapferen Sowjetmenschen und deutschen Besatzern gehandelt, so war in die Version von 2012 eine weitere Konfliktlinie eingezogen: Kollaborateure, die sich am Massaker von Babi Jar, der Ermordung der Kiewer Juden, beteiligen. Durchweg sprechen die Kollaborateure Ukrainisch, auch werden sie von den Deutschen herablassend behandelt, sogar beleidigt. „*Match*" entspricht somit der politischen Linie des Kremls: Die Herausstellung des traditionellen Antisemitismus der Ukrainer soll diese im Westen diskreditieren, der sie ohnehin nicht ernst nimmt. Ausweg für die aufrichtigen, nicht vom Westen korrumpierten Ukrainer in eine bessere Zukunft sei die Rückkehr zur Gemeinschaft mit dem heldenhaften russischen Brudervolk.

TRANSNISTRIEN

Die selbsternannte Transnistrische Moldauische Republik (russisch: *Pridnjestrowje* – am Dnjestr gelegen) gehört zu den eingefrorenen Konfliktherden auf dem Territorium der ehemaligen Sowjetunion, an deren Lösung zwar seit langem der Westen, nicht aber Moskau interessiert ist. In dem rund 350.000 Einwohner zählenden Gebietsstreifen zwischen dem Ostufer des Dnjestr und der ukrainischen Grenze ist ein großes russisches Militärkontingent stationiert. In Kiew wird seit Jahren gefürchtet, dass von dort ein russischer Angriff auf das gerade einmal 100 Kilometer entfernte Odessa gestartet wird. Die EU-Kommission und die Bundesregierung treibt zusätzlich um, dass Moskau die ganze Republik Moldawien, zu der Transnistrien völkerrechtlich gehört, destabilisieren könnte. Die moldauische Führung in Chisinau (russisch: Kischinjow) hat 2022 angesichts der offenen Drohungen aus Moskau die Aufnahme von Verhandlungen über den Beitritt zur EU beantragt, Brüssel gestand dem Land den Kandidatenstatus zu.

Moldawien ist wie Georgien ein Beispiel dafür, dass die russische Führung schon unmittelbar nach dem Zerfall der Sowjetunion versucht hat, die Kontrolle über die aus ihr hervorgegangenen neuen Staaten wiederzuerlangen; im Westen wollte man dies lange nicht sehen. Die Weichen dafür wurden schon zum Ende der Gorbatschow-Jahre gestellt. Mit Unterstützung des KGB begehrte damals in Moldawien die Volksgruppe der türkischstämmigen Gagausen gegen die Republikführung in Chisinau auf.

Eine zweite, viel stärkere Konfliktlinie baute sich wenig später auf: zwischen den rumänischsprachigen Moldauern und den Russen in der Region. Die ersten halbfreien Wahlen 1989 gewann die Moldauische Volksfront, sie strebte demokratische Reformen an und beschloss, Russisch durchgehend als Amtssprache durch Rumänisch zu ersetzen, das seit der Stalinzeit Moldauisch genannt und Kyrillisch geschrieben werden musste. Auch setzte im Zeichen von Glasnost eine Debatte über die Unterdrückung der regionalen Kultur durch das Sowjetregime ein. Die frühere Zugehörigkeit des auf dem Westufer des Dnjestr gelegenen größeren Teils von Moldawiens zu Rumänien hatte der Moskauer Propaganda-Apparat stets in schwärzesten Farben dargestellt.

Zum großen Ärger der Führung in Moskau führte der Oberste Sowjet in Chisinau wieder das lateinische Alphabet für die Landessprache ein, 1990 erklärte er gar die staatliche Unabhängigkeit. Dies führte zu Protestdemonstrationen nicht nur in der Hauptstadt, in der damals die russischsprachige Bevölkerung knapp überwog, sondern auch bei der überwiegend russischen Bevölkerung Transnistriens auf dem Ostufer des Dnjestr. Dort wurde eine paramilitärische Miliz aufgestellt, die von den Geheimdiensten Moskaus bewaffnet und überdies von den in der Region stationierten Sowjettruppen massiv unterstützt wurde. Die transnistrischen Städte weigerten sich, das neue Sprachengesetz umzusetzen, sie blieben bei Russisch als Amtssprache. Auch ließen die Regionalpolitiker ein Referendum durchführen, in dem sich nach ihren Angaben 90 Prozent für die Ausrufung der von Chisinau unabhängigen Dnjestr-Republik mit der Hauptstadt Tiraspol aussprachen. Internationale Wahlbeobachter waren allerdings dabei nicht zugelassen.

Nach dem Zerfall der UdSSR versuchte die neu aufgestellte moldauische Armee, die inoffiziell von Rumänien unterstützt wurde, die Kontrolle über Transnistrien zu erlangen. Vorübergehend konnte sie die Stadt Bendery einnehmen, bei den Kämpfen fanden mehrere Hundert Menschen den Tod. Doch wurden die Moldauer von den russischen Truppen auf dem Ostufer zurückgeschlagen. Das Verteidigungsministerium in Moskau erklärte indes tatsachenwidrig, die russischen Einheiten hätten lediglich die beiden Kriegsparteien getrennt. Auf dem OSZE-Gipfel 1999 verpflichtete sich Moskau, seine Truppen abzuziehen, tat es aber nicht.

In Transnistrien ist die Sowjetnostalgie eine Art Staatsdoktrin: Die Lenindenkmäler wurden nicht angerührt, im Wappen der Republik prangen Hammer und Sichel sowie ein roter Stern. Zwei Tage nach dem gefälschten Referendum auf der Krim über den Anschluss an Russland im März 2014 beantragte dies auch die Führung in Tiraspol. Doch ging der Kreml darauf nicht ein, denn er würde mit der Abtrennung Transnistriens von Moldawien seinen Einfluss in Chisinau stark beschneiden.

Mit den Jahren haben beide Seiten pragmatische Lösungen für den Alltag gefunden, so floriert der grenzüberschreitende Handel, auch mit Schmuggelgut. Da Chisinau nach wie vor das umstrittene Gebiet als eigenes Territorium beansprucht, werden keine systematischen Grenzkontrollen für Transporte von dort durchgeführt. Transnistrien galt somit lange als ein Umschlagplatz für den Waffen- und Drogenschmuggel sowie den Menschenhandel, etwa mit Zwangsprostituierten.

Der Fußballclub Sheriff Tiraspol, finanziert von Firmen im

Besitz der von Moskau gestützten Regierungselite der abtrünnigen Region, beteiligt sich an der moldauischen Meisterschaft und errang seit 2001 mit Ausnahme des Jahres 2011 jedes Mal den Titel. Im Gegensatz zu den moldauischen Clubs verfügt Sheriff über die finanziellen Mittel, auch Spieler aus dem Ausland unter Vertrag zu nehmen, darunter aus Brasilien, Kroatien und dem Senegal. Einheimische Sheriff-Spieler gehören auch zum Kader der moldauischen Nationalmannschaft.

Der politische Konflikt blockierte allerdings lange jegliche Annäherung Moldawiens an die EU, die die große Mehrheit der rumänischsprachigen Abgeordneten in Chisinau anstrebt. Für die EU-Kommission gilt ja, dass mit keinem Land, das in Territorialkonflikte verwickelt ist, über eine Aufnahme verhandelt wird. Brüssel räumte somit faktisch Moskau ein Vetorecht über die politische Zukunft Moldawiens ein. In Chisinau verwies man vergeblich auf das deutsche Beispiel: Westdeutschland wurde in die westlichen Strukturen integriert, obwohl die DDR existierte, die nach dem Grundgesetz ein Bestandteil Deutschlands war. Auch aus Bukarest wird an Brüssel und Berlin die Frage gerichtet: Warum soll man nicht Moldawien wie die Westdeutschen vor der Wiedervereinigung behandeln, also mit der demokratisch legitimierten Führung in Chisinau Verhandlungen aufnehmen?

Selbst in der jungen Generation der russischsprachigen Minderheit auf dem Westufer herrscht eindeutig eine proeuropäische Stimmung angesichts des Krieges in der Ukraine. Auch ist eine andere Wiedervereinigungsdebatte wieder aufgeflammt: über den Wiederanschluss Moldawiens westlich des Dnjestr an das EU- und Nato-Mitglied Rumänien, so wie es vor dem Krieg war. Auf das Ostufer des Dnjestr würde man dann gern verzichten.

TSCHEKISTEN

Während im Russland Putins die Verbrechen des Regimes Stalins immer mehr marginalisiert wurden, blühte der Tschekistenkult auf, die Glorifizierung der Geheimdienstler, die das Land angeblich vor Saboteuren und Spionen schützten. Die Geheimdienste der Russischen Föderation betonen selbstbewusst, dass sie sich als direkte Erben von Tscheka, GPU, NKWD, MGB und KGB verstehen, ihre Funktionäre und Agenten nennen sich weiterhin stolz „Tschekisten". Der Begriff geht zurück auf die sechs Wochen nach der Machtergreifung der Bolschewiken im Dezember 1917 gegründete „Außerordentliche Kommission für den Kampf gegen die Konterrevolution, Spekulation und Sabotage", abgekürzt mit den beiden kyrillischen Buchstaben ЧК, ausgesprochen *Tscheka.* Sie war die Kampftruppe des Revolutionärs Lenin zur Durchführung des von ihm angeordneten „roten Terrors" gegen seine Gegner, somit die Mehrheit der Bevölkerung. In seiner Festrede zum 100. Jahrestag der Gründung der Tscheka erklärte Putin, die absolute Mehrheit der Tschekisten seien „aufrichtige Staatsdiener und Patrioten" gewesen, Kritik an ihnen verbat er sich.

Nie verhehlte er seinen Stolz auf seine KGB-Vergangenheit, auch wenn er nur einen nachrangigen Posten bekleidet hatte und seine eher bürokratische Tätigkeit in Dresden weit entfernt vom Bild eines russischen James Bonds war, wie es populäre Romane und Spielfilme über Geheimdienstoperationen zeichnen. Spitzenposten im Regierungsapparat sowie in den Staatskonzernen hat er mit ehemaligen Kampfgefährten aus seiner KGB-Zeit besetzt. Politologen sprechen bereits von einer Art neuen russischen Adels, zu dem man aufgrund einer Vergangenheit im KGB gehört.

Die alten KGB-Seilschaften eint auch die Wut über die Auflösung der Sowjetunion sowie ein großrussischer Chauvinismus. Letzterer ist keine neue Entwicklung. Bereits in der Breschnew-Zeit (1964–1982) wurde er faktisch zur beherrschenden ideologischen Strömung, auch wenn offiziell nach wie vor von Weltrevolution sowie Arbeiter-und-Bauern-Macht die Rede war. Wohl erkannte die KGB-Spitze unter Andropow damals, dass die Sowjetunion dem großen Rivalen USA technologisch hoffnungslos unterlegen war. Deshalb wurde der KGB zur treibenden Kraft bei Reformen und unterstützte anfangs auch die Perestroika Gorbatschows – bis dieser die Kontrolle über den Lauf der Dinge verlor.

Im Weltbild Putins und seiner Kampfgenossen war der Zerfall des Sowjetblocks die Folge einer Verschwörung äußerer Feinde, an erster Stelle der USA. Gorbatschow und Jelzin hätten sich von den Amerikanern kaufen lassen, der erste habe deshalb die Sowjetunion an den Rand des Abgrund geführt, der zweite habe sie aufgelöst. Heute sei Russland eine belagerte Festung, die die Amerikaner und die von ihnen abhängigen Westeuropäer gemeinsam mit dem „faschistischen Regime" in Kiew zerstören wollen. Politologen sprechen von einem „Versailles-Syndrom" der politischen Elite um Putin: So wie die meisten Deutschen nach 1919 die neue Ordnung Europas nicht akzeptierten, wollen Putin und seine Gefolgsleute die Ergebnisse der Wendejahre 1989 bis 1991, in denen Moskau erst die Satelliten, dann die anderen Sowjetrepubliken verloren hat, rückgängig machen.

Russische Investigativjournalisten, die mittlerweile ins Exil gehen mussten, haben detailliert nachgewiesen, wie der Männerbund aus früheren KGB-Kadern in den 90er Jahren schrittweise die Macht ergriff. Der Probelauf fand im benachbarten Belarus statt, dort siegte bei den Präsidentschaftswahlen 1994 dank ihrer massiven Unterstützung der frühere KGB-Instrukteur Aleksandr Lukaschenko. 1996 wurde der altgediente KGB-Agent Jewgeni Primakow, ein Nahost-Spezialist, russischer Außenminister, 1998 sogar Premierminister. Nach einem Jahr machte er an der Regierungsspitze dem bislang der Öffentlichkeit völlig unbekannten Wladimir Putin Platz.

Entschlossen leitete dieser Maßnahmen ein, die gesamte Gesellschaft unter Kontrolle zu bringen, auch die Schlüsselindustrien und den Finanzsektor. Die Unterwerfung der zivilgesellschaftlichen Institutionen und die Bevorzugung des staatlichen Sektors in der Wirtschaft führten allerdings zu einer Stagnation, die indes zunächst durch den Anstieg der Weltmarktpreise für Erdöl und Erdgas verschleiert wurde.

Überaus negativ auf die Wirtschaft wirkte sich auch der KGB-Korpsgeist Putins aus: Er erlaubte der KGB-Kaste nämlich den Zugriff auf lukrative Wirtschaftszweige sowie erfolgreiche Firmen und Betriebe. Die Folgen dieses Günstlingssystems mit feudalistischen Zügen waren feindliche Übernahmen und Unternehmensplünderungen im großen Maßstab, gegen die die gleichgeschaltete Justiz nicht einschritt. Investitionen blieben aus, wie zu Sowjetzeiten wurde mangelnde Innovationsfähigkeit beherrschender Wesenszug der Industrie.

Da Putin sehr schnell den Justizapparat unter vollständige Kontrolle gebracht hatte, ließ er Staatsanwälte und Steuerbehörden gegen missliebige Unternehmer und Politiker vorgehen. Von deutscher Seite bekam er viel Lob dafür, da ja angeblich Steuergerechtigkeit hergestellt wurde. Dass die Finanzämter so zum Kampfinstrument gegen Kritiker geworden waren, so wie der KGB zu Sowjetzeiten, wurde im Westen weitgehend übersehen. Da aber unabhängige Kontrollinstanzen nicht mehr vorhanden sind, wuchs auch die Korruption ins Unermessliche.

Putins Wirtschaftsexperten fanden kein Rezept gegen die massive Landflucht, gegen die Binnenmigration von Sibirien und den Polarregionen in den europäischen Teil Russlands sowie den *Brain Drain* gewaltigen Ausmaßes, die Abwanderung hochqualifizierter Experten in den Westen. Obwohl der Rohstoffexport dem Staatshaushalt Milliarden einbrachte, floss zuletzt gerade einmal ein Prozent des Bruttoinlandsprodukts in die Forschung, in Deutschland sind es drei, in Südkorea sogar vier Prozent. Vor allem ist die Industrie international nicht konkurrenzfähig. Außer Waffensystemen hat Russland keinerlei Produkte der Hochtechnologie anzubieten, doch sind diese auf importierte elektronische Bauteile angewiesen. Prototypen von Verkehrsflugzeugen, die Boeing und Airbus Konkurrenz machen sollten, sind spektakulär abgestürzt. Für die mit viel Pomp vorgestellte Staatskarosse Aurus lieferte Porsche den Motor und Bosch die Elektronik. Die russische Industrie ist so weit ins Hintertreffen geraten, dass sie wohl die meisten der von Industriespionen herangeschafften Konstruktionspläne aus dem Westen nicht nutzen kann.

Wegen seiner Tschekistenmentalität hat Putin es nicht geschafft, die Institutionen und die Wirtschaft des Landes zu modernisieren. Das Bruttoinlandsprodukt pro Kopf stieg von 2008 bis 2020 lediglich von 11.187 auf 11.786 US-Dollar, inflationsbereinigt war es ein Abstieg. In der Volksrepublik China nahm dagegen im selben Zeitraum die Wirtschaftsleistung pro Kopf um das Zweieinhalbfache zu. Hinzu kommt, dass im System Putin seine Gefolgsleute sich hemmungslos bereichern konnten, während ein Drittel der Bevölkerung von der überaus bescheiden bemessenen Sozialhilfe leben muss, also in Armut.

UKRAINERTUM

Mit Zitaten aus den Werken russischer Geistesgrößen versucht Putin, den Krieg gegen die Ukraine zu rechtfertigen. Besonders oft bedient er sich bei dem Philosophen Iwan Iljin, der von den Bolschewiken deportiert wurde und aus dem Berliner Exil einen „christlichen Faschismus" predigte, sowie den Literaturgiganten Fjodor Dostojewski und Alexander Solschenizyn. Allen dreien ist gemeinsam, dass sie vor dem dekadenten, dem

Untergang geweihten Westen warnten und überdies den „orthodoxen Brüdern in Kleinrussland", wie sie die Ukraine nannten, weder das Recht noch die Fähigkeit zu politischer Eigenständigkeit zugestanden.

In einem seiner ausufernden Exkurse in die Geschichte erklärte Putin dem verdatterten US-Präsidenten George W. Bush: „Die Ukrainer sind gar keine Nation." Dass die Ukrainische Sowjetrepublik in der Endphase der Perestroika ihre Unabhängigkeit von Moskau proklamierte, sieht er als politischen Lapsus an, der korrigiert werden müsse. 2021 veröffentlichte Putin einen Essay unter dem Titel „Über die historische Einheit von Russen und Ukrainern". Beide Völker hätten ein Jahrtausend lang eine kulturelle, sprachliche und geistige Einheit geformt. Für einen eigenen ukrainischen Staat existiere daher „keine historische Grundlage". Nach seinen Worten bildeten nun die in Kiew durch einen Putsch an die Macht gekommenen Faschisten gemeinsam mit ausländischen Kräften ein „Anti-Russland". Er leugnet also die nationale Identität der Ukraine, er will nicht wahrhaben, dass sich auch in den russischsprachigen Gebieten der Ukraine ein ukrainischer Patriotismus entwickelt hat, der seine Wurzeln im 16. Jahrhundert hat.

Als „Ukraine" wurden ursprüngliche die Randgebiete der Kiewer Rus bezeichnet, wörtlich übersetzt bedeutet das Wort „Land am Rande". An diese Periode erinnert der Dreizack im Nationalwappen, der einst Herrschaftssymbol ihrer Fürsten war. Die heutigen Ukrainer betrachten sich als wahre Erben der Kiewer Rus, was aber auch die Russen für sich in Anspruch nehmen. Historischer Bezugspunkt in der Neuzeit ist das Hetmanat, der staatsähnliche Verbund der Kosaken in den Steppen südlich des Reichs der Moskauer Zaren. Es war eine Form direkter Demokratie, ihr Anführer, der Hetman (abgeleitet vom altmitteldeutschen Wort für „Hauptmann"), wurde gewählt. Wichtige Entscheidungen für die Gemeinschaft mussten unter den Führern der einzelnen Abteilungen abgestimmt werden –

im Gegensatz zum benachbarten Russland mit seinen keinen Widerspruch duldenden Befehlsstrukturen.

Den Russen unterstellen die heutigen Ukrainer deshalb eine Unterwürfigkeit gegenüber ihren Herrschern, während sie selbst in der Tradition der Kosaken stets zum Kampf um die Freiheit bereit gewesen seien. In Kiew wird heute darauf verwiesen, dass die Ukraine seit der Erlangung ihrer Unabhängigkeit 1991 fünf echte Machtwechsel verbuchen kann, die alle durch demokratische Wahlen legitimiert wurden, doch Russland keinen einzigen, ganz abgesehen davon, dass wiederholt bei Präsidentschaftswahlen in Moskau ganz offensichtlich manipuliert wurde.

Die Nationalfarben blau und gelb stammen aus der Zeit der „Kosakenfreiheit". Diese endete im Jahr 1654 mit dem Vertrag von Perejaslaw, in dem die Führer der Kosaken, an der Spitze der Hetman Bohdan Chmelnyzkyj, dem Zaren Alexej I. Gefolgschaft gelobten. Ein Teil der Kosaken hatte bislang zu Polen-Litauen gehört, ihre Elite lernte auf der vom Kirchen- und Bildungsreformer Petro Mohyla gegründeten und nach ihm benannten Kiewer Akademie das Gedankengut des europäischen Humanismus kennen, das im Einklang mit ihren Freiheitsidealen stand. Auch die Renaissance erreichte die Ukraine, vor allem den Westen des Landes. Mit diesen Traditionen, darauf wird heute in Kiew gern verwiesen, unterscheiden sich die Ukrainer von den Russen, deren Adel im 17. Jahrhundert nicht mit den europäischen Geistesströmungen in Berührung kam und gänzlich ungebildet war.

Allerdings sahen sich die Kosaken in Polen-Litauen zunehmendem Druck ausgesetzt, dem orthodoxen Bekenntnis abzuschwören und zum Katholizismus zu konvertieren. Auch fühlten sie sich gegenüber dem polnischen Adel rechtlich benachteiligt. Dieser Konflikt bildet den Hintergrund zu der berühmten Erzählung „Taras Bulba" von Nikolai Gogol, die in Hollywood mit Yul Brynner in der Titelrolle verfilmt wurde.

Taras Bulba unterliegt im Kampf für die „Freiheit der Rus", womit die Kosakenrepublik gemeint ist. In einer Moskauer Neuverfilmung von 2009 stirbt Taras Bulba allerdings für die „Freiheit Russlands", also für den Zaren, was eine krasse Verfälschung der Botschaft des gebürtigen Ukrainers Gogol ist.

Im realen Leben führte der Hetman Bohdan Chmelnyzkyj einen Aufstand gegen die polnische Krone an, die damals dominierende Macht in Osteuropa. Als Verbündete boten sich die Russen an. Doch führte der mit ihnen geschlossene Vertrag von Perejaslaw dazu, dass das Zarenreich sich das Hetmanat unterwarf und das Gebiet schließlich eingliederte. In der russischen Geschichtsschreibung markierte er die „Vereinigung der Brudervölker", so stellte es auch die sowjetische Propaganda heraus. Am 300. Jahrestag 1954 wurde als Beleg für diesen Bund unter Brüdern die Halbinsel Krim an die Ukrainische Sowjetrepublik angeschlossen, durch Denkmäler und auf Briefmarken wurde Bohdan Chmelnyzkyj als treibende Kraft dieses Bundes gewürdigt. Auf den Vertrag von 1654 beruft sich auch Putin: Er sehe sich in der Pflicht, den damaligen Rechtszustand, der bis zum Zerfall der UdSSR mehr als drei Jahrhunderte bestanden habe, aus Gründen der historischen Gerechtigkeit wiederherzustellen.

Laut der ukrainischen Geschichtsschreibung aber war der Vertrag von Perejaslaw ein Abkommen zweier souveräner Staaten, die Kosaken hätten sich für einen zeitlich begrenzten Zweck, nämlich den Krieg gegen Polen-Litauen, vorübergehend dem Oberkommando des Zaren unterstellt. Chmelnyzkyj gilt als betrogener, tragischer Held, er ist auf dem Fünf-Hrywna-Schein abgebildet. Allerdings ist er ein überaus umstrittener Nationalheld, denn bei Judenpogromen seiner Kosakenverbände kamen Tausende gewaltsam zu Tode.

Die Idee von der ukrainischen Nation in einem eigenen Staat gewann im 19. Jahrhundert immer mehr Anhänger, so wie auch bei Tschechen und Slowaken, im geteilten Polen, bei den drei baltischen Völkern. Nicht wenig trug zum Erwachen des Nationalbewusstseins der Dichter und Maler Taras Schewtschenko bei, der auch als Schöpfer der modernen ukrainischen Literatursprache gilt. Den russischen Behörden entging nicht, welche Wirkung seine Gedichte erzielten, darunter auch satirische Epigramme auf die Zarenfamilie. Er wurde festgenommen und dazu verurteilt, lebenslang in entlegenen Garnisonsstädten als einfacher Soldat in der Armee des Zaren zu dienen. Nach zehn Jahren wurde er begnadigt, stand aber weiter unter Aufsicht der zaristischen Geheimpolizei. Die Kiewer Universität ist nach ihm benannt, ebenso wie zahllose Straßen und Plätze in der Ukraine.

Von der russischen Elite wurde die ukrainische Kultur stets als primitiv und bäuerlich bespöttelt, die Sprache gilt bis heute vielen als komisch klingender Bauerndialekt. Gern wird auf Nikolai Gogol verwiesen, der in der tiefsten ukrainischen Provinz geboren wurde, wo Ukrainisch gesprochen wurde, der aber seine in die Weltliteratur eingegangenen Werke auf Russisch verfasst hat. Die Gegenseite im immer wieder aufflammenden Streit um die nationale Verortung Gogols weist darauf hin, dass er in einigen seiner Werke die Traditionen der bäuerlichen Ukraine in leuchtenden Farben darstellte, im Gegensatz zu seinen düsteren „Petersburger Erzählungen".

An der Arroganz vieler russischer Intellektueller gegenüber den Ukrainern hat sich bis in die Gegenwart wenig geändert. Viele Spottnamen sind für sie im Umlauf, auch die Kremlpropaganda verwendet sie, zusammen mit dem Adjektiv „faschistisch". Am populärsten ist die auf der zweiten Silbe betonte Bezeichnung „chachly" *(хохлы)*. So heißt die lange Haarsträhne auf dem ansonsten glatt rasierten Kopf der Kosaken, eine eigentlich aus dem Orient stammende Haartracht.

Im Gegensatz zu den drei baltischen Völkern gelang es den Ukrainern nach der Niederlage des Zarenreichs im Ersten Weltkrieg nicht, ein eigenes Staatswesen zu etablieren. Während des Krieges hatten die verbündeten Deutschen und Österreicher Kriegsgefangene der Zarenarmee, die aus der Ukraine stammten, abgesondert und unter ihnen für die ukrainische Unabhängigkeit agitiert. Sie sollten freigelassen werden und in ihren Heimatregionen Stimmung gegen die Russen machen. Auch unterstützte das deutsche Heer, das nach dem Ende des Krieges an der Westfront fast die ganze Ukraine besetzte, den von sozialdemokratischen Gruppierungen dominierten Zentralen Rat in Kiew, der sich von Russland losgesagt hatte. Wegen dieser heute in Deutschland weitgehend vergessenen Kapitel der Geschichte behaupten viele russische Nationalisten, die ukrainische Nation sei eine „deutsche Erfindung".

Doch der fragile neue Staat wurde im russischen Bürgerkrieg sowie in Kämpfen mit den von Westen vorrückenden Polen zermalmt. Das Gebiet der heutigen Ukraine wurde schließlich 1921 geteilt: Das Gebiet um Lemberg (Lwiw), das seit den Teilungen Polens Ende des 18. Jahrhunderts zur K.-u.-k-Monarchie gehört hatte, kam wieder zu Polen, die Zentral- und die Ostukraine wurden zur Teilrepublik der UdSSR. Nach den Worten Putins war somit der damalige Regierungschef Lenin der „Erfinder der Ukraine", wobei er mit seinem selektiven Blick auf die Geschichte den Zentralen Rat in Kiew schlicht unterschlägt.

Die polnische Führung der Zwischenkriegszeit unter Marschall Józef Piłsudski betrieb allerdings eine repressive Politik gegenüber den Ukrainern, die im Südosten des Landes die große Mehrheit der Bevölkerung stellten. Regionalpolitiker, Kulturschaffende, sogar Priester der in der Region vorherrschenden unierten Kirche, die wie die polnischen Katholiken ebenfalls dem Vatikan unterstand, waren vielerlei behördlichen Schikanen ausgesetzt. Diese unkluge Politik Warschaus führte dazu, dass sich eine ukrainische Untergrundbewegung bildete, die auch vor Terroranschlägen auf Vertreter des polnischen Staates nicht zurückschreckte. Die polnischen Sicherheitsbehörden schlugen zurück: Ganze ukrainische Dörfer wurden einschließlich der Kirchen niedergebrannt. Diese außerhalb der beiden betroffenen Völker wenig bekannte Konfrontation bildete die Vorgeschichte für die blutigen Auseinandersetzungen zwischen Polen und Ukrainern während des Zweiten Weltkriegs unter den Augen der deutschen Besatzer.

Weitaus schlimmer traf es den sowjetischen Teil der Ukraine. Zwar wurde in den ersten Jahren der Sowjetherrschaft die ukrainische Kultur noch gefördert, Regionalpolitiker rühmten sie als Ausdruck der „Arbeiter-und-Bauern-Macht" im Gegensatz zur zaristischen Herrschaft, in der die russische Sprache ein Instrument zur Unterdrückung der anderen Völker gewesen sei. Als sich aber Stalin Ende der zwanziger Jahre die Alleinherrschaft gesichert hatte, stand für ihn die Vernichtung des ukrainischen Nationalismus weit oben auf seiner Prioritätenliste. Die organisierte Hungerkatastrophe als Folge der Kollektivierung Anfang der dreißiger Jahre, von der vor allem die Ukraine betroffen war, ging einher mit einer systematischen Verfolgung ukrainischsprachiger Intellektueller, die auch vor Mitgliedern der kommunistischen Partei nicht Halt machte. Das öffentliche Leben in den Städten wurde russifiziert.

Wegen dieser kollektiven Erfahrung wurden die deutschen Soldaten, als die Wehrmacht 1941 in der Ukrainischen Sowjetrepublik einmarschierte, vielerorts mit Blumen, Brot und Salz als Befreier begrüßt. Dasselbe aber geschah auch in Russland, wo ebenfalls erst drei Jahre zuvor die Großen Säuberungen zu Ende gegangen waren. Während im Russland Putins die Kollaboration von Russen mit den Deutschen ein Tabuthema ist, wird sie den Ukrainern permanent vorgehalten.

Wie im Ersten wollten auch im Zweiten Weltkrieg die deutschen Besatzer die Ukrainer als Hilfstruppen für den Kampf gegen die Russen gewinnen. In der Tat meldeten sich Tausende zu den Verbänden, die der Waffen-SS unterstanden. Ein Teil von ihnen wurde zu Helfern beim Holocaust, worauf sich die deutsche Geschichtsschreibung bislang hauptsächlich konzentrierte. Dass die Ukrainische Aufständischen Armee auch gegen die Deutschen kämpfte, dass Hunderttausende überdies als Soldaten der Roten Armee fielen, dass Hunderttausende ukrainische Zivilisten von den Deutschen ermordet wurden, geriet dabei aus dem Fokus, weil der deutsche Blick auf die Sowjetunion ganz auf Moskau gerichtet war.

Als aus den Machtkämpfen nach dem Tod Stalins der Ukrainer Nikita Chruschtschow als Sieger hervorging, ließ der Alltagsdruck aus Moskau auf seine Heimatrepublik nach. Auch wurde das Ukrainische von der Politik aufgewertet: Im Jahr 1958, als Chruschtschow auf dem Höhepunkt seiner Macht stand, erschienen in seiner Heimatrepublik 60 Prozent der dort gedruckten Bücher auf Ukrainisch. Nach dem Sturz Chruschtschow 1964 änderte sich unter dem russisch-nationalistischen Generalsekretär Breschnew das Klima wieder. Bis 1980 sank dort der Anteil der ukrainischsprachigen Bücher auf ein knappes Viertel.

Unter Andropow, der ebenfalls zum Lager der großrussischen Nationalisten gehörte, bekam der KGB die Aufgabe, die Bildung von Gruppen, die die Eigenständigkeit der ukrainischen Kultur betonten oder gar eine selbständige Politik forderten, gnadenlos zu zerschlagen. Als „Nester des ukrainischen Nationalismus“ machte der KGB die ohne behördliche Genehmigung entstandenen Fanclubs der großen Fußballvereine aus. Die sowjetischen Fußballmeisterschaften prägte die Rivalität zwischen den Moskauer Clubs und den ukrainischen Spitzenvereinen. Der KGB hielt in seinen Akten fest, dass auch im russischsprachigen Donezk die Fans sich als Ukrainer gäben, die sich gegen die „Moskowiter“ behaupten müssten.

Doch die Repressionen erreichten das Gegenteil: Beim Referendum über die Unabhängigkeit der Ukraine 1991 stimmten 90 Prozent mit Ja, auch die überwältigende Mehrheit in den russischsprachigen Regionen. Seit dem Zerfall der Sowjetunion wurden Siege der ukrainischen Nationalmannschaft auch in den russischsprachigen Gebieten bejubelt, ebenso wie Niederlagen der russischen Elf. Der UEFA-Pokalsieger Schachtar Donezk wollte nach dem russischen Einmarsch in den Donbass 2014 keineswegs, wie man es in Moskau erwartet hatte, in der russischen Liga spielen, vielmehr zog es die Clubleitung vor, sich mitsamt dem Kader Richtung Westen abzusetzen. Zunächst nutzten die Schachtar-Spieler Sportstätten in Lwiw, schließlich richtete sich der Club in Kiew ein, unterstützt vom Dauerrivalen Dinamo. Seit Beginn des russisch-ukrainischen Kriegs vor neun Jahren gewann Schachtar sechsmal die ukrainische Meisterschaft und viermal den Pokal. Seit der Eskalation des Krieges 2022 tragen die Donezker ihre Spiele in der Champions League in Warschau aus. In der Saison 2022/23 spielten 16 Mannschaften in der *Premjer-Liha* die Meisterschaft aus. Schachtar siegte vor SK-Dnipro-1 und Sorja Luhansk. Auch dieser Verein floh 2014 nach Westen und trägt seitdem seine Heimspiele in Saporischschja aus.

Im Januar 2023 kündigte der russische Fußballverband an, dass die Clubs in den „befreiten Gebieten" in Zukunft an der russischen Meisterschaft teilnähmen. Reaktionen der korrupten Fifa sind nicht überliefert.

Während dies angesichts des Kriegsgeschehens Marginalien sind, trifft die systematische Zerstörung von Kulturgütern durch die russische Invasionsarmee die Ukraine schwer. Selenskyj unterstellt Putin nicht ohne Grund, das kulturelle Gedächtnis der Nation vernichten zu wollen, wenn russische Raketen Kirchen, Museen, Bibliotheken und Archive treffen. Überdies wurden Zehntausende von Kunstwerken unschätzbaren Wertes geraubt, sie wurden aus Museen in den eroberten Gebieten nach Russland abtransportiert, darunter Goldschätze der Skythen und Ikonen der ukrainischen Kirche. Auch dies sind Kriegsverbrechen.

Im Frühjahr 2022, als die russischen Truppen an allen Fronten noch auf dem Vormarsch waren, verbreitete Dmitri

Medwedew, der immer mehr den pöbelnden Radikalnationalisten gebende frühere Platzhalter Putins im Kreml, eine Karte mit den von ihm erhofften künftigen Grenzen in Osteuropa: Die Ukraine ist darauf nur noch ein kleiner Rumpfstaat mit der Hauptstadt Lwiw, während Kiew, Odessa, Charkiw wieder zu Russland gehören.

UNIERTE KIRCHE

Längst in weite Ferne gerückt ist der Streit zwischen unierten und orthodoxen Christen vor allem in der Westukraine, der in den ersten Jahren nach der Unabhängigkeit für viel böses Blut gesorgt hatte. Einmütig stehen die Bischöfe beider Bekenntnisse hinter der Führung um Präsident Wolodymyr Selenskyj, der selbst aus einer jüdischen Familie kommt.

Die Westukraine ist auch katholisch geprägt. Ein Großteil der Gläubigen in der Region, die einst polnisch gewesen war, dann zu Österreich-Ungarn gehörte und nach dem Ersten Weltkrieg wieder zu Polen kam, gehört der griechisch-katholischen Kirche an, die den Ritus der Ostkirche beibehalten hat, aber seit der 1596 ausgehandelten Union von Brest dem Papst in Rom untersteht und deshalb auch unierte Kirche genannt wird. Als „griechisch" wird das byzantinische Kirchenzeremoniell bezeichnet; der offizielle Name der Kirche ist irreführend, denn sie entstand nicht in Griechenland, sondern Ende des 16. Jahrhunderts im Osten des damaligen Großreichs Polen-Litauen.

Aus russischer Sicht hatte der polnische König Zygmunt III. Ende des 16. Jahrhunderts durch massiven Druck und Drohungen die Bischöfe im Ostteil seines Reichs, das weite Gebiete der heutigen Ukraine einschloss, gezwungen, mit der orthodoxen Kirche zu brechen und sich dem Papst in Rom zu unterstellen. In Polen sowie der Westukraine aber vertritt man die Auffassung, diese Bischöfe hätten sich freiwillig unter den Schutz der polnischen Krone begeben, weil sie um das Schicksal ihrer Amtsbrüder in Russland wussten: Zar Iwan IV., genannt der Schreckliche, hatte von ihnen völlige Unterordnung verlangt und den widerspenstigen Moskauer Metropoliten ermorden lassen. Auch war das Ende des 16. Jahrhunderts in Russland von der „Zeit der Wirren“ mit bürgerkriegsähnlichen Zuständen geprägt. Allerdings ließ der polnische König, dem die berühmte Sigismundsäule am Rande der Warschauer Altstadt gewidmet ist, die orthodoxen Bischöfe, die sich in der heute auf belarussischem Gebiet liegenden Festungsstadt Brest der Unterstellung unter Rom widersetzten, ihrer Ämter entheben.

Die Existenz der Unierten war wegen ihrer konfliktreichen Entstehungsgeschichte stets ein Ärgernis für die russischen Patriarchen und auch die Zaren. Kurz nachdem die zaristische Armee zu Beginn des Ersten Weltkriegs die Region um das damals zu Österreich-Ungarn gehörende Lemberg (Lwiw) erobert hatte, erklärten die Besatzungsbehörden sie zu russischem Staatsgebiet. Die neue russische Obrigkeit ging energisch gegen die unierte Kirche vor, russisch-orthodoxe Metropoliten reisten an, um die Pfarreien und Klöster in ihre Strukturen einzugliedern. Wer Widerstand leistete, wurde nach Sibirien deportiert. Im April 1915 besuchte Zar Nikolai II. die Stadt, die nun auf Russisch offiziell Lwow hieß. Vom Balkon der Residenz des russischen Gouverneurs rief er den unter ihm angetretenen Beamten und Soldaten zu: „Es lebe die einige, mächtige, unteilbare Rus! Hurra!“

Doch schon zwei Monate später wurden die Russen von den verbündeten Deutschen und Österreichern aus der Stadt vertrieben, auch der russisch-orthodoxe Klerus flüchtete. In der Zwischenkriegszeit, als die Region wieder zu Polen gehörte, war auch die unierte Kirche von Strafaktionen gegen den ukrainischen Untergrund betroffen, die in der Zerstörung von Häusern gipfelten, darunter auch Kirchengebäude.

An die Politik des Zarenreichs schloss der Kreml an, als die Rote Armee im September 1939 in Ostpolen einmarschierte, wobei die Repressionen weitaus schlimmere Ausmaße annahmen: Die Geheimpolizei NKWD ermordete Hunderte unierte Priester, Zehntausende Gläubige wurden deportiert. Stalin sah die Westukraine als „Hort des ukrainischen Nationalismus" an. Nach dem Zweiten Weltkrieg erklärten die sowjetischen Behörden die unierte Kirche für aufgelöst, die wenigen Kirchen, in denen weiter Gottesdienste stattfinden durften, wurden dem Moskauer Patriarchat unterstellt. Stalin hatte nach dem deutschen Überfall auf die Sowjetunion 1941 den systematischen Kampf gegen die orthodoxe Kirche abbrechen lassen, weil er deren Unterstützung brauchte. Nach dem Krieg durfte sie in begrenztem Umfang weiter existieren, unter strenger Kontrolle der Geheimdienste, während der unerbittliche Kampf gegen die Unierten weitergeführt wurde. So entstand in der Westukraine eine Katakombenkirche, die weiter harter Verfolgung ausgesetzt war. Priestern und Gläubigen, die im Untergrund Gottesdienste und Religionsunterricht abhielten, drohte Gefängnis oder die Deportation ins Gulag.

Bis heute gilt für das Moskauer Patriarchat, dass die Übernahme der verbliebenen unierten Kirchen in der Westukraine ein Akt der historischen Gerechtigkeit war, gegen die Verfolgung ihrer Priester und Gläubigen protestierte niemand in der orthodoxen Kirche. In der Volksrepublik Polen übernahmen die römisch-katholischen Bistümer den Besitz der unierten Pfarreien. Ein Großteil der ukrainischen Minderheit wurde 1947 in der „Aktion Weichsel" in die ehemaligen deutschen Ostgebiete zwangsumgesiedelt.

Die Wahl des Krakauer Kardinals Karol Wojtyła zum neuen Papst 1978 sah die kommunistische Führung in Moskau als von den USA eingefädelte antisowjetische Maßnahme an. Die polnischen Kommunisten waren schockiert von der Welle der Begeisterung, die fast die ganze Gesellschaft erfasste, als Johannes

Paul II. ein halbes Jahr nach seiner Wahl die Heimat besuchte. Diese Begeisterung strahlte auch auf die bedrängten Katholiken in den Sowjetrepubliken Litauen und Ukraine ab, der KGB notierte ein Aufleben der Messen und Bibelstunden im Untergrund. Berichte über die Gegenmaßnahmen des KGB wurden regelmäßig in den Westen geschmuggelt: Verhaftungen, Überfälle auf katholische Priester und Aktivisten sowie politische Morde, die als Autounfälle getarnt wurden. Nach dem Zerfall der UdSSR wurde das Protokoll einer Sitzung des Politbüros in Moskau vom 13. November 1979 bekannt, auf der die „aggressive Haltung des Vatikans“ zur Sprache kam. Moskau müsse gegen den Papst „alle umsetzbaren Möglichkeiten ausnutzen“. Wohl die meisten Polen und katholischen Ukrainer sehen diesen Satz als schwerwiegendes Indiz dafür, dass der Auftrag für das gescheiterte Attentat auf dem Petersplatz in Rom genau anderthalb Jahre später aus dem Kreml kam.

Am 1. Dezember 1989 kam es zum allerersten Besuch eines Kremlchefs im Vatikan. Sowohl Johannes Paul II. als auch Michail Gorbatschow berichteten später, dass sie vom ersten Moment an nicht nur Respekt, sondern auch Sympathie füreinander empfunden hätten. Der Gast aus Moskau sicherte die Wiederzulassung der unierten Kirche zu, der griechisch-katholische Metropolit von Lwiw, der bislang im römischen Exil lebte, konnte dorthin zurückkehren.

Allerdings bestand das Moskauer Patriarchat darauf, dass die Kirchengemeinden in der Westukraine, die vor dem Zweiten Weltkrieg nie zu Russland gehört hatten, ihm weiterhin unterstehen sollten. Da dieser Konflikt aber nicht zwischen den Kirchenführungen gelöst werden konnte, stritten unierte und orthodoxe Christen um die Gotteshäuser in der Westukraine, wobei es nicht nur oft zu Handgreiflichkeiten, sondern gelegentlich sogar zu schweren Ausschreitungen kam. Fast überall setzten sich dabei die Unierten durch, die der Papst wiederholt auffordern musste, sich brüderlich gegenüber den Orthodoxen zu verhalten.

Zu seiner eigenen Überraschung musste er auch einen Streit um Kirchengebäude zwischen römischen und unierten Katholiken in seinem eigenen Heimatland schlichten: In der Grenzstadt Przemyśl in der Südostecke Polens wollte er 1991 die nach dem Krieg von den polnischen Katholiken übernommene barocke Kathedrale der unierten Kirche, somit der ukrainischen Minderheit, zurückgeben. Polnische Nationalkatholiken bildeten einen Kordon um das umstrittene Gotteshaus, zwischen seinen beiden Türmen flatterte ein Spruchband mit den Worten: „Papst, vergiss nicht, dass du Pole bist!" Auf Flugblättern wurden an den kurzen, aber heftigen ukrainisch-polnischen Krieg um Lemberg 1918 sowie an die 1943 von ukrainischen Milizen an Polen in der Region Wolhynien verübten Massaker erinnert. Angesichts der zum Widerstand entschlossenen Gruppe beschloss der Papst, auf die Übergabe der umstrittenen Kirche zu verzichten. Die Ersatzlösung stellte indes weder Polen noch Ukrainer zufrieden: Die ukrainischen Katholiken des östlichen Ritus bekamen die frühere Garnisonskirche der polnischen Armee; in ihr gab es bis dahin auch Gedenkplatten für im Krieg mit der Ukraine gefallene polnische Offiziere.

Zehn Jahre später, 2001, besuchte Johannes Paul II. erstmals die Ukraine. Zur Papstmesse in Lwiw fanden sich anderthalb Millionen Menschen ein, es war die größte Versammlung in der Geschichte der Ukraine. Die Rivalität der unierten und der orthodoxen Ukrainer spielt seitdem keine Rolle mehr. Die Oberhäupter beider Gemeinschaften weisen einmütig die Ansprüche Putins und des Moskauer Patriarchen Kyrill auf die „gesamte Heilige Rus", also auch die Ukraine, entschieden zurück.

WEIZSÄCKER-REDE

Als Sternstunde des deutschen Schulddiskurses gilt die berühmte Rede des Bundespräsidenten Richard von Weizsäcker, die er zum 40. Jahrestag des Kriegsendes gehalten hat. Er rief darin die Deutschen dazu auf, die Kapitulation am 8. Mai als „Tag der Befreiung vom menschenverachtenden System der nationalsozialistischen Gewaltherrschaft“ zu sehen. Bereits zwei Wochen zuvor hatte Bundeskanzler Helmut Kohl in einer Rede ebenfalls vom „Tag der Befreiung“ gesprochen, doch war das Echo darauf weitaus geringer. Stattdessen wurde der Satz aus der Weizsäcker-Rede viele Male zitiert. Allerdings gab er, aus dem Zusammenhang gerissen, dem Inhalt der Rede eine bestimmte Schlagseite, es geriet in den Hintergrund, dass sie sehr ausgewogen war. Der Bundespräsident sprach nämlich auch über die Menschen, für die die bedingungslose Kapitulation keineswegs eine Befreiung bedeutet hatte: „Der eine kehrte heim, der andere wurde heimatlos. Dieser wurde befreit, für jenen begann die Gefangenschaft. Viele waren einfach nur dafür dankbar, dass Bombennächte und Angst vorüber und sie mit dem Leben davongekommen waren.“

Neben den Menschen, die Opfer der Mordmaschine des NS-Regimes wurden, Juden, Roma und Sinti, Homosexuelle und Geisteskranke, gedachte er auch „der eigenen Landsleute, die als Soldaten, bei den Fliegerangriffen in der Heimat, in Gefangenschaft und bei der Vertreibung ums Leben gekommen sind“. Er sprach vom „Leid durch Flucht und Vertreibung, durch Vergewaltigung und Plünderung, durch Zwangsarbeit“. Die Kritik an der Rede namentlich vom konservativen Flügel der Christdemokraten, er habe die Deutschen ausgespart, die sich 1945 im von der Roten Armee eroberten Osten Deutschlands befanden, war also unbegründet.

In einigen ehemaligen Ostblockländern, in denen die Rede nur in wenigen Auszügen erst nach der Wende von 1989/90 bekannt wurde, aber prangerten manche Publizisten Weizsäcker als Verfälscher der Geschichte an. Zwei Argumente wurden angeführt: Zunächst stelle die Verwendung des Begriffs „Befreiung“ die Deutschen mit den von ihnen terrorisierten Völkern gleich; es werde dadurch behauptet, die Nazis seien eine Art Besatzungsmacht gewesen, die die Deutschen unterjocht habe. Die Rede verwische somit die Verantwortung der gesamten deutschen Gesellschaft für die Machtergreifung Hitlers sowie den Vernichtungskrieg von Wehrmacht und SS. Überdies habe es Weizsäcker in der für die Deutschen typischen politischen Korrektheit vermieden, die Lage in Osteuropa 1945 klar zu benennen, als Stalinisten überall Terrorregime errichteten. Vielmehr habe er sich auf eine schwammige Formulierung beschränkt: „Menschen, die wehrlose Objekte der politischen Ereignisse wurden." Ohne den von Hitler begonnenen Krieg hätte Stalin nie seinen Machtbereich so weit nach Westen ausweiten können.

In diesen Ländern ist sehr präsent, dass die sowjetischen Besatzer einige der Konzentrationslager weiterbetrieben haben, wenn auch nicht als Vernichtungslager, die bekanntesten Fälle sind Auschwitz und Theresienstadt. Als nach dem Untergang der UdSSR in Polen und im Baltikum, später auch in der Ukraine die Denkmäler für die „sowjetischer Befreier" abgebaut wurden, schrieben manche deutschen Kommentatoren von „Russophobie", die man in diesen Ländern doch langsam überwinden sollte. Im Osten Europas vermerkte man auch, dass die Massenvergewaltigungen durch Rotarmisten lange ein Tabuthema für die großen deutschen Medien waren.

In den osteuropäischen Gesellschaften aber sind die sowjetischen Verbrechen sehr präsent, es gibt hier auch keinerlei Bedenken, das Regime Stalins und seiner Satrapen mit dem NS-Regime auf eine Stufe zu stellen. Der westdeutsche Historikerstreit, die Kontroversen über das „Schwarzbuch des Kommunismus" und über die Wehrmachtsausstellung, in der ursprünglich Mordaktionen des NKWD in der heutigen Westukraine den deutschen Besatzern zugeschrieben worden waren, gelten als Ausdruck eines verzerrten Blicks auf die Geschichte: Die Deutschen fürchteten sich vor dem Vorwurf, dass die

Beschäftigung mit dem sowjetischen Terror die deutsche Schuld relativieren solle. Dabei hätten sie das Schicksal der osteuropäischen Nachbarn aus den Augen verloren, deren tragische Erfahrungen mit den russischen „Befreiern" bagatellisiert. Die Verklärung der Weizsäcker-Rede habe somit auch dazu beigetragen, dass den Deutschen das Schicksal der Ukrainer unter den beiden Totalitarismen weitgehend unbekannt blieb.

Überdies wird den Deutschen unterstellt, sie hielten sich bei der Benennung kommunistischer Verbrechen zurück, um den nationalsozialistischen Verbrechen ein besonderes Gewicht zu geben. Auf diese Weise könnten sie ihre Leistungen bei der Aufarbeitung des NS-Regimes in besonders hellem Licht erstrahlen lassen. Ironisch oder irritiert wird ihnen nachgesagt, sie wollten sich als „Weltmeister der Vergangenheitsbewältigung" präsentieren, die Weizsäcker-Rede sei der Auftakt dafür gewesen. Diese Art von Eigenlob führe aber dazu, dass sie von einer Warte der „moralischen Überlegenheit" auf die Nachbarn im Osten schauen, die sich mit den Schattenseiten ihrer Vergangenheit zwischen Hitler-Deutschland und den „sowjetischen Befreiern" schwertun.

WLADIMIR DER HEILIGE

Wladimir Wladimirowitsch Putin ist von drei Staatsoberhäuptern, die ebenfalls seinen Vornamen tragen, geradezu besessen: Als KGB-Offizier verehrte er Wladimir Lenin, den Erfinder des „roten Terrors", mit dem die Tschekisten die eigene Bevölkerung überzogen und vor allem die orthodoxe Kirche vernichten wollten. Doch mittlerweile ist Putin dem Oberbolschewiken gram, weil dieser in seinen Augen auch „Erfinder der Ukraine" war, nämlich als eine der angeblich künstlich konstruierten Republiken der UdSSR. Sein Favorit, den er nun als seinen Namenspatron herausstellt, ist der neun Jahrhunderte zuvor lebende Großfürst Wladimir I., der das Christentum in seinem Reich zur Staatsreligion gemacht hat. Den dritten Wladimir aber sollten Putins Geheimdienstler im Februar 2022 umbringen, doch das misslang. Stattdessen hielt er sich als Anführer der angeblichen faschistischen Junta in Kiew: Präsident Selenskyj stammt ja aus einer russischsprachigen Familie, er wurde als Wladimir ins Geburtenregister eingetragen, er trat in seinem Beruf als Komiker auch im russischen Staatsfernsehen auf, wo er manche satirischen Pfeile verschoss, aber auch mit plumpen Blondinenwitzen die Lacher auf seiner Seite hatte. Erst als Erwachsener lernte er Ukrainisch und wählte als Präsidentschaftskandidat die ukrainische Form seines Vornamens.

Der Name bedeutet sinngemäß „Großmächtiger". Da die ersten beiden Silben ähnlich klingen wie der Imperativ *wladéj!* (herrsche!) und die Endung *-mir* mit dem Substantiv *mir* (Welt, aber auch: Frieden) identisch ist, wird im heutigen Russland die Bedeutung des Namens oft als „Weltherrscher" oder „Friedensherrscher" wiedergegeben. Putin selbst nimmt darauf Bezug: Seine Mission sei es, die Russische Welt *(Russki mir)* zu einen und ihr somit Frieden zu bringen, ganz so wie der Großfürst Wladimir.

Diesem ließ Putin in Sichtweise des Kremls ein gigantisches Denkmal errichten, mit Sockel 17,5 Meter hoch. Die Bronzeskulptur des Fürsten misst ohne das Kreuz, das er gen Himmel reckt, zwölf Meter. Ursprünglich sollte es zu seinem 1000. Todestag 2015 eingeweiht werden. Doch die Arbeiten verzögerten sich um ein Jahr. Auch hatte die Unesco Einwände gegen das ursprüngliche Projekt, das noch eine Nummer größer war, weil es den freien Blick auf den Kreml beeinträchtigt hätte. Putin stellte klar, dass er sich als legitimer Nachfolger Wladimirs sieht, in dessen Regierungszeit im Jahr 988 die „Taufe Russlands" fiel.

Allerdings lag auch hier seine große Erzählung von der russischen Geschichte weit neben den Fakten. Denn Wladimir I.

war nicht Großfürst von Moskau, sondern von Kiew. Moskau war zu seiner Zeit bestenfalls ein Kuhdorf, wie die Kiewer spötteln, erstmals erwähnt ist es erst anderthalb Jahrhunderte später. Eingesetzt hat unter dem Großfürsten nicht die Christianisierung Russlands, sondern der Kiewer Rus. In der ukrainischen Hauptstadt steht hoch über dem Dnjepr ein riesiges Wladimir-Denkmal, errichtet in der Mitte des 19. Jahrhunderts, eine der drei Kiewer Kathedralen ist ihm geweiht, sein Konterfei prangt auf Geldscheinen – er ist ukrainischer Nationalheiliger. Aus seiner Zeit sind Silber- und Goldtaler erhalten, auf sie wurde der Dreizack geprägt, den er als eine Art Zepter trug, heute das nationale Symbol der Ukraine. So wurde denn in Kiew das Riesendenkmal unweit des Kremls als ein dreister Akt von Geschichtsfälschung angeprangert.

Unter den internationalen Experten für die mittelalterliche Geschichte Russlands und der Ukraine hat sich die Auffassung durchgesetzt, dass Wladimir der Abkömmling von Warägern war, einem Wikingervolk. Dafür spricht auch, dass er im Zuge von Kämpfen um den Thron in Kiew nach Skandinavien geflohen und mit einem Wikingerheer zurückgekommen ist. Dass die Waräger ein Netz von Handelsplätzen entlang der großen Flüsse aufgebaut haben, das die Ostsee mit dem Schwarzen Meer bis nach Byzanz verband, ist seit langem bestens dokumentiert.

Seinem Entschluss, aus Byzanz christliche Missionare in sein Reich zu holen, lagen offenkundig politische Erwägungen zugrunde. Der dort residierende oströmische Kaiser Basileos II. suchte Verbündete in einem Bürgerkrieg gegen rebellische Generäle, Wladimir bot sich an, verband aber den Einsatz seiner Schiffe und Truppen mit einer Bedingung: Er wollte die Schwester des Kaisers zur Frau. Der Korsuner Legende zufolge, die in der rund 100 Jahre nach Wladimirs Tod entstandenen Chronik des Kiewer Mönchs Nestor enthalten ist, ließ er sein Heer die byzantinische Handelsstadt Chersones (altkirchenslawisch: Korsun) auf der Halbinsel Krim belagern. Um Zerstörungen und Plünderungen zu vermeiden, habe Basileos II. die Hand seiner Schwester Anna angeboten, doch müsse Wladimir sich zuvor taufen lassen und ihm außerdem Militärhilfe leisten.

Wegen der Massentaufe hat die orthodoxe Kirche Wladimir in die Schar der Heiligen aufgenommen. Ob er dadurch seinen Lebenswandel geändert hat, ist unbekannt. Den Aufzeichnungen Nestors zufolge war er vor der Taufe ein rechter Wüstling, der nicht nur der Vielweiberei verfallen gewesen sei, sondern auch Konflikte stets mit blutiger Gewalt gelöst habe. Jedenfalls war er durch die Taufe von 988 in die Reihe der christlichen Herrscher aufgenommen, was einen enormen Zugewinn an internationalem Prestige bedeutete.

Laut der Nestorchronik fand die Massentaufe im Dnjepr in Kiew statt. Der Name des Kiewer Prachtboulevards Kreschtschatik leitet sich davon ab, *kreschtschenie* heißt „Taufe". Wolodymyr Selenskyj erklärte den 27. Juli, an dem dieses Ereignis stattgefunden haben soll, zum „Tag der ukrainischen Staatlichkeit" und unterstrich damit, dass er und nicht Wladimir Wladimirowitsch im fernen Moskau der wahre Erbe Wladimirs I. von Kiew sei.

Umstritten ist allerdings, ob Wladimir sich möglicherweise schon zuvor in Chersones auf der Krim hatte taufen lassen. So steht es in der Korsuner Legende. Für Putin indes ist dies eine gesicherte Tatsache. Nach seinen Worten hat deshalb die Krim für die Russen von heute dieselbe Bedeutung wie der Tempelberg in Jerusalem für die Juden, da auf ihr die „Christianisierung Russlands" ihren Ausgang genommen habe. Doch viele Historiker bezweifeln, dass der Großfürst jemals auf der Krim gewesen sei. Und in Kiew sieht man in der von Putin als Tatsachenbeschreibung angeführten Legende von der Taufe auf der Krim ein starkes Argument für die ukrainischen Ansprüche auf die Halbinsel. Putin habe mit seinem Wladimir-Kult ein Eigentor geschossen, ohne es selbst zu merken.

WOJNA

Das russische Wort *война* (ausgesprochen: *wajná*) heißt auf Deutsch *Krieg*. Es belegte im Wettbewerb „Wort des Jahres 2022", an dem rund 4.000 russischsprachige Linguisten, Literaten, Philosophen und Kulturhistoriker aus aller Welt teilgenommen haben, den ersten Platz. Der Wettbewerb findet seit 2007 statt, der Vorsitzende des Koordinationsrates ist ein seit Jahren an der Emory University im amerikanischen Atlanta lehrender russischer Professor. Ausgewertet werden dabei auch Zahlen über die Verwendung der zur Diskussion gestellten Wörter im Internet.

In den ersten Jahren nach der Ausrufung des Wettbewerbs berichteten die Moskauer Medien noch darüber. Doch bald fiel das Thema unter die Zensur, denn die Ergebnisse waren für den Kreml wenig erfreulich, da sie die offizielle Erfolgspropaganda konterkarierten. So fiel die Wahl 2012 auf *Bolotnaja* – so heißt der Platz, auf dem Massenproteste gegen die mutmaßliche Fälschung der Präsidentenwahlen zugunsten Putins stattfanden. 2018 siegte *Nowitschok*, die Bezeichnung des Nervengifts, mit dem Putin-Gegner in Großbritannien traktiert wurden. Auch der Sieger von 2022 war zunächst ein verbotenes Wort. Seine Verwendung für den russischen Angriffskrieg auf die Ukraine konnte mit 15 Jahren Gefängnis bestraft werden, Eltern, deren Kinder das offizielle Unwort verwendeten, drohte wegen „mangelndem Patriotismus" der Entzug des Sorgerechts. Vorgeschrieben war stattdessen die Formulierung „Militärische Spezialoperation". Doch seit Anfang 2023 verwenden auch Kremlpropagandisten das Wort *wojna* für den Krieg gegen die Ukraine, allerdings mit dem Zusatz, dass es sich um einen „aufgezwungenen Verteidigungskrieg gegen den kollektiven Westen" handelt.

In der Wettbewerbskategorie „Wortschöpfung" machte die russische Abkürzung WSO für die „Militärische Spezialoperation“ das Rennen. Diese sollte ja nur drei bis fünf Tage dauern; Offiziere der Einheiten, die Kiew angriffen, sollten in ihrem Marschgepäck die Paradeuniform für die Siegesparade auf der Kiewer Prachtstraße Kreschtschatik mit sich führen. Entgegen der festen Erwartung Putins wurden seine Truppen allerdings nicht mit Blumen und Kuchen empfangen. In der Spitzengruppe der Kategorie fand sich auch der neue Begriff *Raschismus*, eine sarkastische Kreuzung aus dem englischen *Russia* und *Faschismus*.

Die dritte Sparte in dem Wettbewerb lautet „Anti-Sprache“, gemeint sind Schlagwörter der Propaganda, die auf einer Lüge beruhen oder zu Hass anstacheln. 2008 hatte in dieser Kategorie die Wortkombination „Erzwingen des Friedens“ gesiegt, mit dem in Moskau die russische Invasion in Georgien umschrieben wurde, 2014 „Die Krim gehört uns“ (auf Russisch kurz und knapp: *Крым наш*) und 2021 „Putins Palast“, den Alexander Nawalny in einer millionenfach angeklickten Filmdokumentation im Internet vorgestellt hatte. Nun belegte der Straftatbestand „Diskreditierung der Armee“, der ein Strafmaß bis zu 15 Jahren Lager vorsieht, den ersten Platz, vor dem Wortpaar „Entnazifizierung und Entmilitarisierung“, mit dem Putin die Invasion in die Ukraine am 24. Februar 2022 begründet hatte, und dem „ausländischen Agent“. In die engere Auswahl waren auch zwei Zitate gekommen: „Wir haben die Ukraine nicht angegriffen!“ (Außenminister Sergej Lawrow) sowie „Russland hat noch nie irgendjemanden angegriffen!“ (Patriarch Kyrill).

ZWEITER WELTKRIEG

Als Beleg für die Überlegenheit des russischen Volks über alle anderen Nationen führt Putin immer wieder den Sieg über Nazi-Deutschland im „Großen Vaterländischen Krieg“ an. Er reklamiert ihn für Russland, obwohl die Sowjetunion aus 15

Republiken mit rund 100 anerkannten Völkerschaften bestand. Stalin hatte während des Kriegs eine ideologische Kehrtwende bezogen: Hatten die Bolschewiken in den ersten beiden Jahrzehnten ihrer Herrschaft Zehntausende von Repräsentanten des alten Russlands ermorden lassen, an erster Stelle Adlige, Offiziere der Armee des Zaren und orthodoxe Geistliche, so inszenierte sich Stalin angesichts des bedrohlichen Vormarschs der Deutschen als Erbe der russischen Herrscher. Er war sich im Klaren darüber, dass nicht nur die überlebenden Vertreter der alten Elite, sondern auch die traditionell fromme Landbevölkerung, die er in Kolchosen gezwungen hatte, das Regime hassten, doch nun brauchte er sie für die Rote Armee. So ließ der Druck auf die orthodoxe Kirche beträchtlich nach, als Gegenleistung bekundeten die Bischöfe ihre Loyalität zum Regime, sie riefen die Gläubigen sogar auf, Geld für Panzer gegen die Hitlerfaschisten zu spenden.

Äußerer Ausdruck dieser Kehrtwendung war auch die Wiedereinführung der Dienstgrade und Rangabzeichen der Zarenarmee sowie einiger der traditionellen Tapferkeitsorden. Dazu gehört das auf Katharina die Große zurückgehende Georgsband: drei schwarze und zwei orange Streifen, die Feuer und Rauch symbolisieren. Es wurde für besondere Tapferkeit vor dem Feind verliehen.

Zum 60. Jahrestag des Kriegsendes wurde es 2005 von Putin persönlich als offizielles Symbol für die „Erinnerung an den großen Sieg“ wieder eingeführt. Gleichzeitig wurde die „Verleumdung der siegreichen Roten Armee“ Straftatbestand; damit wurden alle Forschungen über militärische Fehlleistungen ebenso wie über Plünderungen und Massenvergewaltigungen kriminalisiert. Seit den Moskauer Massenkundgebungen gegen Putin 2011 und 2012 zeigten sich Regierungsmitglieder und seine Anhänger demonstrativ mit dem schwarz-orangen Bändchen in Form einer Schleife. Seit dem russischen Angriff auf die Ukraine 2014 ist es auch ein Zeichen der Invasionstruppen, die fünf Streifen wurden auf Panzer und Raketenwerfer gemalt. Es soll Putins Propagandaversion unterstreichen, dass auch der Krieg gegen die Ukraine ein Verteidigungskrieg ist, wie ihn die Rote Armee im Großen Vaterländischen Krieg gegen die Deutschen geführt hat. Seine „Entweihung“ kann mit fünf Jahren Gefängnis bestraft werden.

Wieder tabuisiert ist dagegen, dass der Sieg der Roten Armee im Osten ohne die massive Unterstützung durch die USA und Großbritannien nicht möglich gewesen wäre. Die amerikanische Militärhilfe umfasste unter anderem 22.150 Flugzeuge, 12.700 Panzer, 51.000 Jeeps, 35.000 Motorräder, 375.000 Lastwagen und knapp 2000 Lokomotiven, die Briten steuerten 7000 Flugzeuge, 5200 Panzer und 4000 Lastwagen bei. Auch im russisch-ukrainischen Krieg der Gegenwart sind Rüstungsgüter, die Washington und London zur Verfügung stellen, wichtige Faktoren auf den Schlachtfeldern – mit dem großen Unterschied, dass sie nun gegen die Russen eingesetzt werden. Denn diese haben die Rolle von Nazi-Deutschland übernommen, das die Nachbarn mit einem Vernichtungskrieg überzogen hat. Karikaturisten sowohl der angloamerikanischen als auch der ukrainischen Presse sehen kein Problem darin, Putin mit Hitlerbärtchen zu zeichnen und ihn „Putler“ zu nennen – was in den bundesdeutschen Medien als Grenzüberschreitung kritisiert wird.

Durch die deutschen Debatten geistert die Zahl von 27 Millionen Kriegstoten der Sowjetunion, manch ein Publizist schrieb gar von 27 Millionen getöteter Russen, die auf das Schuldkonto der Deutschen gingen. Doch wurde die Zahl der Kriegstoten nie systematisch ermittelt. In den ersten Nachkriegsjahren noch unter Stalin war von sechs Millionen gefallener Rotarmisten und vier Millionen Zivilisten die Rede. Diese Summe verdoppelte sich plötzlich unter Stalins Nachfolger Chruschtschow, ohne dass dafür eine Berechnungsgrundlage angegeben wurde. Während der Perestroika kamen noch einmal sieben Millionen dazu.

Doch vertraten damals einige russische Historiker die Auffassung, dass nicht nur 27, sondern auch schon 20 Millionen maßlos übertrieben seien, die überhöhten Zahlen sollten die Delle in der demographischen Kurve erklären, die auf den Stalinschen Terror zurückgehe. Auch waren wohl deutlich mehr als die Hälfte der Kriegsopfer keine Russen, sondern Angehörige anderer Völker der Sowjetunion, an erster Stelle Belarussen und Ukrainer. Aus nachvollziehbaren Gründen umgehen deutsche Historiker das Thema, denn ihnen würde unterstellt, sie wollten die deutsche Schuld relativieren, wenn sie an den von Moskau angeführten Zahlen zweifelten.

So sehr also die offiziell in den Umlauf gebrachten Zahlen mit Fragezeichen zu versehen sind, so steht doch außer Zweifel, dass diese Spekulationen über die Millionen Opfer nichts an der deutschen Schuld ändern.

NACHBEMERKUNG

Die Russlandpolitik der Regierungen unter Gerhard Schröder und Angela Merkel hat das Vertrauen der europäischen Nachbarn in die politische Elite der Bundesrepublik schwer erschüttert. Der wirtschaftspolitische Egoismus und das Wunschdenken der Deutschen haben die Europäische Union gespalten. Zwar hat Bundeskanzler Olaf Scholz drei Tage nach dem russischen Überfall auf die Ukraine die „Zeitenwende" ausgerufen, doch an deren Umsetzung hapert es erheblich.

Vor allem die osteuropäischen Partner in EU und Nato unterstellen den Deutschen keineswegs grundlos, dass sie bei der Lieferung von Waffen an die Ukraine weit unter ihren Möglichkeiten bleiben. Denn es herrscht Konsens in den ehemaligen Ostblockländern, die unter großen Anstrengungen demokratische und marktwirtschaftliche Strukturen aufgebaut haben, dass die leichtsinnige deutsche Russlandpolitik Putin den Weg zu dem Krieg geebnet hat. Und nicht nur das: Die Deutschen werden auch von sämtlichen europäischen Nachbarn für die Inflation und die Teuerungswelle, die Folgen des kriegsbedingten Umbruchs im Energiemarkt sind, verantwortlich gemacht.

In den großen Parteien hat die Aufarbeitung eingesetzt. SPD-Chef Lars Klingbeil, einst Mitarbeiter Schröders, verabschiedete sich von der Parole, dass Sicherheit in Europa nur mit Russland möglich sei – es müsse nun gegen Russland gehen. Die Partei sollte Antworten auf die Frage finden, was die eigentlichen Beweggründe für die Kumpanei mit Putin waren, die ja nicht nur Schröder an den Tag legte, sondern auch die früheren Parteivorsitzenden Platzeck, Gabriel und Schulz, so wie auch die Hintergründe der engen Beziehungen zwischen Hannover und Moskau sowie Schwerin und Moskau dringend erhellt werden sollten.

Nicht zuletzt steht noch aus, dass die SPD ihre eigene Legende von der Ostpolitik Willy Brandts und Egon Bahrs als entscheidendem Faktor für die Überwindung der Spaltung Europas mit einem Fragezeichen versieht. Sie war wichtig, weil sie erhebliche Erleichterungen im Alltag zwischen beiden deutschen Staaten bewirkt hat. Sie hat auch dem deutsch-polnischen Dialog Impulse und eine tragfähige Basis gegeben. Doch weder hat sie zur deutschen Einheit geführt, noch den Kreml von seiner repressiven Innenpolitik und aggressiven Außenpolitik abgebracht.

Dass Putin, der mit seinen Parolen von der Rettung der wahren christlichen Kultur gegen den sittenlosen Liberalismus sowie den kämpferischen Islamismus zum Idol rechtsextremer Gruppierungen in den EU-Staaten geworden ist, so viel Zuspruch bei der Partei Die Linke gefunden hat, gehört zu den kuriosen Fußnoten unserer Zeit, wirft aber auch die in Deutschland nahezu tabuisierte Frage nach der Hufeisentheorie auf: Wo gibt es programmatische Übereinstimmungen zwischen Links- und Rechtsaußen? Auch auf die Christdemokraten, die den Kurs der Großen Koalition mitgetragen haben, wartet eine selbstkritische Analyse, warum der Wirtschaftsflügel, dem es um billiges Gas und Öl für die Industrie ging, sich so leicht gegen alle Skeptiker durchsetzen konnte.

Bestätigt sehen können sich die Grünen, die in den langen Oppositionsjahren immer wieder auf die schweren Menschenrechtsverletzungen in Putins Russland hingewiesen haben. Geradezu sensationell ist ihre Kehrtwende hin zu massiver Waffenhilfe für die bedrängte Ukraine. Doch sollte auch eine Debatte darüber folgen, dass die ursprünglichen Postulate der Grünen – eine Welt ohne Atom- und Kohlestrom sowie ohne Waffen – das Feld für die grob fahrlässige Russlandpolitik mental bereitet haben, die im Übrigen auch ein Großteil der Medien als richtig rühmte.

Auch wenn ein Teil der deutschen Gesellschaft meint, der blutige Konflikt ganz im Osten Europas gehe uns nichts an, so zeigen die Reaktionen aller Nachbarn: Es ist sehr wohl unser Krieg. Die Lehren aus dem Krieg, durch den Putin die Brudervölker der Russen und Ukrainer wohl auf Generationen zu Feinden gemacht hat, sind deprimierend: Der Ansatz, im Dialog Kompromisse zu finden, hat sich gegenüber einem despotischen und imperialistischen System als untauglich erwiesen. Es ist eine uralte Weisheit, die im Grunde nur die Rüstungsindustrie freuen kann: *Si vis pacem para bellum.*

ISBN 978-3-949262-34-0

Umschlaggestaltung: Gisela Kirschberg, Berlin
unter Verwendung einer Grafik von Andractor, shutterstock.com
Satz und Gestaltung: Gisela Kirschberg, Berlin

Druck: GGP Media GmbH, Pößneck
Gesetzt aus der Mignon und der Frutiger